IEP Individual Education Program

개별화 교육 프로그램 체크리스트

-의미 있고 규정을 준수하는 IEP 만들기-

Clarissa E. Rosas, Ph.D. · Kathleen G. Winterman, Ed.D. 편저 | 김은하 역

The IEP Checklist: Your Guide to Creating
Meaningful and Compliant IEPs, Second Edition

학지사

역자 서문

『개별화 교육 프로그램(IEP) 체크리스트』는 미국의 현장 전문가가 수행하고 있는 개별화 교육 실제의 향상을 이끌기 위해 집필된 실용적인 책이다. 우리나라와 비교할 때 미국의 「장애인교육법(IDEA)」에서는 개별화 교육 프로그램의 개념과 요건을 상세하게 안내하고 있음에도 현장에서의 어려움은 크게 다르지 않은 것으로 보인다. 또한 장애를 정의하고 지원하는 관점에서 획기적인 변화가 일어났음에도 여전히 전통적인 사고방식이 강력하게 자리 잡고 있어 변화한 패러다임을 반영한 실제로의 변화가 쉽지 않은 것으로 보인다. 이러한 상황에서 실제로 유용하고 의미 있는 개별화 교육을 지원하면서도 법적인 요건을 준수하기 위해 어떻게 IEP를 작성해야 하는지를 영역별로 구체적으로 설명하고 질적 수준을 판단할 수 있는 루브릭을 제공하고 있다.

우리나라의 경우, 미국의 상황보다 그 어려움이 더 큰 것으로 볼 수 있는데, 개념과 용어의 도입에서부터 미세한 틈이 발생하였고, 이 틈은 문화적 배경에 대한 충분한 사유와 검토가 없는 확산으로 더 확대되었다. 또한 「장애인등에대한특수교육법」에서는 미국의 「장애인교육법」과 달리 구체적인 요소는 다루지 않은 것을 문제로 지적하기도 한다. 그러나 우리나라의 문화적 특성을 고려할 때, 법에서 구체적 요건 제시 자체가 꼭 필요한 것은 아닐 수 있다는 사족을 붙여 본다. 우리나라 특수교육의 역사를 보면 상대적으로 짧은 기간에 큰 양적 성장을 이루었는데, 질적인 변화와 성장에 대해서는 여전히 많은 과제가 남겨져 있다. 짧은 시간 동안 여러 선진적 개념과 실제들을 받아들인다는 것은 현실적 제약이 클 수밖에 없다. 그러한 제약을 뛰어넘기 위한 그간의 노력이 형식과 틀을 제시하는 일관된 방식으로 이루어져 왔다는 점을 직시하고, 다차원적인 방식의 해석과 개선 노력을 기울여야 하는 중요한 시기에 있다고 본다. 우리나라 특수교육과 장애인 지원 현장의 실제에 큰 변화와 혼동을 주지 않으면서도 현장 전문가들의 관점 변화와 실제에서의 질적 변화를 이루는 데 유용한 지침서가 될 것으로 기대하여 이 책의 번역을 결정하였다. 번역의 과정에서 가능한 한 직역을 하여 번역자의 개인적 해석을 반영하지 않기 위해 노력하였으며, 직역이 너무 어색하거나 의미 파악이 어려운 부분들은 우리가 이해할 수 있는 표현으로 나타내는 정도의 변형을 주었다. 또한 우리나라 상황에 존재하지 않는 개념의 경우 원어를 그대로 사용하거나, '역자 주'로 해당 내용에 대한 설명을 추가하여 내용의 이해를 최대한 돕고자 하였다.

개별화 교육과 관련한 개념과 용어는 우리나라의 선행 연구들에서도 지적하고 있는 IEP 실제와 관련한 어려움의 핵심 원인 중 하나이기도 하다. 이 책에서는 '개별화 교육 프로그램(Individual Education Program)'이란 용어를 사용하고 있다. 그러나 실제 구성요소와 작성의 내용을 검토하면 이는 '개별화 교육 계획(Individual Education Plan)'으로 볼 수 있다. 현재 우리나라에서는 이 두 용어가 혼재되어 있는데, 유사 용어의 혼재는 흔한 일이지만 '프로그램'과 '계획'의 의미에서 오는 차이는 매우 크다는 점이 중요하다. 표준국어대사전에 따르면, 프로그램은 '진행 계획이나 순서, 연극이나 방송 따위의 진행 차례나 진행 목록' 등으로, 계획은 '앞으로 할 일의 절차, 방법, 규모 따위를 미리 헤아려 작정함. 또는 그 내용'과 같이 정의된다. 사전적 의미로는 큰 차이가 없으나, 수업이나 IEP 연구 과정에서 만나온 예비 교원이나 교사들은 프로그램을 교육과정과 유사 개념으로 이해하면서, 내용적 구조화에 초점을 두어 인식하는 경향이 높았다. 이에 이 책에서는 '계획'이라는 표현을 활용하여 개념을 확장하였다. 예비 교원, 현장 교사들과의 소통으로 내린 잠정적 결론은 교육과정의 개별화된 학습 일정표 정도의 개념이 초기 특수교육을 공부한 현장 교사들의 인식적 개념일 가능성이 매우 크다는 것이었다. 참고로, 교육과정은 '교육 내용과 관련하여, 교과의 배열과 조직을 체계화한 전체적인 계획, 학교의 지도하에 이루어지는 교과 학습 및 생활 영역의 총체'로 정의된다. 즉, 사전적 개념을 확인하면 프로그램, 계획, 교육과정의 개념이 상당히 유사성이 높고, 용어의 혼용 자체가 큰 문제가 되지 않아 보일 수 있으나 현장에서의 맥락적 적용에서는 그 미묘한 차이는 과정의 이질성은 물론, 최종적 종착점이 달라질 것이라는 점을 인지할 필요가 있다. 이 정도로 번역의 계기와 본 책의 의미에 대한 설명을 마무리하고 구체적인 내용에 대해 안내하고자 한다.

이 책은 총 3부, 12장으로 구성되어 있다. '제1부 의미 있는 IEP 개발의 기초'는 배경적 설명을 제시하는 성격으로 '1장 특수교육의 역사와 법적 관점의 개관' '2장 다양한 문화 및 언어 학습자 IEP 고려사항' '3장 더 좋은 IEP를 위한 협력적 팀 구성'을 담고 있다. 1부의 내용 중 2장의 다양한 문화와 언어 학습자를 위한 IEP 고려사항의 경우, 많은 독자가 주의를 기울이지 않고 넘어가는 장이 될 가능성이 커 보인다. 물론, 미국의 상황이 다인종과 다문화가 주요한 특성이므로 우리나라 상황과의 차이가 큰 점은 사실이다. 다문화라는 개념은 기존의 국가와 인종 간의 문화 차이로 인식하기에는 그 개념이 더욱 진화되며 확장됐다는 점을 지적하고 싶다. 우리나라도 다문화의 비중이 높아지는 변화를 경험하고 있기도 하고, 지역이나 사회경제적 배경 등으로 인해 한 국가 내에서도 다양한 문화가 존재한다는 점에 대한 인식을 가질 필요가 있다. 이 책의 기저에 전제된 개인중심(person-centered) 관점을 반영한 개별화 교육을 실행하기 위해서는 장애학생과 가족과의 협력과 소통은 핵심 중의 핵심적 과정이 되어야 한다. 또한 그 과정을 적절하게 수행하려면 우리나라 안에서 존재하고 있는 다양한 지역, 개별 가정 간의 문화 차이에 대한 인식 향상이 매우 중요하기 때문이다.

　'제2부 IEP 개발의 핵심 영역'은 구체적인 개별화 교육 프로그램(계획)의 구성 영역별 개념과 내용, 영역별 질적 체크리스트를 제시한다. 2부의 내용은 '4장 현재 학업성취도 및 기능수행 수준' '5장 목표' '6장 단기목표' '7장 진전도 측정 및 보고'이다. 우리나라의 IEP를 보면 많은 경우 기초 정보에 수치로 제시되는 장애진단평가 결과를 기입하고, 현행수준으로 표기하는 '현재 학업성취도 및 기능수행 수준'은 매우 간략하게 작성된 경우가 많아 보인다. 그러나 4장의 내용을 읽다 보면, IEP에서 매우 중요한 내용이라는 점을 새롭게 알게 될 것으로 기대된다. 온전한 '개별화'의 의미에서 필요한 학생 개인의 학업과 기능의 현재 수준 및 역량에 대한 정보를 최대한 종합적으로 수집하고 제시하는 것이 필요하다. 또한 이 책에서는 지식자원(fund of knowledge)이라는 생소한 용어의 개념을 여러 차례 언급하는데, 이 역시 개별 학습자의 배경정보이자 자원으로 개별화된 교육을 계획하고 실행하는 데 있어 매우 주요한 개념이며 실제로 유용한 자원이다. 5장의 목표(goal)는 우리 말로 한다면 장기적 목표를 의미한다. 장기적 목표의 설정에서 중요한 것은 개인에게 의미 있는 목표를 작성해야 한다는 점이다. 측정 가능한 방식의 목표 진술이 교육전문가로서 가진 기본적인 전문지식이자 기술이라면, 학습자 개인에게 '의미 있는' 목표를 설정한다는 것은 전문가의 철학과 직결되며 진정한 의미의 '개별화'라는 점을 인식할 필요가 있다. 또한 개인 학습자의 문화를 반영하는 목표를 설정하는 것을 중요하게 강조하고 있다. 6장 단기목표는 장기적 목표 달성을 위한 하위 기술을 제공하는 문화 반영적인 단기목표를 작성하는 것을 강조하면서, 벤치마크의 개념을 연결하여 설명한다. 7장 진전도 측정 및 보고는 정기적인 진전도 점검의 중요성, 다문화 학습자를 위한 진전도 점검의 고려사항, 진전도를 기록하는 방식을 안내하고 있어서, IEP에 기반하여 교육하는 과정에서의 정기적인 진전도 점검, 기록과 활용 과정을 적절하게 실행하는 데 도움을 줄 수 있다.

　'제3부 지원 개념'은 '8장 최소 제한 환경' '9장 조정과 수정' '10장 전환 팀 구성-중등이후 요구 충족하기' '11장 행동중재계획 설계' '12장 사립 및 종교학교 장애학생 지원'으로 구성되어 있다. 8장 최소 제한 환경(LRE)은 최소 제한 환경의 중요성과 의사결정 요인, 다문화 학생을 위한 추가적 지원에 관해 설명한다. 9장 조정과 수정은 두 개념의 차이, 의미 있는 조정과 수정의 구성, 의미 있는 통합교육 지원 방식을 설명한다. 10장 전환 팀 구성은 학교 간 전환 학생의 전환요구, 전환기 관련 법률과 최선의 실제, 전환기 학생의 서비스 연속체(LFE) 판별에 관해 설명한다. 이 과정에서 활동을 통해 개인중심계획(person-centered planning)을 제시하는데, 전환 팀은 형식적인 학교 내 교원의 구성이 아니라 전환과정에 실제로 필요한 팀원들을 판별하고 계획하는 것을 중요하게 설명하고 있어서 우리나라 상황에 던지는 과제를 확인할 수 있다. 11장 행동중재계획 설계는 긍정적 중재의 중요성과 긍정적 행동중재 및 지원(PBIS) 제공 과정을 이해하고, 대체행동 지도 목표를 작성하는 방법을 안내하고 있다. 도전적 행동을 가진 학생의 IEP에 중요하게 포함할 내용으로 현장에서의 체계적이고 지속적인 도전행동 지도를 위해 적극적인 반영이 필요한 장이다. 마지막으로 12장은 사립 및 종교학교 장애학생 지원으로 우리나라의 상황과는 다소 거리가 있어 보일 수 있으나, 공립학교 외 종교기관에서 설립한 사립학교나 대안학교가 증가하는 우리나라도 사립학교와 종교학교의 장애학생 지원방안 마련을 시작해야 할 필요성이 높다. 미국의 법이 보장하는 범위와 지원의 상황을 살펴보고, 나아갈 방향성을 생각해 볼 수 있는 장이 될 것이다.

이 책이 장애인교육과 복지현장의 개별화된 지원을 제공하는 특수교사와 사회복지사, 관련 서비스 전문가들에게 도움이 되기를 바라며, 개별화 교육의 구성요소, 실행 과정과 성과 평가 및 환류에 이르는 일련의 연속적인 과정으로 개별화 교육을 재개념화하고, 현장 전문가들의 개별화 교육에 대한 인식이 전통적인 전문가중심 지원에서 개인중심 지원으로 전환되는 과정에 기여하게 되기를 기원한다.

저자 서문

역사를 통틀어, 정치적 풍토가 변화하고, 새로운 테크놀로지가 등장하고, 대중의 인식이 누적되면서, 사람들이 학교를 보는 방식에 변화가 일어났다. 이러한 학교에 대해 아는 것과 아동을 교육하는 방식들을 우리의 신념과 실제를 형성하는 패러다임이나 개념적 도식으로 간주할 수 있다. 이 책은 2004년 장애인 교육 개선법(IDEA, PL 108-446)의 재승인 이후 특수교육의 교육적 패러다임 변화를 반영한다. 결손에 대한 기록이 아닌 학생의 성공을 우선시하는 결과 지향적 초점의 실제적 적용뿐만 아니라 법의 근본적 정신과 후속 개정에 대한 통찰을 제공한다.

명시적 교수, 구체적 사례, 연습 시나리오, 실습 활동과 함께 학생의 강점과 흥미를 기반으로 실제 개별화 교육 프로그램(IEP) 개발 과정을 탐색하여 학생들에게 긍정적인 성과를 제공할 수 있는 중요한 관점 역할을 하는 루브릭을 제공한다. 이 통합적 과정은 협력적 파트너십을 통해 학습자의 미래에 대한 공유된 비전을 만들고, 학생의 개인적 능력과 리더십 역량에 대한 탐색을 통해 학생 권한부여 활동을 촉진하며, 학습자의 진전을 지원하고 기록할 수 있는 측정 가능한 실행 계획을 생성하는 것을 구성요소로 한다.

1970년대 이후, 장애학생 교육에 대해 많은 것을 학습하게 되었고, 현재의 패러다임 변화는 수년간의 실제, 성찰과 연구를 통해 얻은 학습을 반영하고 있다. 이러한 진화 과정을 이해하는 것은 현행법과 후속되는 IEP 과정의 의미와 요건을 받아들이는 데 매우 중요하다.

1975년 이전에는 현재 장애아동 대부분이 받고 있는 권리를 누리지 못했고 종종 교육체계에서 무시당했었다. 일부 경도의 장애학생들이 학교에 다니기는 했지만, 교육과정에 접근하는 지원은 전혀 없음에서 최소 수준으로 나타났다. 때로는 행동의 어려움을 이유로 장애아동의 등교를 금지하고, 지적장애 등 중대한 인지장애 아동은 아예 무시하기도 했다.

하나의 실례로, 1954년에 태어난 청년 잭Jack은 언어와 의사소통이 부족하여 낮은 지능 지수를 받고, 표준화 규준참조 검사에서 '측정 불가'로 나타나 학교에서 제외하는 것으로 간주하였다. 교육받을 권리를 보호하는 법의 혜택 없이, 잭은 여동생들이 다니는 공립학교 접근을 거부당했다. 승진할 때마다 가족은 직장 이동으로 인해 새로운 주로 이사했고, 잭의 어머니는 세 딸을 의무적으로 인근 학교에 입학시키곤 했다. 하지만 아들의 교육에 대해 문의하면, 학군에서는 계속 '그와 같은 아동'을 위한 프로그램이 없다는 말을 들었고, 어머니는 잭이 갈 수 있는 특수학교 프로그램을 찾기 위해 혼자서 전화를 걸며 알아보았다.

마지막으로 이런 일이 일어났을 때, 지역 학군은 가족에게 인근 카운티 보호작업장에 연락할 것을 제안했다. 보호작업장의 조건이 너무 개탄스러워서 잭의 가족은 결국 그를 보호작업장으로 보내지 않기로 하고, 대신 집에서 머물면서 가족 사업에서 일하게 했다. 그 당시 잭은 약 17살이었고, 그가 보호작업장에 나가는 것을 그만두었을 때 아무도 그를 찾으러 오지 않았다. 장애아동을 추적하는 시스템이 마련되어 있지 않았고, 이는 그들이 학교에서 교육할 가치가 부족하다는 것을 의미한다.

1975년 전장애아교육법^{Education for All Handicapped Children Act}(PL 94-142)이 통과되면서 규칙이 바뀌었다. 이 연방법은 장애아동이 비장애아동과 같은 교육을 받을 권리가 있다는 믿음에 기초하여 장애학생에게 공립학교에 다닐 기회를 제공했다. 경도 및 중도 장애 학생 모두 자신의 능력에 적합한 것으로 간주하는 교육을 받았다. 그러나 프로그램은 종종 분리된 건물에 수용하거나 비장애 또래들과 떨어진 교실로 분리하였다.

시간이 지나고 법과 제도가 발전함에 따라 시나리오는 바뀌었다. 2022년의 긍정적인 사례를 살펴보자. 12살 장애학생 조이^{Joey}는 비장애 형제자매와 같은 학교에 다녔다. 매일 아침, 통학버스에서 내려 7학년 교실로 안내하는 보조원의 환영을 받았다. 담임교사는 조이가 교실에 코트를 걸고 학급의 다른 학생들과 함께 소지품을 정리하는 절차를 따르도록 격려했고, 결과적으로 조이는 이러한 간단한 일과를 독립적으로 수행할 수 있었다. 매달 조이, 누나, 아버지나 어머니, 7학년 교사, 보조원과 특수교사를 포함한 팀원들은 모두 조이의 진전 상황을 공유하고, 교육 프로그램의 변화를 논의하기 위해 만났다. 때때로 회의에 초대한 지역 자폐성 장애 전문가는 조이가 계속해서 교육적으로 진전하는 데 필요한 다양한 행동, 의사소통 및 학업 전략에 대한 의견을 제공할 수 있다.

어떻게 이런 긍정적인 결과가 일어나는가? 이는 판별된 장애학생의 요구에 효과적으로 반응하는 기본적 요소인 좋은 IEP로부터 시작한다. 학생의 교육에 관여하는 모든 팀원은 "바로 잡기"의 필요성을 공유하고, IEP를 바로잡는 것은 조이의 경우와 같은 교육 프로그램을 설정하는 데 매우 중요하다. 조이의 프로그램은 학생의 교육적 요구를 충족하고 점검하여 작은 실수를 즉시 알아챌 수 있다.

2001년의 아동낙오방지법^{No Child Left Behind Act}(PL 107-110)과 IDEA 2004의 재승인을 대체한 2015년의 모든학생성공법^{Every Student Succeeds Act}(PL 114-95)은 일반학급의 장애학생 통합을 증가시켰다(U.S. Department of Education, 2002). 6~21세 장애학생의 95%를 일반교육 환경에

서 가르치는 등 통합이 일반적으로 널리 퍼진 현실이 되었지만(National Center for Education Statistic, 2021), 일반교사 대부분은 장애아동을 가르칠 준비가 되어 있지 않다고 느낀다(National Center for Learning Disabilities, 2019). 더욱 어려운 점은 IEP가 교사들이 학생을 교육하는 방법을 안내하는 데 도움이 되는 일관되고 의미 있는 방식으로 실행되기는커녕 해독하기 어려운 문서처럼 보일 때가 많다는 것이다. 이 책은 이러한 도전을 돕기 위한 것이다.

이 책은 치우치지 않은 루브릭(기준)을 통해 교사, 치료사, 부모, 관리자 등 IEP 팀의 구성원이라면 누구나 IEP 문서를 이해하고 설계하는 것을 돕고, 문서 내용을 효과적으로 실행하도록 안내할 것이다. 이전에는 교사의 일이나 부모의 일로 인식했을 수 있는 IEP 작성에 대한 당신의 주인의식을 심화하길 희망한다. 모든 IEP 팀 구성원은 처음부터 팀원을 포함한 교육을 계획할 수 있다. 다음은 각 장의 내용과 각 장에서 개발할 기술에 대한 간략한 요약이다. 의미 있고 법적 요건을 준수하는 IEP를 개발하는 여정에 함께하기를 희망한다.

장애 학생들의 권리를 보호하기 위해 수많은 법률이 제정되었지만, 부모들은 자녀의 교육적 요구가 충족되지 않을 때 자신이 처음부터 시작한다고 느끼는 경우가 많아서 특수교육의 역사와 법적 측면은 빠르게 퇴색할 수 있다. 제1장의 목표는 특수교육의 역사와 법적 측면에 대한 배경지식을 제공하여, 독자가 이러한 법률 제정의 이유를 이해하고 학생의 교육 회의에서 자신의 역할을 더 잘 이해하는 것이다. 마지막에는 법률에 대한 이해를 돕기 위한 마무리 활동을 제공하고, 장애아동을 위한 서비스에 미친 영향을 확인할 수 있다.

이 책의 나머지 부분에 걸쳐, 루브릭에 기초한 실제적 활동뿐만 아니라 기본적 지침을 제공하는 IEP의 주요 고려사항과 구성요소를 탐구한다. 제2장은 학교 환경과 다른 문화에서 온 장애아동의 독특한 요구를 다루기 위해 문화적으로 반영하는 IEP를 개발하는 것의 중요성에 대해 논의한다. 이 학생 중 많은 수가 영어를 사용하지 않거나, 영어가 제1언어가 아닌 가정에서 오기 때문에, 제2언어 습득 단계와 다른 언어 능력 수준에 대해 논의한다. 이 장은 또한 IEP 회의에서 통역사를 사용하는 최선의 실제를 제공하고, 아동의 독특한 요구를 다루는 자산으로 아동의 모국어와 문화를 사용하는 것의 중요성으로 마무리한다.

협력은 다음으로 주요한 고려사항이다. 협력은 관계의 유형을 구축하고 영향을 미치는 복잡한 상호작용의 집합으로 구성된다. 협력은 IEP 팀 과정의 필수 구성요소이지만, 많은 사람이 효과적으로 협력하는 데 필요한 기술이 부족하다. 제3장에서는 어린 장애학생을 지원하기 위한 다음 단계를 결정하려는 부모와 교사 두 명의 실제 시나리오를 통해 협력을 소개한다. 각자의 경험과 기대를 바탕으로 회의에 나와 각자가 원하는 결과를 향해 노력하는 다른 접근방식으로 이어진다. 시나리오는 주제를 소개하기 위해 제시할 뿐 아니라 독자가 다음에 무슨 일이 일어났는지 추측하도록 남겨두어 문제 해결 기술을 장려하기 위해서도 제시하였다. 학생은 IEP 회의 중에 협력의 주요 초점이 되기 때문에, 이 장의 한 부분은 학생에게 권한을 부여하고empowement, 궁극적인 리더십을 촉진하는 학생 중심 계획을 사용함으로써 학생의 관점을 존중하는 데 중점을 두고 있다. 이 장은 팀원들이 학생의 학습에 영향을 미칠 수 있는 요소와 협력의 문제를 고려할 수 있는 활동으로 마무리한다.

현재 학업성취도와 기능수행 수준(PLAAFP)은 IEP의 가장 중요한 구성요소 중 하나이다. IEP의 이 영역은 미래 교육 계획과 교육 서비스를 결정하는 기초를 제공한다. 제4장에서는 아동의 PLAAFP에 대한 의미 있는 진술을 작성하는 방법과 장애가 학업성취도와 기능수행에 미치는 영향을 배운다. 자료는 학생의 진전과 요구를 결정하는 데 중요하기 때문에 다양한 진단평가 전략을 제공한다. 이 장은 독자가 법률을 준수하고, 의미 있는 PLAAFP 영역을 작성하는 것을 더 깊게 이해할 수 있도록 돕는 활동으로 끝난다.

목표는 IEP의 핵심이며 특정 중재의 결과로 아동이 성취하려고 노력할 성과를 설명하는 것이다. 본질적으로 목표는 교수, 중재와 서비스를 결정하는 기초를 마련한다. 제5장에서는 모든 관계자가 쉽게 측정하고 의사소통할 수 있는 의미 있고 법률을 준수하는 진술(즉, 목표)을 작성하는 방법을 배운다. 이 장은 독자가 측정 가능한 목표를 판별하는 데 도움이 되는 체크리스트를 제공한다. 또한 활동은 양질의 IEP 목표를 작성하는 기술적 측면을 돕는다.

제6장에서는 IEP의 목표와 일치하는 의미 있고 측정 가능한 단기목표 작성의 중요성에 대해 자세히 설명한다. 책무성의 시대에 단기목표는 목표를 향한 중간 단계의 역할을 하며 연간 목표에 도달하기에 충분한 진전이 이루어지고 있는지를 점검하는 데 사용된다. 이 장에서는 모든 아동이 주 표준(성취기준)을 충족하는 것의 중요성과 모든 격차를 다루는 목표 및 단기목표를 개발하는 IEP 팀의 책임을 배운다. 이 장은 IEP 목표를 달성하기 위해 단기 목표를 작성하는 실용적인 기술을 개발할 기회를 제공하는 활동으로 마무리한다.

연간 목표의 측정은 늘 IEP 팀의 기능이었지만 교사의 책무성이 증가하여, 진행 중인 관련 진전도 점검 자료 사용에 지금은 주의를 더욱 기울일 것을 요구한다. 제7장에서는 IEP의 목표 및 단기목표와 관련하여 학생의 진전을 측정하고 보고하고, 자료를 사용하여 교수적 결정을 내리고, 학업 및 행동 목표를 위한 자료 수집 연습에 초점을 맞춘다. 이 장에서는 자료 수집, 보고 빈도, 다중 측정치 사용과 수집 과정의 시기에 대해 배운다. 이 정보를 학급과 학교 실제로 전환할 수 있도록 진전도 점검 평가의 예를 제공한다.

IEP 팀은 장애학생이 서비스를 받기에 적절한 장소를 결정할 때, 먼저 일반교육과정과 환경에서 학생이 의미 있게 참여하는 방법을 고려하는 것부터 시작해야 한다. 이 탐구는 특정 장애 명칭이 아니라, 학생이 이 환경과 교육과정에 대한 상호작용과 참여를 통해 어떻게 이익을 얻을 것인가를 인식하는 것으로 이루어져야 한다. 제8장에서는 장애 학생에게 최소 제한 환경(LRE)이 갖는 중요성과 LRE가 어떻게 보이는지를 논의한다. LRE를 다루는 요소, LRE 의사결정 계획과 함께 추가적 지원과 서비스를 설명한다.

제9장에서는 학급에서 실행할 수 있는 구체적인 조정과 지원을 판별하고, 발산적 사고를 촉진하는 방법을 제시하고 학생의 학업적 요구를 조정하기 위한 추가적 제안을 개발할 것을 장려한다. 마지막으로 고유한 학업적 요구에 따라 학생에게 가장 적절한 배치를 결정하는 활동으로 마무리한다.

조정 및 수정의 결정은 IEP 작성의 한 구성요소로서 종종 일관되지 않게 해석됐다. 9장은 학생의 요구를 결정의 근거로 하여 학생의 학업적 요구에 대한 조정 및/또는 수정을 결정하는 지침을 제공한다. 공정성의 윤리적 문제와 관련된 고전적인 수수께끼를 설명하기 위해 과제 시나리오를 제시하였다. 이 토론은 사회적으로 구성된 장애의 본질에 대한 일반적인 오해를 드러내고 과제의 성격과 개인의 기술이 교차하여 어떻게 학업적 요구를 창출하는지에 초점을 맞춘다. 조정과 시험 시나리오는 이미 논의된 삽화의 확장일 뿐이다. 이 장의 활동은 장애 학생에게 필요할 수 있는 조정 및 수정을 판별하는 기술과 지식을 개발하는 데 도움이 될 것이다.

제10장은 학교에서 성인으로의 전환을 계획하는 과정을 다룬다. 전환계획의 구성요소에 대한 심층적인 정보를 제공할 뿐만 아니라, 학생이 선택할 수 있는 광범위한 선택들과 관련된 철학적 각성을 유도한다. 모든 관계자를 적극적으로 참여시키고 학생을 위한 가족의 목표를 문화적으로 존중하는 사려 깊은 전환 과정을 통해 모든 팀원이 어떻게 이익을 얻는지를 전반적으로 보여준다. 규정의 구체적인 변화를 강조하여 현재 전환 요건에 대한 철저한 이해를 제공한다. 체크리스트, 루브릭과 활동은 지역사회 내에서 학생이 성공하는 데 필요한 다양한 기술을 비판적으로 살펴볼 수 있도록 하여 현재 전환 실제에 대한 이해를 촉진하는 데 도움이 된다.

제11장에서는 도전적 행동을 다루는 행동 중재 계획의 설계 방법을 논의하고 학생이 수용 가능한 행동을 배울 수 있도록 IEP를 설계할 때 긍정적 중재를 사용하는 것의 중요성을 설명한다. 독자들은 방해 행동이 학습에 미치는 영향과 도전적 행동을 다루는 목표를 개발하는 방법을 배울 것이다.

마지막 장에서는 사립학교와 종교학교에서 제공하는 서비스에 대해 논의한다. 제12장에서는 IEP와 개별화된 서비스 계획의 차이점에 관해서도 설명한다.

이 책의 마지막에는 필요한 요소의 제시를 확인하는 목록인 IEP 체크리스트를 제공하고 있다. 책 전체에 소개된 도구의 전체 버전은 브룩 출판사 다운로드 허브 Brookes Download Hub에서 온라인으로 내려받을 수 있다. IEP의 각 요소의 완성도와 품질을 평가하기 위한 IEP 루브릭,

IEP 루브릭을 기반으로 수정하기 위한 템플릿, 활동 및 양식의 복사 가능한 버전을 포함하고 있다. 마지막으로, 이 새로운 판은 책을 읽는 내내 또는 리마인더가 필요할 때마다 참조할 수 있는 유용한 용어 사전을 제공하고 있다. 용어 사전의 용어는 본문에서 처음 언급할 때 굵게 표시하였으며, 용어사전에 정의를 제시하였다.

이 책을 특별한 아동들을 위해 쉬지 않고 일하는 교사, 부모, 그리고 돌봄자에게 바친다.
여러분이 섬기는 아동 각각의 교육적 성과를 향상하는 계획을 제공하는
성공적인 IEP 회의로 축복받기를 바란다.

참고문헌

Education for All Handicapped Children Act of 1975, PL 94-142, 20 U.S.C. §§ 1400 *et seq.*

Every Student Succeeds Act of 2015, PL 114-95, 20 U.S.C §§ 1001 *et seq.*

Individuals with Disabilities Education Improvement Act (IDEA) of 2004, PL 108-446, 20 U.S.C. §§ 1400 *et seq.*

National Center for Educational Statistics. (2021). *Percentage distribution of students 6 to 21 years old served under Individuals with Disabilities Education Act (IDEA), Part B, by educational environment and type of disability: Fall 2018.* U.S. Department of Education. https://nces.ed.gov/fastfacts/display.asp?id=59

National Center for Learning Disabilities. (2019). *Forward together: Helping educators unlock the power of students who learn differently.* https://www.ncld.org/wp-content/uploads/2019/05/Forward-Together_NCLD-report.pdf

National Institute for Urban School Improvement-Leadscape. (2013). *Part B SPP/ APR 2012 indicator analyses (FFY 2010).* http://ectacenter.org/~pdfs/sec619/part-b_sppapr_12.pdf

No Child Left Behind Act of 2001, PL 107-110,115 Stat. 1425, 20 U.S.C. §§ 6301 *et seq.*

U.S. Department of Education. (2002). *A new era: Revitalizing special education for children and their families.* President's Commission on Excellence in Special Education. https://ectacenter.org/~pdfs/calls/2010/earlypartc/revitalizing_special_education.pdf

온라인 자료 정보

『개별화 교육 프로그램(IEP) 체크리스트: 의미 있고 규정을 준수하는 IEP 만들기(2판)The IEP Checklist: Your Guide to Creating Meaningful and Compliant IEPs, Second Edition』은 본문에서 제공하는 지식과 전략을 보완하고 확장할 수 있는 온라인 자료를 제공한다. 이 책의 모든 구매자는 본문에서 IEP 체크리스트, IEP 루브릭, IEP 루브릭/교정, 부모 설문조사(영어 및 스페인어 제공)와 공란 양식과 자료를 열람하고, 다운로드 및 인쇄할 수 있다.

이 책과 함께 제공하는 자료에 접근하려면:

1. 브룩스 출판사 다운로드 허브(http://downloads.brookespublishing.com)로 이동하기
2. 등록하여 계정을 생성하거나 기존 계정으로 로그인하기
3. 잠겨 있는 자료에 접근하려면 코드 gIssuhDYk 사용하기

차례

제2부
IEP 개발의 핵심 영역

제3부
IEP 개발을 지원하는 개념

제1부

의미 있는 IEP 개발의 기초

제1장

특수교육의 역사와 법적 관점의 개관

캐슬린 G. 윈터맨, 레오 브레들리, 존 콘캐넌

Kathleen G. Winterman, Leo Bradley, and John Concannon

초점 학습 내용

- 🧒 장애아동 서비스의 기반을 마련하는 법의 중요성
- 🧒 현재 존재하는 법을 형성한 법정 사례
- 🧒 미국의 공립학교와 사립학교 특수교육 서비스의 현재 맥락 내 한도

2019년 가을 기준, 미국에서 5,600만 명의 학생들이 초등학교와 중등학교로 진학하였고, 이 중 580만 명의 학생들은 사립학교에 다닌다(educationdata.org). 이 중 13.7%의 학생들이 장애를 가지고 있는 것으로 확인되었고, 9.6%의 학생들은 영어를 제2언어로 배우고 있다. 오늘날, 장애학생들이 또래 친구들과 함께 동네 학교에서 교육받는 것은 일반적인 것으로 간주하지만, 항상 그래왔던 것은 아니었다.

1958년 국방교육법(PL 85-864)이 통과되면서 최초로 연방기금을 제공하여 지적장애 아동과 함께 일할 교사들을 훈련했다. 이후 수십 년 동안 특수교육과 관련된 다양한 법안이 제정되었으며, 이 모든 법안은 미국의 가장 최근의 특수교육법인 2004년 장애인교육개선법 IDEA(PL 108-446)으로 정점을 찍었다.

이 본문에서는 부모를 자녀의 친부모이자 법적 보호자로 정의한다.

IDEA의 핵심 요소

- **무상의 적절한 공교육**FAPE. 학생은 공교육 기관에서 무상으로 자신의 교육적 요구를 충족하는 방식으로 교육받아야 한다.
  - 거부 금지*Zero Reject*. 학교는 아동 요구의 심각성 때문에 교육을 거부할 수 없다.
- **최소 제한 환경**LRE. 학생은 전형적인 또래들과 가장 유사한 방식으로 교육을 받는다.
- **절차적 안전장치**(정당한 절차*due process*). 가족은 자녀의 배치, 서비스, 교육 계획에 동의하지 않을 권리가 있고 학군을 법정에 세울 수 있다.
- **부모 참여**(공유된 의사결정). 부모는 자녀 교육팀의 일원으로 참여할 권리가 있다.
- **비차별적 평가**. 학교는 타당하고, 신뢰할 수 있고, 문화적으로 관련성이 있고, 언어적으로 적절한 조치를 사용하여 장애의 모든 의심스러운 영역에서 학생을 평가하기 위해 팀 접근방식을 사용해야 한다.
- **개별화 교육 프로그램**IEP. IEP 팀은 현재의 평가 정보를 평가하고 각 장애학생의 고유한 교육적 요구를 충족하도록 설계한 서면 문서를 작성한다.

알고 있었나요?

미묘하지만 중요했던 이 법에 대한 가장 큰 변화 중 하나는 1990년 재승인에서 일어났다. 법의 명칭이 전장애아교육법Education for All Handicapped Children Act에서 장애인교육법Individuals with Disabilities Education Act으로 바뀌었고, 장애인교육법은 **사람 우선**people-first **언어**를 의무화했다. 대수롭지 않게 보이는 용어의 변경은 사람이 장애를 가진 것이라는 점을 강조했다. 사람들은 그들의 장애보다 더 크고 포괄적이다.

1975년 이전에, 장애학생들은 공교육에서 체계적으로 배제되었고 종종 교육을 받을 수 없는 것으로 간주하였고, 따라서 전형적인 발달을 보이는 또래들과 함께 교육받을 가치가 없었다. 1975년 전장애아교육법(PL 94-142)Education for All Handicapped Children Act 제정 이후, 연방법은 모든 공립학교가 장애아동에게 **무상의 적절한 공교육**FAPE과 관련 서비스를 제공하도록 요구해 왔다. 게다가, 이 법은 학생을 **최소 제한 환경**LRE에서 가르치도록 의무화했다. 따라서 아동의 장애에 근거하여 임의적으로 배제하는 관행을 없앴다. 이러한 서비스를 제공하기 위한 계획, 즉 학생을 위한 적절한 교육의 기반을 제공하는 계획을 **개별화 교육 프로그램**IEP이라고 한다. IEP는 장애아동의 교육을 안내하는 과정이고 산물이다(Lee-Tarver, 2006). 로터Rotter(2014)는 연구를 수행하여, 많은 일반교사가 학생의 IEP 문서를 작성한 후에 참조하지 않는다는 것을 발견했다. 그들은 IEP를 학생의 교육 계획을 개략적으로 설명하는 중요한 지침 문서라기보다는 인위적 산물로 여겼다.

멈추고 생각해 보기!

2001년 부시 대통령은 1965년 초·중등교육법 Elementary and Secondary Education Act (PL 89-10)을 '아동낙오방지법'(NCLB, PL 107-110)으로 재제정했다. 이 법은 1) 성과에 대한 책무성 강화, 2) 주와 지역사회에 대한 자율성 확대, 3) 입증된 교육 방법, 4) 부모/보호자의 더 많은 선택이라는 4개의 기둥에 기반을 두고 있다.

- NCLB는 개별화 교육 프로그램IEP을 가진 학생의 교육에 어떤 영향을 미쳤는가?
- 의미 있고 효과적인 IEP의 개발과 4개의 기둥은 어떻게 연관되는가?

오바마 대통령은 2015년 모든학생성공법(ESSA, PL 114-95)을 통과시키고, 1965년 초·중등교육법 Elementary and Secondary Education Act 재승인을 지속했지만 NCLB의 진취성을 진전시켰다.
모든학생성공법은 학생과 학교의 성공을 보장하도록 돕는 조항들을 포함하고 있다.
이 법은,

- 혜택받지 못한 미국 학생을 위한 중요한 보호를 지지함으로써 형평성을 향상시킨다.
- 최초로, 대학과 직업에서의 성공을 준비할 수 있는 높은 학업 기준에 따라 미국의 모든 학생을 교육할 것을 요구한다.
- 주 차원의 연간 평가를 통해 높은 기준을 향한 학생의 진전을 측정하여 교사, 가족, 학생 및 지역사회에 중요한 정보를 제공하도록 보장한다.
- 지역 리더와 교사가 개발한 증거 및 장소기반 중재를 포함하여 혁신과 프라미스 네이버후드 Promise Neighborhoods 1) 투자와 일치하는 지역 혁신을 성장시키고 지지하며 돕는다.
- 질 높은 유치원에 대한 접근성을 유지하고 확장한다.
- 학생이 기대되는 진전을 이루지 못하고 장기간에 걸쳐 졸업률이 낮은 최저 성과를 내는 학교에 긍정적인 변화를 주기 위한 책임과 조치가 있을 것이라는 기대를 유지한다.

IDEA에 따른 가장 최근의 연방정부의 지시는 모든 장애아동이 일반교육과정에 접근할 수 있어야 한다고 명시하고 있다. IEP를 개발하고 실행하는 것은 아동의 교육팀 모든 구성원의 적극적인 참여가 필요하다. IEP 과정에 대한 지식을 갖추는 것은 선택사항이 아니라 모두에 대한 필수요건이다.

---

1) (역자 주) Promise Neighborhoods: 미국 교육부의 교육 프로그램 개선 기금(FIE)의 입법 권한에 따라 설립되어 1) 신앙 기반 비영리 단체, 2) 고등교육기관, 3) 인디언 부족을 포함하는 비영리 단체를 포함한 적격 단체를 지원하는 자금을 제공하는 프로그램. 이 프로그램은 가장 어려움을 겪고 있는 지역사회의 어린이와 청소년의 교육 및 발달 성과를 개선하고 지역사회를 변화시키는 것을 목적으로 한다.
(출처: U.S. Department of Education, https://www2.ed.gov/programs/promiseneighborhoods/index.html)

절차적 안전장치의 마련을 보장하기 위해, 학생의 IEP는 반드시 IDEA 규정을 준수해야 한다. 교사, 학교 관리자와 직원은 팀이 1) 관련 평가에 기반하고, 2) 의미 있는 야심적인 목표를 포함하는 교육프로그램을 개발하고, 3) 교사의 편의나 선호보다는 2001년의 **아동낙오방지법**(NCLB, PL 107-110)으로 의무화된 동료 검토 연구peer-reviewed research에 기반한 서비스를 제공하도록 보장함으로써 IDEA 규정을 준수하는 IEP 회의를 개최할 책임이 있다.

중재 전문가나 특수교사는 목표를 달성하기 위한 학생의 진전 상황을 점검하고 목표를 달성하지 않았을 경우 필요한 프로그램적 변화를 수행해야 한다. 학생의 목표가 교육적으로 유의미한 목표가 되기 위해서는 1) 목표가 충족될 조건, 2) 측정해야 할 목표 행동이나 기술, 3) 기대 성과의 기준 등의 요소가 필요하다. 목표 달성을 향한 학생의 진전 상황을 점검하기 위해 자료를 수집해야 한다. 또한 학생의 IEP에는 학생의 학업 및 성과 목표 달성 성공에 대해 보호자에게 정보를 제공하는 일정을 포함해야 한다.

IDEA의 마지막 재승인에서 IEP의 필수 구성요소에 대한 여러 변경사항을 포함하였다(Council for Exceptional Children, 2013). IEP는 법률 제614조에 따라 개발하고, 검토하며 개정해야 한다(Wilkinson, 2010). IDEA를 개정할 때, 의회는 법의 과도한 서류 요건을 제거하기 위해 다음과 같은 변경사항을 수립했다.

- 학부모와 학교 측이 해당 팀원이 필요 없다는 데 서면으로 동의하면, 이를 감안하여 팀원을 IEP 회의에 제외할 수 있다.
- 처음 IEP 회의가 개최되고 모든 당사자가 개정 내용에 동의하는 경우 추가적 회의를 개최하지 않고도 IEP 내용을 개정할 수 있다. 합의된 변경사항은 모든 팀원이 서명하고 적용 중인 IEP에 첨부해야 한다.
- IEP 회의는 화상 회의 및 전화 회의와 같은 대안적인 방법을 통해 수행할 수 있다.
- IEP를 가진 학생이 학군을 변경하는 경우, 수신 학군은 아동의 현재 IEP를 채택하거나 새로운 IEP를 작성할 때까지 유사한 서비스를 제공해야 한다(Smith, 2005; Yell et al., 2006).

IDEA는 학생의 부모 또는 법적 보호자의 서면 동의를 받아 (3년을 초과하지 않는) 다년 IEP를 개발하기 위해 15개 주립 시범 프로그램을 설립했다. 이 시범 프로그램에 참여하고자 하는 주에서는 이 옵션을 요청해야 한다.

IDEA의 최근 재승인에서 모든 주요 구성요소들이 유지되었지만, 법은 대안적 평가를 받는 학생들을 위한 목표와 벤치마크를 포함하도록 IEP를 확장했다. 이 법은 학습장애 학생의 신원 확인을 위한 지침에 대한 대응을 추가했는데, 이는 특히 특정한 학습장애 학생들의 서비스 적격성을 결정하기 위해 일반적으로 사용되던 불일치 형식을 넘어선 대응이다. 이제 특수교사는 자신이 가르치는 분야에서 높은 전문성을 갖추어야 한다. 마지막으로, 비록 그 행동이 그들의 장애의 징후일지라도, 학생들은 특별한 상황(예: 학교에 무기를 가져오는 것)에서 최대 45일 동안 학교에서 쫓겨날 수 있다.

대로우^{Darrow}(2016)는 IEP가 IDEA의 초석을 남겼다고 주장했다. 2004년 재승인과 함께, IDEA를 NCLB와 일치시키는 변화가 제정되었고, ESSA는 이러한 개정을 계속 지지하고 있다. 아동 학업 프로그램의 핵심으로서의 IEP에 대한 근본적인 초점을 고려할 때, 교사들은 IEP의 개발과 법 준수에 대한 상급 교육을 받아야 한다. 이처럼, 모든 교사 훈련 프로그램은 IEP 개발 및 장애아동 교육과 관련된 기타 법적 주제에 관한 내용을 포함한다. IEP는 법에 따라 적절한 프로그램으로 간주하기 위해 반드시 특정 구성요소들을 포함해야 한다.

1. 특수교육을 형성한 법률

장애아동교육은 1990년 장애인교육법(IDEA), 1997년 장애인교육법(IDEA), 2004년 장애인교육법(IDEA), 그리고 1990년 미국장애인법(ADA)으로 재승인된 1975년 전장애아교육법 Education for All Handicapped Children Act에 의하여 법적으로 확립되었으나, 이러한 법적 진취성 중 어느 것도 특수교육 정책과 절차의 실행을 만들어 낼 법적 질문과 논란을 예상할 수 없었다.

따라서 연방법원 시스템은 장애아동에 대한 연방법의 취지와 법이 어떻게 시행되어야 하는지를 명확히 하기 위해 세 가지 기능을 수행해야 했다. 첫째, 법의 합헌성이 유지되어야 했고, 둘째, 법원 시스템은 모호성 영역에서 법을 해석해야 했으며, 셋째, 법원은 학교, 부모, 아동 사이의 논쟁을 결정하기 위해 법적 원칙을 적용해야 했다. IDEA의 기본 원칙은 다음 절에서 더 자세히 검토할 것이다. 그 원리는 법의 시행을 명확히 한 법적 사례를 기반으로 탐구하였다.

멈추고 생각해 보기!

1990년의 미국장애인법^{American Disabilities Act}(ADA, PL 101-336)은 **장애**를 주요한 생활 활동을 실질적으로 제한하는 신체적 또는 정신적 손상으로 정의했다.

- 2004년 장애인교육개선법^{Individuals with Disabilities Education Improvement Act}(IDEA, PL 108-446)과 미국장애인법^{ADA}은 장애아동의 삶에 걸쳐 어떻게 적용되는가?

1) 정당한 절차Due Process

장애아동을 위한 교육이 의무화되었을 때, 학교는 이 새로운 패러다임 안에서 교육적 추구를 적용하기 위해 씨름했다. 학교는 장애를 지닌 아동들을 어떻게 교육할 것인지에 대해 질문하기 시작했다. 학생을 다른 유형의 교육과정 설계나 대안적인 교육 전략을 통해 교육해야 하는가? 그들의 교육 성취도는 일반교육 내의 아동과 다르게 평가해야 하는가? 비록 이러한 질문들은 결국 교사들의 교육학적 결정을 통해 답을 찾았지만, 법원 시스템은 매개변수를 정의하고 의사결정 과정에 큰 비중을 두었고, 때로는 교육기관을 지원하고 때로는 교육기관의 입장을 완전히 뒤집기도 한다.

모든 장애아동이 절차적 그리고 실질적 정당한 절차due process를 받아야 한다는 요건은 특수교육과 관련된 법의 핵심이다. 1975년 미국 의회가 전장애아교육법Education for All Handicapped Children Act, 이후 IDEA를 통과시켰을 때, 그것은 정당한 절차를 이 법의 기본 원칙 중 하나로 포함하였다. ADA 외에도, 이 법들은 절차상 정당한 절차의 기초를 명확하게 설명한다. 그러나 실질적인 정당한 절차는 획기적인 법원 판례를 통해 더욱 명확히 밝혀져야만 했다.

(1) 절차적 정당한 절차

절차적 정당한 절차Procedural due process는 장애아동이 적절한 청문, 통보 및 특수교육 자격에 관한 공정성을 받도록 보장한다. 학생이 특수교육, IEP 개발, 실행과 지속적인 평가 및 본 장의 나머지 부분에 정의된 기타 모든 요건을 받을 적격성을 판단하기 위한 다면평가나 평가팀 보고서를 통해 정당한 절차의 이러한 측면을 보장한다.

(2) 실질적 정당한 절차

실질적 정당한 절차Substantive due process는 한 개인의 생명, 자유, 재산권을 부정하거나 금지하는 행위를 포함한다. 재산권에는 교육을 받을 권리와 생계를 유지할 권리가 포함된다. 말할 것도 없이, FAPE를 요구하는 법 이전에는 이러한 재산권 중 어느 것도 장애아동에게 주어지지 않았다. 따라서 의회와 법원 모두 법안을 통과시키고, 장애아동에게 절차적 및 실질적 정당한 절차적 권리 모두를 보장하는 판결을 내렸다.

특수교육법 판례를 구성하는 사례들에 대한 검토는 다음과 같은 문항을 통해 분류할 수 있다.

① 학교가 부족한 자금 때문에 장애아동을 위한 정당한 절차를 삭제할 수 있는가?

모든 주의 많은 공립학교 학군들이 때때로 불안정한 재정적 상황을 겪기 때문에, 장애학생에게 적절한 교육을 제공하는 사안은 감당할 능력에 대한 의문을 제기했다. 경제적인 문제로 인해 장애아동에 대한 서비스가 줄어들거나 없어지지 않도록 이 사안을 해결해야 했다. 1975년 전장애아교육법^{Education for All Handicapped Children Act}이 통과되기 전에, 두 가지 중요한 판례가 장애아동 교육을 재정적 고려로 결정하지 않는다고 분명히 결정하였다.

펜실베이니아 지체아동협회^{Pennsylvania Association for Retarded Children}(PARC) 대 펜실베이니아 연방^{Commonwealth of Pennsylvania}(1971) 판례의 경우, 연방법원은 펜실베이니아주의 인지장애 아동은 무상의 공교육을 받을 자격이 있다고 판결했다. 밀스^{Mills} 대 컬럼비아 특별구 교육위원회^{Board of Education of the District of Columbia}(1972) 판례에서 지방법원은 컬럼비아 특별구 학교가 반드시 특수아동을 위한 공식적으로 지원하는 교육을 제공해야 한다고 판결했다. 법정은 다음과 같이 진술했다.

> 이러한 아이들을 공립학교 시스템에 포함시키고 유지하는 이 명확한 의무를 이행하지 않거나, 공식적으로 지원하는 교육을 제공하지 못한 것, 그리고 정당한 절차 청문회와 정기적인 검토를 제공하지 못한 것은 불충분한 재정으로 자금이 충분하지 않다는 주장은 변명이 되지 않는다.

② 장애아동에 관한 FAPE의 정의는 무엇인가?

1975년 전장애아교육법이 시행되면서, 장애아동을 위한 FAPE의 정의를 명확히 해야만 했다. 일반교육 학생들에 대한 그러한 정의는 보편적으로 다뤄진 적이 없었다. 문제는 장애아동의 FAPE가 LRE와 IEP의 결과로 자신의 최대 잠재력에 도달해야 한다는 것을 의미하는지 여부였다. 헨드릭 허드슨 중앙 교육구 교육위원회^{Board of Education of the Hendrick Hudson Central School District} 대 에이미 롤리^{Amy Rowley}(1982) 판례에서, 미국 대법원은 이 법이 최대 잠재력을 달성하는 것과는 반대로 '학습할 기회의 기본적 판'을 제공하는 것이라고 판결했다. 이 결정은 주정부가 개인화된 교육^{personalized instruction}과 아동이 교육적으로 혜택을 받을 수 있도록 충분한 지원 서비스를 제공함으로써 그 정의를 충족할 필요가 있음을 명확히 했다.

잠재력을 최대화하는 것이 판결이었다면, 타당한 평가와 관련한 많은 질문을 다루어야 했을 것이다. 교육의 모든 측면에 대한 보편적인 조작적 정의가 마련되어 있지 않았을 때 장애아동을 위해 그러한 결정을 내리는 방법을 아는 것은 어렵다. 법원이 최대 잠재력과 같은 측정할 수 없는 결과와 반대로 FAPE를 기회로 정의한 것은 현명했다.

미국 연방대법원은 앤드류^{Endrew F.} 대 더글러스 카운티 학군^{Douglas County School District}(2017) 판례에서 로버츠 대법원장이 "해마다 '최소 이상의 진전'을 제공하는 교육 프로그램을 학생에게 제공한 것을 교육을 전혀 제공하지 않았다고 말할 수 없다."고 진술했을 때 이 기준을 조금 더 실질적으로 만들었다(p. 11). 법원이 진화하면서, 학생의 교육적 기회의 서비스와 기대는 계속해서 FAPE를 구성하는 것이 무엇인지 명확히 하고 있다. IEP는 더는 최소 접근성을 고려하지 않고, 오히려 학생이 교육적 기회로부터 이익을 얻을 수 있도록 성장을 장려하기 위한 합리적이고 강력한 목표를 가졌는지를 고려한다.

③ 공립학교가 그 아동을 교육할 요건에서 면제될 정도로 심각한 장애가 있는가?

이 질문은 교육의 정의에 초점을 맞추고 있다. 어떤 사람들에게, 교육은 경험으로부터 어떤 이익을 줄 것을 의미한다. 이러한 인식은 지식, 기술 또는 성향의 습득으로 이어지는 전통적인 교육관에 기초한다. 분명히, 그러한 정의를 결정하기가 더 어려울 정도로 심각한 장애를 가진 사람들이 있다. 초기 단계 동안, 일부 사람들은 1975년 전장애아교육법이 학교의 특수교육 프로그램에 참여하여 이익을 얻는 능력을 보여 주어야 한다는 의미라고 느꼈다. **티모시**Timothy W. **대 로체스터 학군**Rochester School District(1989) 판례에서 미국 제1순회 항소법원First Circuit of the U.S. Court of Appeals은 1975년 전장애아교육법이 모든 장애아동의 교육을 의무화했고, 참여의 선행조건으로 이익을 입증할 것을 요구하지 않는다고 판결했다. 따라서 거부 금지Zero Reject 원칙을 명확하게 제시했고, 준수하였다. 거부 금지 원칙은 IDEA의 핵심 원칙 중 하나이며, 장애의 심각성 때문에 교육을 거부할 수 없다고 진술한다. 이것은 모든 아동이 적절한 교육을 받을 권리를 갖는 FAPE의 개념을 지지한다. 마찬가지로 미국 제6순회 항소법원U.S. Sixth Circuit Court of Appeals의 의견, **에밀리 토마스**Emily Thomas **대 신시내티 교육위원회**Cincinnati Board of Education(1990) 판례를 보라.

④ 학교에서 수행해야 할 관련 서비스는 무엇인가?

많은 장애아동이 FAPE에 참여하기 위해 의료적 서비스가 필요하다. 1975년 전장애아교육법이 **관련 서비스**related services를 정의한 방식에 기초하여 교사와 학교가 과도한 책임 잠재력을 창출하지 않을 서비스가 무엇인지 법원에서 결정해 달라고 요구했다. 법률은 다음을 진술한다.

> '관련 서비스'란 장애아동이 특수교육에서 이익을 얻도록 돕기 위해 필요한 교통수단과 발달, 교정 및 다른 지원적 서비스(언어병리학, 청각학, 심리학적 서비스, 물리치료와 작업치료, 레크리에이션 및 의료 서비스와 상담 서비스 포함. 단, 그러한 의료적 서비스와 상담 서비스는 진단과 평가 목적으로만 제공됨)를 말한다. (PL 94-142, U.S.C. 20 § 1401[17])

법의 이 절에 의해 발생한 대부분의 혼란은 어떤 의료 서비스가 그 영역에 속하는지에 대한 것이다. 이 질문에 답하면서, 법원은 스스로 두 가지 질문을 했다: 1) 아동이 특수교육의 혜택을 받도록 돕기 위해 그 서비스가 필요한가? 그리고 2) 진단이나 평가 이외의 목적을 가져 의료적 서비스의 정의에서 제외된 서비스인가? 따라서 의사가 아닌 다른 사람이 서비스를 수행할 수 있고, 의료적 진단이나 평가를 포함하지 않는 경우, 그 서비스는 관련 서비스로 선언되고, 학생의 IEP에 포함된다. 서비스에 진단이나 평가가 포함된 경우, 그 서비스는 의료적 서비스로 간주되고, 의사가 수행해야 한다. 때때로 이 분리의 선은 보편적으로 적용할 만큼 명확하지 않고, 사법적 결정이 필요하다. **어빙 독립 학군**Irving Independent School District **대 앰버 타트로**Amber Tatro(1984) 판례는 이 질문을 검토하는 획기적인 판례 중 하나였다. 법원은 특수교육 혜택을 받을 수 있도록 돕는 의료적 서비스가 학교에 제공해야 할 지원적 서비스라고 결정했다. 이러한 의견은 **시더 래피즈 커뮤니티 학군**Cedar Rapids Community School District **대 개럿**Garret F.(1999)의 미국 대법원 판결에서 다시 확인되었으며(Osborne, 2022 참조), 의료적 서비스가 제공되지 않는 예외는 의사가 그러한 서비스를 제공해야 하는 경우라고 더욱 명확히 하였다.

⑤ 장애아동은 징계 절차가 다른가?

완전통합inclusion이 증가하면서 장애학생 징계와 관련한 법적 지침의 필요성이 표면화되었다. 1975년 전장애아교육법이나 1973년 재활법(PL 93-112)의 504조는 이 사안을 다루지 않았기 때문에 법원에 관련 법적 영향과 지켜야 할 원칙을 결정할 것을 맡겼다. 장애학생의 징계와 관련된 사건을 결정할 때 LRE와 FAPE의 두 가지 IDEA 조항을 고려해야 한다.

심각한 징계 조치는 대개 정학이나 퇴학을 포함한다. 이들은 별도로 고려되어야 하지만, 법원은 일관되게 장애학생에게 정학이나 퇴학에 대한 특별한 고려가 필요하다고 판결해 왔다(Friend, 2011).

법원은 학생의 부정행위가 장애와 관련이 없다고 판단했을 때, 장애학생의 정학을 적절한 징계로서 호의적으로 보아왔다. 만약 그 부정행위가 학생의 장애와 어떤 식으로든 관련이 있다고 판단된다면, 정학이나 퇴학 대신에 가정 교육이나 행동과 정서적 장애 학생들을 지도하는 대안학교와 같은 대안적 배치를 고려해야 한다.

'스테이 풋stay put' 조항은 1975년 전장애아교육법에서 파생되었는데, 이 법은 학교 당국이 대안적 배치를 결정하기 위한 검토 절차 동안 장애아동을 아동의 정규 학급 배치에서 제외하지 않는 것을 의무화한다. 다른 위치가 결정될 때까지 그 학생은 현재 배치에 남아 있어야 한다. **M.R. 대 리들리 학군**Ridley School District(2014) 판례에서 법원은 청문회가 아동의 교육적 배치가 적절하다고 판단할 때, 그 배치에 관한 다음의 모든 논쟁을 통하여 최종 결정이 날 때까지, 그 아동은 해당 배치에 '그대로 있을' 자격이 있다는 것을 발견했다.

그러나 '스테이 풋' 조항은 학생들이 장애로 인해 위험하거나 방해하는 행동을 보일 때 학교가 무엇을 할 수 있는지 또는 해야 하는지에 관한 질문을 제기했다. 호니그^{Honig} 대 도우^{Doe}(1988) 판례에서 법원은 1975년 전장애아교육법이 장애아동을 위한 다음과 같은 권리를 전달한다고 분명히 밝혔다.

- 장애아동은 교육을 받을 실질적인 권리가 있다.
- 학교 관계자는 장애로 인한 행위인 경우, 위험하거나 방해하는 행위를 이유로 무분별한 기간 일방적으로 장애학생을 학급에서 배제할 수 없다.
- 학교 관계자는 다른 사람의 안전을 도모하고 냉각기간을 제공하기 위하여 최대 10일까지 학생을 일시적으로 정학시킬 수 있다.
- 임시 정학 중에 학생의 새로운 배치를 결정하기 위해 IEP 회의를 소집할 수 있다.

의회는 정기적으로 IDEA의 재승인을 고려했었다. 1997년에 법안이 개정되었을 때, 장애아동의 징계 절차에 대한 주요 우려가 표면화되었다. 이러한 우려는 주로 학생들의 마약과 위험한 무기 사용이 증가한 결과였다. 따라서 학교 직원들이 특정한 상황에서 장애아동의 배치를 변경할 수 있도록 법이 개정되었다. 이러한 배치 변경은 학생이 불법 마약을 소지하거나 학교나 행사에 무기를 가지고 올 때 이루어질 수 있다. 이러한 상황에서 배치는 다음과 같이 변경될 수 있다.

- 적절한 잠정적 대안 환경, 다른 환경 또는 10일 이내(장애 없는 아동에게 적용되는 범위)의 정학
- 비장애아동이 징계를 받는 것과 동일한 기간(45일 이내)의 적절한 임시 대안적 교육 환경

다음과 같은 경우에만 임시 대안을 고려해야 한다.

- 현재 배치를 유지하면 그 학생이나 다른 학생들에게 피해를 줄 수 있을 때
- 현재 배치가 부적절할 때
- 학교가 추가적 지원과 다른 서비스로 현재의 위험을 최소화하기 위해 노력했을 때

징계 처분이 필요하다고 판단될 때에는 소명 검토^{manifestation review}가 필요하다(11장 참조).

⑥ 비공립학교의 아동은 어떻게 지원되는가?

이 사안은 IDEA 및 관련 규정으로 다룬다. 각 주는 반드시 다음과 같은 정책과 절차를 채택해야 한다.

- 사립 초 · 중등학교에 재학 중인 장애아동을 위한 특수교육 및 관련 서비스 참여를 위한 규정을 마련해야 한다.
- 지역 공공 거주 구역은 프로그램에 참여할 수 있는 공평한 기회를 제공해야 한다.
- 사립학교에 대한 서비스가 동일할 필요는 없지만, 동등해야 한다(K.R. v. Anderson Community School Corporation, 1996/1997).
- 연방법은 사립학교와 관련된 두 가지 범주의 장애학생을 가리킨다.
  1. **공립학교가 개발한 IEP에 따라 승인된 사립학교에 다니는 장애아동**

     이 장애학생들은 적절한 IEP 결정에 따라 그들의 교육적 요구를 충족하도록 특별히 설계된 사립학교 환경에 배치된다. 배치는 반드시 주정부의 승인을 받아야 하며, 주정부는 반드시 비용을 지불해야 한다.
  2. **자발적으로 사립학교에 다니는 장애아동**

     부모나 보호자가 자발적으로 자녀를 사립학교에 입학시킨 학생에 대해서는 지역 특수교육 프로그램에 참여할 수 있는 조항을 반드시 마련할 것만 법에 규정하고 있다. IDEA는 IEP 과정을 통해 사립학교에 배치된 아동과 학부모나 보호자가 자발적으로 사립학교에 배치한 아동을 구별하고자 했다. 이 범주의 경우, 국가의 책임은 공립학교에 다니는 아동에 대한 것만큼 광범위하지 않다. 그러나 국가는 이 범주에 속하는 장애아동에게 진정한 학습의 기회를 제공할 것을 요구하고 있다(12장 참조).

(3) 벌링턴 테스트

1985년 미국 대법원은 법원이 공립학교의 IEP가 부적절하다고 판단할 경우 사립학교에 자녀를 둔 학부모에게 사립 특수교육비용을 배상하도록 명령할 권한이 있다고 판결했다(벌링턴 학교위원회Burlington School Committee **대 매사추세츠 교육위원회**Massachusetts Board of Education, 1985). 이 원칙은 미국 대법원의 **플로렌스 카운티 스쿨 디스트릭트 4**Florence County School District Four **대 카터**Carter(1993) 판례에서 반복되었다.

(4) 종교학교의 장애아동과 설립조항

미국 연방대법원은 **조브레스트**Zobrest **대 카탈리나 풋힐스 학군**Catalina Foothills School District(1993)의

판례에서 종교학교 장애아동 교육을 위해 국비를 사용하는 것은 정부가 종교 설립에 관한 법률을 제정하는 것이 금지된 미국 헌법 수정 제1조의 설립조항the Establishment Clause of the first amendment of the U.S. Constitution을 위반하지 않는다고 판결했다. 법원은 설립조항이 학교가 교육을 돕기 위해 종교학교에 등록한 아동에게 수화통역사를 제공하는 것을 막지 않는다고 판단했다. 종교와 관련 없이 광범위하게 정의된 시민들에게 중립적으로 혜택을 제공하는 정부 프로그램은 종파 기관이 희석된 재정적 혜택을 받을 수 있다는 이유만으로 설립조항의 도전 대상이 되지 않는다.

(5) LRE의 정의는 무엇인가?

IDEA는 장애아동은 될 수 있는 대로 전형적인 학급 환경에서 비장애아동과 함께 교육을 받아야 한다는 철학을 홍보한다. 이러한 철학은 장애아동이 전형적인 발달 아동들과 교제하고 상호작용할 기회로부터 이익을 얻는다는 믿음에 기초한다(Mcabe et al., 2020). 또한 장애학생들을 일반학급 환경에 배치하면 그들이 다르다는 오명을 받거나 지적을 받을 가능성이 줄어든다. 이러한 법적 철학은 일반학급이 만족스러운 추가적 지원 서비스를 제공할 것이라고 가정한다.

IDEA 규정은 '대안적 배치의 연속체continuum of alternative placements'를 요구하며 LRE를 선택할 때 아동에게 미치는 유해한 영향을 고려할 것을 의무화한다. LRE의 정확한 의미는 중요한 논쟁과 법정 소송의 영역이었다. 한 가지 명확한 조작적 정의는 대안적 배치의 연속체가 일반학급에서 병원 배치, 아동의 집에 이르기까지 광범위하다는 것이다.

서로 다른 연방 순회법원은 다양한 판례에서 LRE의 정의를 다르게 해석했다. 예를 들어, 제3, 제5, 제11 순회법원은 다니엘 R.R. 테스트Daniel R.R. test로 알려진 것을 사용했다(Daniel R.R. v. State Board of Education, 1989). 다니엘 R.R. 테스트는 두 가지 유형의 테스트로, 첫 번째 질문은 일반학급에서 추가적 지원과 서비스를 제공할 때, 대상 아동에게 학습이 만족스럽게 이루어질 수 있는지를 묻는 것이다. '아니오'라는 답이 나오고 학교가 특수교육을 하거나 일반교육 환경에서 아동을 제외시키려는 경우, 학교가 아동을 최대한 통합시켰는지 여부를 묻는 두 번째 질문을 한다. 다니엘 R.R.Daniel R.R. 대 주 교육위원회State Board of Education에서 법원은 학교가 일반학급 배치를 결정할 때 고려해야 할 다음의 몇 가지 요소를 결정했다.

- 일반교육과정에서 이익을 얻는 아동의 능력
- 비학업적 이익(예: 사회적 상호작용)
- 학급에서 일반학생들에게 미치는 영향

제4, 제6, 제8 순회법원은 **론커**Roncker **대 월터**Walter(1983) 판례에서 결정된 테스트를 적용했다. 법원은 장애학생 통합에 대한 의회의 강력한 지지를 인정했지만, 법원의 의견은 모든 경우에 의무적인 것은 아니라고 지적했다. 론커 테스트The Roncker test는 분리 배치가 학생들에게 더 나은 교육 서비스를 제공하리라는 것을 학교가 보여 줄 것을 요구한다.

- 만약 학교가 분리 배치가 통합보다 우월하다고 판단한다면, 학교는 그것이 왜 우월한지를 입증해야 하고, 법원은 동일한 서비스가 통합적인 환경에서 제공될 수 있는지 결정해야 한다.
- 만약 일반학급에서 그러한 추가적이고 상응하는 서비스를 제공할 수 있다면, 법원은 분리나 분리된 배치가 적절하지 않다고 판단할 것이다.
- 그러나 통합적 환경에서 쉽게 제공할 수 없는 서비스에서 얻은 이익보다 통합에서 받는 최저 이익이 훨씬 과대평가된다면, 법원은 통합적 환경이 적절하지 않다고 판단할 것이다.

새크라멘토시 학군 Sacramento City School District **대 레이첼**Rachel H.(1994) 판례에서 제9 순회법원은 다니엘 R.R. 테스트와 론커 테스트의 요소를 결합하여 통합에 대한 입장을 결정했다. 법원의 분석은 다음 네 가지를 고려하였다.

1. 일반학급 전일제 배치의 교육적 이익
2. 배치의 비학업적 이익
3. 장애학생이 일반학급에서 교사와 다른 학생들에게 미치는 영향
4. 통합적 배치의 비용

방금 설명한 세 가지 법정 판례의 결정에 필수적이지 않은 통합과 관련하여 두 가지 중요한 요점을 제시해야 한다. 첫째, 모든 판례에서 논의되는 요소들을 통합 문제와 관련된 요소들의 배타적 혹은 완전한 목록으로 해석해서는 안 된다. 둘째, 장애아동을 위한 프로그램 개발의 일차적인 책임은 아동의 부모나 보호자의 협조를 얻은 국가와 지역 학교 기관에 있다. 분쟁 문제에서 누구의 입장이 우세할 것인지에 대해, **라흐만**Lachman **대 일리노이 주립 교육 위원회**Illinois State Board of Education(1988)는 배치 문제에 대한 부모의 재량은 공립학교 학군의 전문 교사들의 판단에 따라야 한다고 결론지었다. 부모들은 아무리 좋은 의도가 있다 하더라도 IDEA에 따라 학군이 그들의 자녀에게 특정 프로그램을 제공하거나 특정 교수법을 사용하

도록 강요할 권리가 없다.

오베르티Oberti **대 클레멘턴 학군 교육위원회**Board of Education of the Borough of Clementon School District(1993) 판례에서 법원은 장애아동이 추가적 지원과 서비스로 일반교육 수업에서 만족스럽게 교육받을 수 있는지 여부를 결정하는 세 가지 절차를 채택한 다니엘 R.R. 판례를 주로 인용했다. 법원은 1) 학군이 일반학급에 아동을 수용하기 위해 합리적인 노력을 했는지 여부, 2) 특수학급에서 제공하는 이익과 비교하여 일반학급에서 아동이 얻을 수 있는 교육적 이익, 적절한 지원과 서비스 제공, 3) 일반학급에서 아동을 통합시키는 것이 다른 학생들의 교육에 미칠 수 있는 부정적인 영향과 같은 몇 가지 요소를 고려해야 한다고 결정했다. 무엇보다도 비용이 고려해야 할 또 다른 요소라는 점에 유의해야 한다.

(6) IEP와 관련된 법은 무엇인가?

IEP는 장애학생을 위한 교육 계획의 서면 설계로, 아동의 교육 요구, 연간 목표 및 단기목표, 구체적인 교육 프로그램, 제공되는 서비스 및 진행 상황을 점검하기 위한 평가 절차를 포함한다. IEP는 장애아동을 위한 교수를 제공할 초석이다. IEP는 아동의 교사, 부모 또는 보호자와 평가 결과를 해석할 전문성이 있고 교육과정을 잘 아는 사람으로 구성된 교육팀이 개발한다. 매년 IEP를 평가해야 하며 다음과 같은 구성요소를 포함해야 한다.

- **현재 수행 수준**: 아동의 현재 수행 수준을 명시하여야 하며, 학교구는 아동의 장애가 일반교육과정의 참여와 진전에 어떤 영향을 미치는지 구체적으로 명시하여야 한다.
- **목표**: 연간 목표는 측정할 수 있으면서도 합리적으로 도전적이어야 하며, 아동은 일반교육과정에서 진전을 보여야 한다(일부 주에서는 고위험 평가high-stakes assessments에 참여하지 않는 학생의 목표 외에도 벤치마크나 단기목표가 필요하다).
- **조정**: 아동이 정보를 어떻게 제시할 것인지 또는 아동이 교사에게 지식을 어떻게 보여줄 것인지에 대한 조정이 필요한가?
- **수정**: 프로그램의 수정을 제공하여 아동이 연간 목표를 달성할 수 있도록 해야 한다.
- **진단평가**: 아동이 주 또는 학군 성취도 평가에 참여할 수 있도록 준비해야 한다.
- **평가 측정**: 평가 절차는 IEP 목표와 관련되어야 하며 연간 목표를 향한 아동의 진전도를 측정해야 한다.
- **부모 보고**: 아동의 진전 상황과 연간 목표를 달성하기에 충분한 진전을 보여 주는 정기적인 통지표를 부모에게 제공해야 한다.

2) 1973년 재활법 제504조

학교 직원들은 종종 IDEA와 1973년 재활법 제504조의 차이에 대해 종종 혼동한다. 제504조에 따르면 장애 개인은 1) 하나 이상의 주요 일상생활 활동을 실질적으로 제한하는 신체적 또는 정신적 손상이 있고, 2) 손상의 기록을 가진 사람이다. 제504조에 따른 대가를 받기 위해서는 다음과 같이 해야 한다.

- 신체적 또는 정신적 손상으로 고통받고 있음을 보여 주어야 한다.
- 손상된 것으로 주장하는 활동을 판별하고 이 활동이 주요 일상생활을 구성하는지 확인해야 한다.
- 그들의 손상이 이전에 확인된 주요 일상생활 활동을 실질적으로 제한한다는 것을 보여주어야 한다.

2004년 IDEA와 제504조의 주요 차이점은 〈표 1.1〉에 제시하였다.

〈표 1.1〉 IDEA와 제504조의 주요 차이점

IDEA	제504조
• 필요한 장애 코드	• 손상 기록 필요
• 규정에 따른 자격 필요	• 의사 소견서 필요
• 개별화된 교육 프로그램 필요	• 제504조 계획 필요
• 목표는 필수	• 오직 조정만 제공
• 학교에 연방기금 제공	• 재정 지원 없음
• 필요 인력(특수교사, 관련 서비스)	• 인력 필요 없음
• 관련 서비스를 포함할 수 있음	• 관련 서비스는 일반적으로 없음
• 연례 회의 필요	• 회의 의무 없음
• 절차적 안정장치	• 차별로부터의 보호
• 고유한 교육적 요구 충족	• 필수적인 계획의 준수
• 특수아동 사무국Office of Exceptional Children을 통한 점검	• 민권 사무국Office of Civil Rights을 통한 점검

(1) 모든 장애아동은 학년을 연장받는가?

장애아동이 전형적인 학년을 넘어 교육을 받을 자격이 있는지에 대한 문제는 IEP에 근거하여 결정한다. 따라서 IEP에 따라, 특정 상황에서 일부 학생들에게는 학년의 연장을 요구할 수 있다. 주정부가 여름을 포함한 공립학교 학년의 최대 수업 일수를 정하는 법령을 통과시키면서 이 문제와 관련된 법적 사건들이 표면화되었다. 학부모와 장애아동 옹호자들은 여름방학 동안 장애아동에게서 심각한 퇴행이 발생했다는 주장에 근거하여 학년의 연장을 요청하였다. 학교들은 퇴행이 장애 이외의 많은 요인으로 인해 발생했다고 반박했고, IEP를 가진 장애학생들에게 학년 연장을 거부했다. 연방법원은 정해진 학년이 장애아동과 관련된 모든 연방법률의 의도에 반한다고 판결했다. 몇몇 소송 사건이 제기되었지만, **로이쉬**^{Reusch} 대 **파운튼**^{Fountain}(1994) 판례에서 IEP 팀이 학년 연장 서비스를 고려할 때 다음 요소를 고려해야 한다고 판결했다.

- 회귀 및 복구(아동이 중요한 기술을 잃거나 적절한 시간 내에 이러한 기술을 회복하지 못할 가능성이 있는가?)
- IEP 장기목표와 단기목표를 향한 진전 정도
- 새로운 기술/획기적 기회(여름방학이 길어지면 독서와 같은 핵심 기술을 배우는 아동에게 큰 문제가 발생할 것인가?)
- 방해행동(자녀의 행동이 특수교육으로 이익을 얻을 능력을 방해하는가?)
- 장애의 특성 및/또는 심각성
- 특수교육의 이익을 얻을 아동의 능력을 방해하는 특수한 상황

학년 연장 자격을 결정하기 위해서는 진전도 점검 자료의 검토와 IEP 팀원 전체의 심도 있는 대화가 필요하지만, 학생 요구의 충족을 보장하는 강력한 리더십도 필요하다.

2. IEP 루브릭

이 책의 저자들은 IEP 문서가 법을 따르고 있는지 판단하는 데 도움이 되는 루브릭을 개발했다. 루브릭은 IDEA(2004)에서 규정한 다음의 핵심 영역을 포함한다.

- 학업 성취도 및 기능 수행을 포함한 학생의 현재 수준
- 측정 가능한 연간 목표
- 대안적 평가 참여 학생을 위한 벤치마크 및 단기목표
- 정기적인 부모 보고
- 특수교육 및 관련 서비스

- LRE 제공에 필요한 지원
- 조정
- 16세부터 시작되는 전환 활동 및 서비스 코디네이션
- 적절한 기술적 정보

루브릭과 이 글의 목적은 효과적인 IEP를 개발하는 모든 IEP 팀을 지원하고 IEP의 평가를 지원하는 것이다. IEP의 질적 평가를 위한 도구가 있으면 학생들의 권리를 보호하는 법적 문서로서 IEP의 효과를 높일 수 있다. 전체 루브릭은 브룩스 출판사 다운로드 허브Brookes Download Hub에서 온라인으로 찾을 수 있다. 비록 학교 직원들이 이 복잡하고 끊임없이 변화하는 중요한 문서에 숙달해야 하지만, 부모들은 그 문서나 계획 과정에 대해 거의 이해하지 못할 수도 있다. 그러나 그들은 동등한 팀원이 되어야 한다. 루브릭은 부모가 아이의 IEP 개발에 있어 동등한 팀원이 될 수 있도록 공평하게 하기 위한 것이다. IEP 루브릭의 제시는 참여자들에게 법과의 관계와 관련하여 IEP의 효과와 정확성을 평가하도록 안내할 것이다.

3. 요약

특수교육 서비스의 진화는 법에 따라 실제practice가 형성되면서 계속 펼쳐지고 있고, 법은 새로운 관점에서 미래를 보려는 독특한 도전으로 결정된다. 현재 많은 법이 앞으로 몇 년 안에 재승인될 것이고, 이것은 다시 한번 특수교육 분야를 재구성할 것이다. 다음 장에서 독자들은 학생이 학업적인 꿈을 이루도록 돕는 IEP 계획을 개발하는 데 있어 현재의 최선의 실제best practices를 상기시킨다.

4. 활동

이 활동은 본 장의 내용을 더 깊이 이해하도록 돕기 위한 것이다. 본 장의 활동은 다음과 같다.

- 활동 1.1. 주요 법정 판례와 함의

활동 1.1. 주요 법정 판례와 함의

지원 장: 제1장(특수교육의 역사와 법적 관점의 개요)

목적: 이 활동의 목적은 주요 법원 사건과 그것들이 교수적·제도적 수준에서 교직에 어떻게 영향을 미쳤는지를 성찰하는 것이다.

지시사항: 다음 표를 이용하여 주요 법정 판례를 성찰하고 법정 판례가 교수적(학급) 수준과 지역(기관) 수준에서 교직에 어떤 영향을 미쳤는지 1~2문장으로 작성하라.

판례	쟁점	교수적 함의: 학급 수준에서 어떤 함의가 있는가?	제도적 함의: 지역 차원에서 어떤 함의가 있는가?
펜실베이니아 지체아동 협회(PARC) 대 펜실베이니아 연방 판례(1971)	지적장애아동을 위한 공교육		
밀스 대 컬럼비아 특별구 교육위원회 판례(1972)	모든 장애아동을 위한 특수교육		
헨드릭 허드슨 중앙 교육구 교육위원회 대 에이미 롤리 판례(1982)	무상의 적절한 공교육		
어빙 독립 학군 대 앰버 타트로 판례(1984)	관련서비스 정의하기		
벌링턴 학교위원회 대 매사추세츠 교육위원회 판례(1985)	사립학교 배치		
호니그 대 도우 판례 (1988)	퇴학		
티모시 W. 대 로체스터 학군 판례(1989)	무상의 적절한 공교육		
앤드류 대 더글러스 카운티 학군 판례(2017)	무상의 적절한 공교육		

제2장

다양한 문화 및 언어 학습자 IEP 고려사항

클라리사 E. 로자스
Clarissa E. Rosas

초점 학습 내용

- 문화를 반영하는 IEP의 중요성
- 제2언어 습득 단계
- 사회적 언어와 학문적 언어의 구분
- IEP 개발 시 고려할 구체적 문화를 반영한 실제
- 통역사를 활용하는 IEP 회의에서의 최선의 실제

1장에서 논의한 바와 같이, 만연한 장애인에 대한 차별, 배제, 서비스 거부의 양상은 1975년 전장애아교육법Education for All Handicapped Children Act(PL 94-142)의 제정을 초래했고, 1990년에는 장애인교육법Individuals with Disabilities Education Act, IDEA(PL 101-476)으로 명칭이 변경되었다. IDEA는 재승인될 때마다 무상의 적절한 공교육FAPE과 최소 제한 환경LRE이라는 두 가지 기본 원칙을 강화했다. 결과적으로, 전장애아교육법의 통과 이후 존재해 온 IEP는 학생들의 개별적인 요구를 해결하고 LRE에서 FAPE의 기본적인 요건을 보장하기 위해 고안된 교육 계획을 기념하는 역할을 한다. 그러나 이 좋은 의도의 IEP는 장애인에게 필요한 고유한 학습 지원을 다루는 교육 도구보다 의무적인 서비스에 주로 초점을 둔 법적 문서로 발전했다. IEP가 법적 문서로만 사용되는 경우, 보호를 위해 설계된 FAPE와 LRE의 정확한 기본 요건을 부인하게 된다. 유색인종 학생의 경우, 주로 법적 문서로 사용되는 IEP는 종종 학생의 고유한 요구를 해결하기 위해 교육 지원을 배제하거나 거부하는 실제로 이어진다(Baca & Cervantes, 2004).

비주류 문화에서 온 사람들을 지칭하는 많은 용어가 있다. 역사적으로 이 학생들은 아프리카계 미국인(흑인), 히스패닉(라티노/a/x), 아시아/태평양 섬 주민 및/또는 아메리칸 인디언/알래스카 원주민 범주 중 하나에 속한다(U.S. Census Bureau, 2017). 이 학생들은 종종 **문화적 및 언어적으로 다양한**culturally and linguistically diverse(CLD)(이하 다문화) 학생, 유색인종 학생, 소수민족(심지어 그들이 다수의 인구를 대표할 때도)이라고 불린다. 다문화(CLD)는 장애가 아니지만, 역사적으로 이러한 배경을 가진 학생들은 특수교육에서 과잉 대표성과 과소 대표성의 위험에 처해 왔고 계속 위험에 처해 있다. 이러한 학생들은 적절하게 판별되더라도 IEP에서 가정 문화와 언어를 무시하는 경우가 많으므로 잠재력을 충분히 발휘하지 못할 위험이 있다(Baca & Cervantes, 2004). 이러한 낮은 문화적 대응력은 유색인종 장애학생들에게 좋지 않은 교육적 결과를 초래했다(National Center for Education Statistics [NCES], 2019). 이 장에서는 IEP가 법적 의무를 충족할 뿐만 아니라 아동의 고유한 요구를 다루기 위한 해결책으로 아동의 가정 문화와 언어를 포함하는 교육 도구라는 관점으로 접근한다.

IDEA의 핵심 요소

- **무상의 적절한 공교육**FAPE. 학생은 공교육 기관에서 무상으로 자신의 교육적 요구를 충족하는 방식으로 교육받아야 한다.
  - **거부 금지**Zero Reject. 학교는 아동 요구의 심각성 때문에 교육을 거부할 수 없다.
- **최소 제한 환경**LRE. 학생은 전형적인 또래들과 가장 유사한 방식으로 교육을 받는다.
- **절차적 안전장치**(정당한 절차due process). 가족은 자녀의 배치, 서비스, 교육 계획에 동의하지 않을 권리가 있고 학군을 법정에 세울 수 있다.
- **부모 참여**(공유된 의사결정). 부모는 자녀 교육팀의 일원으로 참여할 권리가 있다.
- **비차별적 평가**. 학교는 타당하고, 신뢰할 수 있고, 문화적으로 관련성이 있고, 언어적으로 적절한 조치를 사용하여 장애의 모든 의심스러운 영역에서 학생을 평가하기 위해 팀 접근방식을 사용해야 한다.
- **개별화 교육 프로그램**IEP. IEP 팀은 현재의 평가 정보를 평가하고 각 장애학생의 고유한 교육적 요구를 충족하도록 설계한 서면 문서를 작성한다.

1. 문화적, 언어적으로 다양한 학생의 인구통계학적 경향

현재 다문화(CLD) 아동들의 인구 통계와 궤적을 고려할 때, 이 인구는 다른 유형의 학생 집단보다 더 빠르게 증가할 것이다. 2027년까지 유치원에 입학하는 공립학교 학생의 55%

가 유색인종 학생이 될 것이며, 25%가 영어 학습자[English language learners, ELL]가 될 것이다(NCES, 2019). 대부분의 ELL이 캘리포니아, 플로리다, 일리노이, 뉴욕, 그리고 텍사스에 집중되어 있지만, 미국의 대다수 공립학교는 ELL을 학생의 하위 그룹으로 보고한다. 히스패닉/라틴계 인구는 가장 크고 빠르게 증가하는 학생 집단이며, 46개 주와 컬럼비아 특별구에서 ELL이 가장 많이 사용하는 언어는 스페인어이다(U.S. Department of Education, 2019). NCES에 따르면 공립 초·중등학교의 ELL 인구 중 14.7%가 장애학생이다.

2. 역사적 차별

특수교육에서 다문화(CLD) 학생들의 과잉 및 과소 출현은 약 반세기 동안 논란의 여지가 있는 주제였다. 1970년대 초의 두 주요 소송은 특수교육 프로그램에서 다문화(CLD) 학생들의 부적절한 배치에 대한 연방 법률에 영향을 미쳤다. 다이애나 대 캘리포니아 교육위원회[Diana v. State Board of Education in California](1970) 판례는 다문화(CLD) 배경 학생들의 부적절한 배치를 야기하는 비차별적 실제에 초점을 맞췄다. 이번 사건은 학군의 영어전용평가 중심 정책이 오진과 특수교육 프로그램에서 ELL 대상의 과잉 출현을 발생시킨 것을 다루었다. 래리 P. 대 라일스[Larry P. v. Riles](1971) 판례는 IQ 평가 문제가 다문화(CLD) 인구에 대해 인종적, 문화적으로 편향된 것을 다루었으며, 이는 종종 과도한 특수교육 대상자 출현으로 이어졌다. 이 두 사례는 1975년의 전장애아교육법에 큰 영향을 끼쳤는데, 이 법은 학생들을 모국어와 비차별적인 방식으로 평가하도록 함으로써 차별적 실제를 구체적으로 다루었다. 다문화(CLD) 학생들을 특별히 보호하는 절차적 안전장치는 1975년 전장애아교육법 재승인에 포함되었고, 나중에 IDEA로 대체되었다. 이러한 안전장치는 아동이 인종이나 문화적 편견에서 벗어나 모국어로 시험을 치러야 하며, 평가는 아동의 학업 성취도와 기능적 수행 수준에 대한 정확한 정보를 제공하도록 한다. 2004년 IDEA는 차별적 실제와 다문화(CLD) 학생들에 대한 정확한 평가 및 배치를 다루는 안전장치를 지속하여 제공하고 있지만, 대부분 다문화(CLD) 학생들은 계속해서 잘못 라벨링되며, 특수교육 맥락에서 제공되는 서비스는 문화를 반영하지 못하고, 관련도 없다(National Center for Learning Disabilities, 2020; Shealey et al., 2011).

> **IDEA § 1414. 평가, 적격성 판정, 개별화 교육 프로그램 및 교육적 배치**
>
> (5) 적격성 판정 특별규칙 (4)(A)에 따른 적격성 판정을 함에 있어 다음 결정요인이 있는 경우, 아동을 장애아동으로 판정하지 않는다.
>   (A) 읽기 교수의 필수 구성요소를 포함한 읽기에 대한 적절한 교수의 결여(해당 영역이 2015년 12월 10일 전날에 발효되었기 때문에 영역 6368[3]에 정의됨)
>   (B) 수학 교육의 부족, 또는
>   (C) 제한된 영어 실력.

1) 판별오류

아동의 가정 문화와 언어가 학교나 선생님의 문화와 다를 때 많은 문제가 발생한다. 아동의 가정 문화는 사회적 행동과 규범을 형성하는 가치와 신념의 토대를 마련하기 때문에 교사들이 문화적 차이와 잘못된 인식 문제의 가능성을 아는 것이 중요하다. 문화적 차이는 모국어, 학생과 부모의 출생 국가, 미국 거주 기간, 세대 구성원 자격, 미국 문화 수준, 부모의 교육 수준, 사회경제적 지위, 나이, 성별과 같은 수많은 변수에 의해 영향을 받는다. 이러한 문화적 차이는 인지적 학습 양식에 영향을 미치며, 이는 교수 양식이나 학교 문화와 상충할 수 있다. 문화적 차이가 장애는 아니지만, 역사적으로 이러한 차이는 문제로 오인되어 일부 학군에서는 장애 판별이 예상되는 유색인종 학생 수가 두 배가 되었다. 이러한 불균형은 이러한 학생의 많은 수가 영어를 모국어로 사용하지 않는 가정 출신이라는 점을 생각하면 화가 난다. ELL은 많은 언어, 문화, 민족을 대표하는 다양한 인구라는 점에서 제2언어를 습득하는 과정을 장애로 오인하기 쉬워 장애 판별 과정이 복잡하고 어렵다. 이러한 학생들을 언어의 차이가 아닌 장애로 잘못 분류하면, 학생들이 자기 잠재력을 완전히 깨닫지 못해 위험에 처하게 하고, 이는 종종 학교 실패와 졸업 이후 저조한 성과로 귀결된다(Reyes, 2017).

적절하게 장애 판별된 ELL 학생들은 종종 IEP에 그들의 언어와 문화가 반영되지 않아 장애를 다루기에 적절한 교육과정을 제공받지 못한다. 문화와 언어가 학습에 미치는 영향을 이해하는 IEP 팀은 다문화(CLD) 학습자의 개별적 요구에 대응하는 IEP를 개발할 수 있다.

> **IDEA § 1414. (3) IEP의 개발**
>
> (B) 특수요인의 고려
>   IEP 팀은 다음을 수행해야 한다.
>   (ii) 영어 능력이 제한된 아동의 경우, 아동의 언어 요구를 아동의 IEP와 관련된 요구로 간주한다.

2) 제2언어 습득

아동은 그들 공동체의 사회적 규범을 반영하는 언어를 발달시킨다. 따라서 언어 발달은 가정의 문화적 맥락에서 바라봐야 하는데, 이는 전통적인 기대에서 벗어나는 경우가 많다. 예를 들어, 주류문화는 아동이 높은 수준의 언어화를 경험했을 것으로 기대한다. 그러나 모든 문화권이 이와 같지는 않다. 어떤 문화는 말하는 것보다 듣는 것을 더 중요시하기 때문에 아동이 침묵할 것을 권장한다. 아동들은 이러한 문화적 차이 때문에 언어적 기준에 도달하는 나이는 다양하다. 모국어 습득과 마찬가지로 제2언어 학습자가 겪는 예측 가능한 단계가 있지만, 언어 습득의 발전에 많은 변수가 영향을 미칠 수 있다. IEP를 개발할 때, 팀은 다문화(CLD) 학생을 위해 제2언어 습득 단계를 고려하는 것이 중요하며, 비고츠키 Vygotsky(1978)의 근접 발달 영역Zone of Proximal Development을 촉진하는 데 필요한 지원을 포함해야 한다. 〈표 2.1〉은 제2언어 습득 단계의 개요를 제공한다.

IEP 팀들은 종종 학교에 오는 아동들의 언어와 문화적 강점을 고려하지 못하고 결손이나 숙달되지 않은 기술에 초점을 맞춘다. 예를 들어, 어떤 문화권에서는 큰아이가 동생들의 삶에서 리더 역할을 맡도록 한다. 이 학생들은 종종 어린 형제들이 세상에 대해 배우는 것을 도와주는 역할 모델과 선생님의 역할을 한다. 요구 영역을 다루는 협력학습 기회를 포함하여 IEP 팀은 이런 지원하는 기술을 기반으로 삼을 수 있다.

〈표 2.1〉 제2언어 습득의 단계

제2언어 습득의 단계	제2언어 습득의 특징
산출 이전	• 일반적으로 침묵하는 학생 • 아동이 어릴수록 길어지는 침묵 시간 • 듣기 강조–언어와 이해의 규칙 학습하기 • 끄덕임으로 "예" "아니요"를 표현하거나 손가락으로 가리키는 등의 몸짓 사용
초기 산출	• 제한적 이해 • 문법적 오류가 많은 짧은 단어와 구문 출현 • 현재 시제 사용
구어 출현	• 구어 증가 • 맥락 단서 의존성 • 어휘력 증가 • 문법적 오류가 감소된 간단한 문장 생성

초기 유창성	• 사회적 상황 유창성에서 소소한 오류를 보임 • 학업적 및 비문맥적인 언어에 도전 • 어휘의 격차 • 농담 이해가 어려움
중간 유창성	• 사회적 상황에서 더 강력한 의사소통 유창성 • 학업 상황에서 나타나는 유창성과 더 높은 인지 기술로 의사소통하는 능력 • 명백한 어휘 격차와 표현
고급 유창성	• 문법적 오류가 거의 없는 복잡한 문장에 복합어 사용 • 이해력 양호 • 모든 맥락에서 유창함 • 학업적 언어를 성공적으로 사용함 • 관용적인 표현은 때때로 부정확함 • 원어민 수준의 유창성

출처: Robertson and Ford (n.d.); Roseberry-McKibbin (2007).

언어 발달에 대해서는 고려해야 할 변수가 많다. 제2언어 습득에 큰 영향을 미치는 변수 중 하나는 모국어의 발달 정도이다. 몇몇 연구들은 모국어의 견고한 기초가 제2언어 습득에 더 나은 결과를 초래한다는 결론을 지지한다(Cummins, 1994, 2000; Cunningham & Graham, 2000; Demont, 2001). 모국어의 형태, 사용, 내용과 같은 언어 구조에 대한 정보는 제2언어 습득을 구조화하는 기초 역할을 한다. 모국어와 제2언어 습득의 세계적 권위자인 짐 커민스Jim Cummins는 1981년 그의 이중 빙산 모델Dual Iceberg Model에서 공통 기초 능력Common Underlying Proficiency(CUP)의 개념을 제시하면서 이 원리를 설명했다. 커민스의 CUP 이론은 모국어의 능숙함과 제2언어의 학습 사이에 관계가 있다는 것이다. 모국어를 습득하는 동안 학습한 기술은 제2언어로 전이될 수 있다. 이러한 이유로, 모국어 사용 능력을 갖춘 아이들은 제2언어 또는 제3언어를 배울 때 더 나은 결과를 얻는다. 반대로, 그들의 모국어 경험이 제한된 학생들은 학업적 성공에 필요한 제2언어 기술에 압도될 수 있다. 따라서 IEP 팀은 학생들이 제2언어를 성공적으로 발달시킬 수 있도록 다문화(CLD) 학생의 가족이 모국어를 유지할 수 있게 격려하고 지원해야 한다.

3) 언어 능력

하나 이상의 언어에 숙달하는 것은 상당한 개인차와 발달 궤적을 갖는 복잡한 과정이다. 미국 말-언어-청각협회American Speech-Language-Hearing Association(2019)는, 언어 능력을 "쓰기와 말하기 양식 모두에서 효과적인 수용 및 표현 언어 능력"(p.2)으로 정의한다. 이중언어 사용을 고려할 때, 각 언어의 언어 능력 수준에 대한 의견은 일치하지 않는다. 이 스펙트럼의 한쪽 끝에는 이중언어 습득이 되려면 두 언어 모두에서 원어민과 같은 유창성이 요구된다고 믿는 사람들이 있다. 반대로, 다른 사람들은 하나 또는 두 언어에 대한 최소 숙달도를 이중언어로 간주하기에 충분하다고 믿는다. 그러나 대부분의 사람은 이중언어 사용자들이 상황적 맥락에 따라 보이는 숙달도에 차이가 있다고 본다.

이중언어 장애학생들은 각 언어에서 다양한 수준의 숙달도를 보인다. 그러나 모국어 습득에 어려움을 보인다면 제2언어 습득 속도는 더 느릴 수 있다. 이러한 학생들은 가정과 공동체 문화에 참여하기 위해서 모국어를 유지해야 할 뿐만 아니라, 제2언어를 발전시킴에 따라 긍정적인 결과를 초래할 모국어 습득 과정에서 배운 기술도 유지해야 한다. 모국어를 유지하고 발전시키는 것 외에도, 학교 환경에 참여하기 위해서는 영어를 습득하는 것도 이러한 학생들에게 중요하다. 비록 영어를 습득하는 데 시간이 걸릴 수도 있지만, 이것이 장애학생들이 이중언어 사용자가 될 수 없다는 것을 의미하는 것은 아니다. 많은 장애학생들은 비영어권 가정에서 태어나 이중언어를 구사하게 된다. 이러한 학생들은 종종 의사소통을 이해하기 위해 모국어로 된 중재와 교육이 필요하다. IEP를 개발할 때, 팀은 다문화(CLD) 학생들이 학교에서 의사소통하고 새로운 개념을 처리하기 위해 모국어를 사용해야 할 수도 있다는 것을 고려할 필요가 있다.

멈추고 생각해 보기!
IEP 팀원들은 모국어 발달을 어떻게 지원할 수 있는가?

숙달된 언어 능력은 사회적, 학업적 환경에서 상황적 맥락에 따라 수용 및 표현 기술 숙달 수준을 포함한다. 커민스Cummins(1981)는 **기본적 대인관계 의사소통 기술**basic interpersonal communication skills(BICS)에서 **인지 학업적 언어 능력**cognitive academic language proficiency(CALP)에 이르는 연속체를 기술함으로써 사회적 언어와 학업적 언어를 구별했다. **사회적 언어라고도 불리는** BICS는 인지적 요구가 없고, 맥락적으로 내재한 사회적 상황에서 의사소통하는 능력이다. 이러한 유형의 상호작용을 위해서는 참여자들이 지원받는 환경에서 언어를 기억하고 이해하며 적용해야 한다. 몸짓, 억양 및 대상을 포함하여 내재한 비계를 제공하는 상호작용으로 지원받기 때문에 이러한 지원 환경을 통해 의사소통을 이해할 수 있다. 이해할 수 있는 의사소통에 초점을 맞추고 있으므로, 이러한 유형의 의사소통은 내용을 이해하지 못할 때 명확하게 설명하고 반복할 수 있다. 지원되는 학습 환경을 제공하면 제2언어 학습자는 1~3년 이내에 이러한 원어민 수준을 성취할 수 있다.

 학업적 언어라고도 알려진 CALP는 연속체의 반대쪽 끝에 있다. 학업적 언어는 인지적 요구와 맥락 감소적 의사소통에서 학업적 성공에 필요한 의사소통 기술을 의미한다(Cummins, 1981). 이 수준의 언어 능력은 언어의 모든 요소(형태, 내용, 화용)에 대한 높은 수준의 숙달, 특정 과목에 대한 배경지식, 그리고 맥락이 감소한 환경에서 높은 인지적 요구 작업(분석, 평가 및 창작)에 배경지식을 적용할 것을 요구하기 때문에 학교에서의 성공에 있어 필수적이다. 구조화되지 않은 사회 환경에서 배우는 사회적 언어와 달리, 학업적 언어는 일반적으로 문맥이 감소한 교사와 교과서와의 상호 작용을 통해 더 형식적인 환경에서 학습되며, 이는 형식적 언어에 더 많이 의존하고 시각적 지원(현실)에 덜 의존한다는 의미이다. 지원 환경이 함께 제공되는 경우 이 수준의 언어 능력은 5~7년 이내에 달성할 수 있지만, 지원 체계가 없으면 더 오래 걸릴 수 있다(Collier, 2011; Cummins, 1980, 1981, 1994). 언어가 학습의 주요 방식이기 때문에 이러한 유형의 언어 능력은 학교 성공의 기초가 된다. 연구에 따르면 단일언어 영어 사용자, 특히 낮은 사회경제적 공동체의 영어 사용자들은 학업적 언어에서 역시 어려움을 겪고 있다(Adger et al., 2018). "학업적 언어는 일상적 대화에서 일반적으로 볼 수 있는 것보다 더 높은 수준의 어휘, 더 복잡한 문장 구조, 더 정교한 표현 형식의 사용을 포함한다."(Short & Echevarria, 2016, p.2). 따라서 IEP 팀은 다문화(CLD) 학생들이 성공하는 데 필요한 지원과 구조를 포함하면서 교육과정과 교수에 내재한 언어적 요구를 인식해야 한다.

4) 통역사의 사용

 연구에 따르면 자녀 교육에서 부모의 참여가 학생들에게 긍정적인 결과를 가져온다고 한다. 일부 다문화(CLD) 부모들은 제한된 영어 실력, 주류 학교 문화에 대한 생소함, 또는 교사들이 자녀 교육의 전문가라는 문화적 신념으로 인해 IEP 과정을 포함하여 자녀의 학교에 관여하는 것에 대해 불안감을 느낄 수 있다. 이러한 가족들을 위해, 교사들은 부모님들과 효과적으로 의사소통하고 상호작용할 수 있도록 추가적인 조처를 해야 한다. 부모의 참여를 보장하기 위해 IDEA는 부모의 사전동의를 의무화하는 절차적 안전장치를 마련했다. 사전동의는 결정을 내리기 위해 제공된 정보에 대한 완전한 이해가 필요하다. IDEA는 초기 평가, 재평가 및 서비스 개시를 위해 이 사전동의 권한을 요구한다.

> **IDEA § 300.300 부모 동의**
>
> (b) 서비스에 대한 부모 동의
>   (1) 장애아동에게 FAPE를 제공할 책임이 있는 공공기관은 최초로 아동에 대한 특수교육 및 관련 서비스를 제공하기 전에 아동의 부모에게 사전동의를 받아야 한다.
>   (2) 공공기관은 아동에게 특수교육 및 관련 서비스의 초기 제공에 대해 학부모의 사전동의를 받을 수 있도록 합리적인 노력을 기울여야 한다.

또한 IDEA는 공공기관(즉, 학교)은 가족이 IEP 회의에 참석할 기회를 제공하고 IEP 회의의 의사소통과 행동을 가족이 이해할 수 있도록 보장할 책임을 지도록 했다.

> **IDEA § 300.322 부모 참여**
>
> (e) 필요에 따라 통역사 또는 기타 조치를 사용한다. 공공기관은 청각장애가 있거나 모국어가 영어가 아닌 부모를 위해 통역사를 배치하는 것을 포함하여 부모가 IEP 팀 회의의 진행 과정을 이해할 수 있도록 필요한 모든 조처를 해야 한다.

IEP 팀은 유능한 통역사 서비스를 확보하여 부모가 의사소통을 이해할 수 있게 해서 이들이 정보에 입각한 결정을 내릴 수 있도록 해야 한다. 대부분의 학교가 IDEA의 요건을 충족시키기 위해 추천이나 IEP 양식과 같은 문서를 영어에서 다른 언어로 변환하는 번역 서비스를 사용하지만, 내용의 의도가 번역과정에서 손실되어 이해할 수 없는 경우가 많다. 많은 다문화(CLD) 가정은 번역한 문서를 완전히 이해하는 데 필요한 읽기와 쓰기 능력 및/또는 특수교육적 배경지식을 가지고 있지 않으며, 사전동의를 얻기 전에 통역사가 문서에 제공된 정보를 설명해야 한다. 가족의 모국어와 영어에 능통한 자격을 갖춘 통역사를 사용하는 것은 IDEA의 요건을 충족하는 데 중요한 첫 번째 단계이다. 〈표 2.2〉는 IEP 회의에서의 사용에 대한 최선의 실제를 제공한다.

자격을 갖춘 통역사를 사용하는 것으로 IDEA의 요건을 충족시킬 수 있음에도 불구하고, 법의 목적은 의사결정 과정에 부모를 완전한 참여자로 포함하는 것이다. 그러나 많은 문화권에서 부모를 교육적 의사결정 과정의 완전한 참여자로 포함하는 것은 흔하지 않은 일이고, 이국적인 개념이다. 일부 문화권에서는 교직에 대한 존중이 매우 높고, 자녀를 위한 교육적 의사결정이 교사의 역할이라고 믿는다. 따라서 일부 문화권에서는 의사결정 과정에 대한 완전한 참여 요청을 교사에게 무례한 태도로 본다(Lynch & Hanson, 2011).

이러한 의사결정 상황에서 사용되는 주류문화의 의사소통 방식은 다른 문화와 매우 다르다. 예를 들어, 주류문화를 반영하는 IEP 회의에서 명시적인 형식적 의사소통에 의존한다.

<표 2.2> IEP 회의에서 통역사를 사용하기 위한 최선의 실제

회의 이전	회의 동안	회의 이후
특수교육에 대한 지식이 있는 가정의 모국어와 영어에 대한 학업적 숙달도를 갖춘 통역사를 확보한다.	시작할 때 통역사와 회의에서의 역할을 소개한다.	부모에게 통역사의 사용에 대한 피드백과 만족도를 요청한다.
통역사는 가족의 문화에 대한 지식이 있어야 한다.	팀원들에게 통역사는 어떠한 결정도 내리지 않을 것이며 그들의 유일한 역할은 의사소통 교환을 통역하는 것이라는 점을 상기시킨다.	회의 중에 발생한 어려움에 대한 통역사의 생각을 알아본다.
사례 관리자는 회의의 목적을 검토하고, 관련 배경을 제공하며, 사용할 전문 어휘 목록을 제시하기 위한 브리핑 일정을 계획한다.	통역을 위해 가족원(통역사가 아닌)에게 직접 말하기, 주변 대화 피하기, 쉬운 어휘 사용하기, 전문 용어 피하기, 천천히 말하기, 각 의사소통 후 일시 중지하기를 포함하는 통역 에티켓을 그룹에 알려준다.	
통역사에게 회의에 영향을 미칠 수 있는 관련 가정 문화 또는 언어를 IEP 팀과 공유하도록 요청한다.	주기적으로 이해 여부를 확인한다. 몸짓 언어를 인식한다.	
통역사와 가족은 통역 방식을 결정한다: 순차적(화자가 일시 정지한 후 통역) 방식 또는 동시적(화자가 말하는 동안 통역) 방식	필요하다면, 팀원들에게 통역 에티켓을 상기시킨다. 회의를 마칠 때 핵심 사항을 요약한다.	
통역을 위한 추가적 시간을 포함하여 회의 일정을 계획한다.		

이러한 형식적 의사소통은 IEP 참여자들이 IEP 양식에 따라 서비스를 문서화하는 데 적극적이고 장황할 것이라는 기대와 더불어 세부적 내용에 크게 의존하는 반면, 일부 문화권에서는 암묵적 의사소통과 비언어적 신호에 의존한다. 이러한 문화들은 인간관계와 몸짓 언어에 더 많이 의존한다. 학교 관계자들은 가족이 비주장적이고 조용한 것을 자녀 교육 참여에 대한 관심 부족의 지표로 잘못 이해하는 경우가 많은데, 실제로는 그렇지 않은 경우가 많다. 따라서 IEP 팀은 다문화(CLD) 가족들과 함께 일할 때 더 천천히 접근해야 하며, 영어와 모국어에 능숙할 뿐만 아니라 가족의 문화에 대해서도 잘 아는 통역사를 사용해야 한다. 유능한 통역사를 사용하는 것은 가족과 학교의 파트너십을 구축하는 데 매우 도움이 될 수 있다.

멈추고 생각해 보기!
팀은 영어를 제2언어로 습득하는 과정에 있는 학생을 위해 IEP를 개발할 때 교육에서 중재와 언어 모두를 고려해야 한다.

3. 요약

　현재의 인구학적 현실을 고려할 때, 다문화(CLD) 장애학생들은 그들의 요구와 문화를 반영한 질 높은 교육 프로그램이 계속 필요할 것이다. IEP 문서는 아동의 고유한 요구를 다루기 위한 해결책으로 아동의 가정 문화와 언어를 포함하는 교육 도구의 역할을 해야 한다. IDEA에 명시된 요건을 충족할 뿐만 아니라 모든 팀원이 이해할 수 있는 방식으로 작성해야 한다. 〈표 2.3〉은 IEP 팀이 반드시 고려해야 하는 이 장에서 논의된 요소의 개요를 제공한다. 이러한 요소들을 포함하지 않으면 이 대상들은 잠재력을 충분히 발휘하지 못할 위험에 처하게 된다. 다음 장에서는 다문화(CLD) 학생들이 자신의 잠재력을 최대한 발휘할 수 있도록 IEP 개발에 있어 문화 반영적인 실제를 상기시킨다. [그림 2.1]의 목록은 IEP 회의 준비에 사용할 수 있다.

<표 2.3> 언어 능력에서 고려해야 할 요소

요소	사회적 언어 능력	학업적 언어 능력
연령	1~3세	5~7세 이상
목적	사회적 상황에서의 일상적 의사소통	읽기, 쓰기, 말하기, 듣기를 요구하는 형식적인 학업적 학습
학습 영역	기억하기, 이해하기 및 적용하기	분석하기, 평가하기 및 창작하기
학습 요소	의사소통을 위한 언어 배우기 • 발음 • 어휘 • 구문	학습에 언어 사용하기 • 의미론 • 화용론
제2언어 습득 단계	산출 이전 초기 산출 언어 출현 유창성 시작	중급~고급 유창성
의사소통 지원	다중적 지원 몸짓, 대상, 억양, 실물	지원이 거의 없음 분석 및 합성이 필요한 학업적 과제

IEP 회의 준비:
다문화 학습자를 위한 고려사항

회의 이전

☐ 모국어와 제2언어에 대한 언어 능력 수준을 파악한다.

☐ 가정 문화를 파악한다.

☐ 가정 언어 사용에 대해 가족과 상의한다.

☐ 가족의 문화적, 언어적 배경에 맞는 자격을 갖춘 통역사를 확보한다.

☐ 회의에 영향을 미칠 수 있는 가정 문화 실제 및/또는 신념에 관해 통역사와 협의한다.

☐ 그들이 선호하는 통역 방식을 가족들에게 확인한다.

☐ 통역을 위한 시간이 추가된 회의 시간을 계획한다.

☐ 효과적인 통역사의 사용을 위해 모든 IEP 팀원에게 통역사가 회의에 참석하는 것을 안내한다.

회의 동안

☐ 학교가 아동의 가정과 영어 숙달도 개발을 지원할 방법을 다룬다.

☐ 모든 팀원과 회의의 목적을 소개한다.

☐ 모든 의사소통은 부모에게 집중되어야 한다는 것을 모든 팀원에게 상기시킨다.

☐ 전략적으로 부모/가족이 토론에 참여하도록 격려한다.

☐ 팀원들에게 통역 에티켓을 상기시킨다.

☐ 통역사와 가족의 이해를 주기적으로 확인한다.

☐ 회의를 마칠 때 핵심 사항을 요약한다.

회의 이후

☐ 통역사의 사용에 대해 학부모와 확인하고, 학부모가 회의와 주요 안내 사항을 이해했는지 확인한다.

[그림 2.1] IEP 회의 준비: 다문화 학습자를 위한 고려사항

4. 활동

이 활동은 본 장의 내용을 더 깊이 이해하도록 돕기 위한 것이다. 본 장의 활동은 다음과 같다.

- 활동 2.1. 언어 차이에 대한 잘못된 해석과 장애
- 활동 2.2. 제2언어 습득 단계와 블룸 분류법의 정렬
- 활동 2.3. 사회적 및 학업적 언어의 판별
- 활동 2.4. 통역사의 사용

활동 2.1. 언어 차이에 대한 잘못된 해석과 장애

지원 장: 제2장(다양한 문화 및 언어 IEP 고려사항)

목적: 이 활동의 목적은 제2언어 습득의 특성이 어떻게 장애의 특성으로 잘못 해석될 수 있는지 이해하는 것이다.

지시사항: 다음 표를 사용하여 제2언어 학습 특성과 유사한 기능을 가진 장애를 판별한다. 마지막 열에는 차이가 장애로 오인된 것으로 의심되는 경우, IEP 팀의 책임에 관해 설명한다.

제2언어 습득 단계	제2언어 습득의 특징	유사한 특징을 가진 장애	차이가 장애로 오인될 때 오류를 수정할 책임
산출 이전	• 개인은 전형적으로 조용함 • 어릴수록 더 긴 침묵 기간 • 듣기–언어와 이해의 규칙 학습하기 강조 • 끄덕이는 "예"와 "아니요" 또는 가리키는 등의 몸짓 사용		
초기 산출	• 제한적인 이해력 • 문법적 오류가 많은 짧은 단어와 구 출현 • 현재 시제 사용		
언어 출현	• 구어체 증가 • 맥락 단서 의존성 • 어휘량 증가 • 문법적 오류가 줄어든 간단한 문장 산출		
유창성 시작	• 사회적 상황에서 사소한 오류가 있는 유창성 • 도전적인 학업적 및 비문맥적인 언어 • 어휘력 격차 • 농담 이해의 어려움		
중급 유창성	• 사회적 상황에서 더 강한 의사소통 유창성 • 학업적 상황 내 유창성 및 고차원 인지적 기술로 의사소통하는 능력 • 어휘력 격차 및 관용적 표현 명확성		
고급 유창성	• 복합어를 사용하여 문법적 오류가 거의 없는 복잡한 문장 산출 • 이해력 양호 • 모든 맥락에서의 유창성 • 학업적 언어의 성공적 사용 • 가끔 부정확한 관용적 표현 • 원어민 수준의 유창성		

활동 2.2. 제2언어 습득 단계와 블룸 분류법의 정렬

지원 장: 제2장(다양한 문화 및 언어 IEP 고려사항)

목적: 이 활동의 목적은 블룸 분류법^{Bloom's Taxonomy}의 단계에서 제2언어 습득의 인지적 복잡성 수준을 인식하는 것이다.

지시사항: 제2언어 습득 단계(〈표 2.1〉 참조)를 그림의 블룸 분류법에 맞추라.

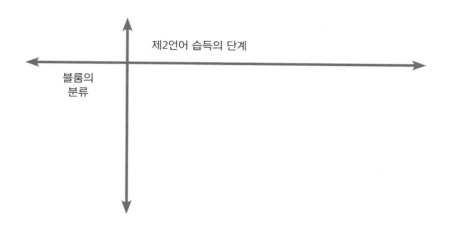

활동 2.3. 사회적 및 학업적 언어의 판별

지원 장: 제2장(다양한 문화 및 언어 IEP 고려사항)

목적: 이 활동의 목적은 사회적 언어와 학업적 언어의 차이를 이해하는 것이다.

지시사항: 5~10분 동안 아동과 교사의 구어 상호작용을 관찰하고 기록한다. 다음으로 교사의 의사소통 요구(기본적 대인관계 의사소통 능력basic interpersonal communication skills, BICS 대 인지학업적 언어 능력cognitive academic language proficiency, CALP)와 학생의 언어 능력을 파악한다. 그 후 다음 질문에 답해 보라.

1. 교사는 상호작용에서 어떤 종류의 어휘를 사용하였는가?
2. 의사소통에서 상황에 맞는 지원이 포함되었는가?
   - 그렇다면, 지원 내용과 이를 사용하여 의사소통을 이해하는 방법을 설명하라.
   - 그렇지 않다면, 어떤 지원을 사용하여 의사소통을 이해할 수 있는가?
3. 상호작용에서 학생은 어떤 종류의 어휘를 사용하였는가?
4. 이 활동은 다문화 학생들의 요구를 이해하는 데 어떻게 도움이 되는가?

활동 2.4. 통역사의 사용

지원 장: 제2장(다양한 문화 및 언어 IEP 고려사항)

목적: 이 활동의 목적은 학교에서 이용할 수 있는 통역 서비스를 조사하는 것이다.

지시사항: IEP 회의를 위해 학교에서 일하는 통역사를 면담한 후, 다음 질문에 답해 보라.

1. 통역사의 학력은?
2. 통역사들은 IEP 회의를 통역하기 위해 어떻게 준비하는가?
3. IEP 회의를 통역할 때 직면하는 과제는 무엇인가?
4. IEP 회의를 원활하게 통역하기 위한 제안은 어떤 것이 있는가?

제3장

더 좋은 IEP를 위한 협력적 팀 구성

캐슬린 G. 윈터맨
Kathleen G. Winterman

초점 학습 내용

- IEP 회의에서 학부모, 교사(일반교사와 중재 전문가), 학생, 관련 서비스 제공자 및 관리자의 역할
- 부모의 IEP 회의 참여를 지원하는 법적 의무사항
- 아동의 고유한 요구를 다루기 위한 특수요인 판별

2004년 장애인교육개선법Individuals with Disabilities Education Improvement Act(IDEA, PL 108-446)의 핵심 원칙은 부모가 자녀의 IEP를 개발하는 협력적인 팀 구성원이라는 신념이다. IDEA는 학교와 부모가 그 과정에서 동등한 책임을 공유하고, 아동의 요구를 충족하게 하도록 만들어졌다(Fish, 2008). IDEA는 아동의 가정과 학교 간의 협력 관계를 기반으로 하며, 이는 아동에게 합의된 서비스를 제공하는 것을 목표로 교육팀을 발전시킨다(Zirkel, 2020). IEP 회의에서 아동의 현재 수준, 목표goals, 단기목표objectives, 배치, 평가 기준 및 서비스 기간을 결정한다(National Center on Intensive Intervention, n.d.; Yell & Drasgrow, 2010). IDEA는 부모와 학교 직원이 협력하여 아동의 이상적인 교육 프로그램에 대한 공유된 비전을 개발할 권한을 부여한다. 종종 현실은 그렇지 못하다. 불행하게도, IEP 과정을 완료해야 하는 필요성 때문에, 학교 직원들은 종종 학생을 위한 진정한 공유된 비전 대신 편의를 선택한다. IDEA는 재승인을 받을 때마다 팀 회의 내에서 부모의 역할을 강화해 왔다. 아동이 특별한 학습 요구를 가지고 있는지 판단하기 위해 부모들은 평가를 시작하기 전에 사전동의informed consent를 제

공해야 한다. 그러나 부모가 그 과정을 이해하지 못한다면 부모는 진정한 사전동의를 제공할 수 없다. 학교 팀은 부모들이 진정으로 적극적인 참여자가 될 수 있도록 이들에게 판별과정에 대한 정보를 제공해야 한다.

학부모와 전문가의 협력은 IDEA가 보호하는 특수교육의 핵심 요소 중 하나다. **협력적 팀 구성**Collaborative teaming은 두 명 이상의 사람이 공통의 목표를 위해 함께 일하며, 모든 구성원이 의사결정에서 역할을 갖는 것으로 정의할 수 있다(Janney et al., 2013). 학교 내 협력은 다른 사람들과 협력하여 교수·학습의 문제를 해결하는 방법으로, 다문화 배경을 갖거나, 학업적으로 재능이 있고, 또는 특수교육이 필요한 모든 학생의 요구를 충족시킬 수 있는 지식을 가진 사람들이 공유된 사고를 갖고 상호작용적인 팀 구성에 참여해야 한다(Clark, 2000; Tucker & Schwartz, 2013). 협력은 수립된 관계 유형에 기반하여 영향을 미치는 복잡한 상호작용 집합이며, IEP 팀 과정의 필수 구성요소로 간주된다. 많은 사람이 효과적으로 협력하는 데 필요한 기술이 부족하며, 특히 효과적인 IEP를 개발하기 위해 함께 일할 때 교육팀에게 가장 큰 도전 중 하나가 될 수 있다.

협력(부모참여)은 장애아동 통합을 위한 최선의 교육적 실제를 구현하는 법적 의무이지만, IDEA의 완전한 구현을 가로막는 장벽이 여전히 존재하며, 이러한 문제는 IEP 회의에서 진정으로 협력팀 구성원이 될 수 있는 부모의 능력을 축소시킨다(Kurth et al., 2020).

 IDEA의 핵심 요소

- **무상의 적절한 공교육**FAPE. 학생은 공교육 기관에서 무상으로 자신의 교육적 요구를 충족하는 방식으로 교육받아야 한다.
  - 거부 금지*Zero Reject.* 학교는 아동 요구의 심각성 때문에 교육을 거부할 수 없다.
- **최소 제한 환경**LRE. 학생은 전형적인 또래들과 가장 유사한 방식으로 교육을 받는다.
- **절차적 안전장치**(정당한 절차*due process*). 가족은 자녀의 배치, 서비스, 교육 계획에 동의하지 않을 권리가 있고 학군을 법정에 세울 수 있다.
- **부모 참여**(공유된 의사결정). 부모는 자녀 교육팀의 일원으로 참여할 권리가 있다.
- **비차별적 평가**. 학교는 타당하고, 신뢰할 수 있고, 문화적으로 관련성이 있고, 언어적으로 적절한 조치를 사용하여 장애의 모든 의심스러운 영역에서 학생을 평가하기 위해 팀 접근방식을 사용해야 한다.
- **개별화 교육 프로그램**IEP. IEP 팀은 현재의 평가 정보를 평가하고 각 장애학생의 고유한 교육적 요구를 충족하도록 설계한 서면 문서를 작성한다.

팀의 성공은 IEP 회의의 공동 목적에 대한 지침과 방향으로 향상될 수 있다. IEP 회의에 앞서, 학교 직원들은 부모에게 연락하여 차기 연도에 있을 자녀의 목표와 단기목표에 대한 열망과 통역사 또는 부모 옹호자와 같은 지원 요구를 결정할 수 있다. 부모의 의견은 학생의 교육적 요구에 대한 논의를 구체화하는 데 도움이 될 것이다. 부모에게 자녀의 목표 달성과 학업 성공에 대한 최신 정보를 제공하는 것은 팀이 학생의 해당 학년도 학업 방향을 결정하는 데 도움이 될 수 있다. 진정한 협력은 도전적인 과업이다. 효과적인 협력을 위해서 팀은 공동의 목표를 향해 기꺼이 노력하고, 다양한 접근 방식과 의제를 인정하는 동시에 각자의 의견을 존중하고 반성적인 경청을 통해 의견을 제시할 기회를 통합해야 한다.

1. 법적 관점의 이해

부모는 자녀의 판별, 평가 및 배치와 관련된 모든 결정에 참여할 권리가 있으며, 초기 평가, 진단평가나 배치 결정에 부모가 반드시 동의해야 한다. 앞서 언급한 바와 같이, IDEA의 서한과 정신은 아동에게 적절한 서비스를 제공하는 협력을 촉진하는 부모와 학교 간 파트너십을 장려한다(Zirkel, 2020). 정확한 IDEA 요구는 다음과 같다:

(a) 일반. 공공기관은 각 장애아동을 위한 IEP 팀이 다음을 포함하도록 보장해야 한다.
  (1) 아동의 부모
  (2) 아동의 일반교사 1명 이상(아동이 일반교육 환경에 참여하고 있거나 참여할 수 있는 경우)
  (3) 아동의 특수교사 1명 이상 또는 해당하면 아동의 특수교육 제공자 1명 이상
  (4) 공공기관의 대표자는 다음과 같다.
    (i) 장애아동의 고유한 요구를 충족시키기 위해 특별히 고안된 교육을 제공하거나 감독할 자격이 있다.
    (ii) 일반교육 교육과정에 대한 지식이 있어야 한다.
    (iii) 공공기관의 자원 가용성에 대해 잘 알고 있다.
  (5) 평가 결과의 지침적 의미를 해석할 수 있는 개인으로, 본 섹션의 (a)(2)부터 (a)(6)까지에 기술된 팀의 일원일 수 있다.
  (6) 부모 또는 기관의 재량에 따라 아동에 대한 지식이나 특별한 전문 지식을 가진 다른 개인, 적절한 관련 서비스 전문가를 포함한다.

(7) 적절한 경우에는 언제든, 장애아동을 포함한다. (§ 300.321)

IDEA는 부모가 협력팀의 일원이 되어야 한다고 의무화하고 있지만, 모든 관련자에게 팀이 어떻게 발전해야 하는지에 대한 명확한 이해를 제공하기 위해 부모의 역할을 명확하게 정의하거나 구체화하지는 않았다. 많은 주의 교육부는 IDEA를 이해하는 무료 지침서인 오하이오 **특수교육 부모 권리 가이드***A Guide to Parents' Rights in Special Education*(Ohio Department of Special Education, 2017)와 같은 협력팀 구성에 대한 지침을 제공한다. 부모는 정보를 공유하고, 연간 목표 및 단기목표의 개발과 관련 서비스를 결정하는 것을 지원하고, 특수교육 및 관련 서비스에 동의함으로써 IEP 회의 활동에 참여한다. IDEA는 부모 동의의 본질을 명확히 규정함으로써 부모의 특별한 역할을 명확히 인식하고 있다. 특히 IDEA는 다음 내용을 진술하고 있다.

(a) 부모는 동의를 구하는 활동과 관련된 모든 정보를 모국어 또는 다른 의사소통 방식을 통해 완전히 알고 있다.

(b) 부모는 자신의 동의를 구하는 활동 수행에 대해 서면을 통해 이해하고 동의하며, 동의는 해당 활동을 설명하고 공개할 기록(있는 경우)과 누구에게 공개할 것인지를 목록화한다.

(c) (1) 부모는 동의의 승인은 자발적이며 언제든지 취소할 수 있다는 것을 이해한다.

(2) 부모가 동의를 취소하는 경우, 그 취소는 소급되지 않는다(즉, 동의하고 동의를 취소하기 전에 발생한 조치를 무효로 하지 않는다). (§ 300.9)

궁극적으로, IDEA는 회의에 참여해야 하는 사람을 정의하지만, 진정한 **팀 구성**의 집합적 목표가 아동에게 이익이 되도록 하는 로드맵을 제공하지는 않는다. 아동의 최선의 이익을 위해 행동하기 위해서는 모든 IEP 팀원(즉, 부모, 학생, 교사, 특수교사, 관련 서비스 제공자, 통역사, 관리자)이 반드시 경청할 준비가 되어 있어야 하며, 의미 있는 IEP를 개발하기 위해 함께 노력해야 한다.

팀이 IEP 회의를 준비할 때, 팀의 리더ㅡ종종 특수교사(그러나 누구나 이 역할을 수행할 수 있음)ㅡ는 모든 구성원이 동등한 목소리를 가지는 방법을 생각하도록 이끌어야 한다. 이를 위한 한 가지 방법은 모든 사람이 회의에 앞서 성찰할 시간을 갖도록 각 팀원에게 잠재적인 목표와 단기목표에 대한 질문이나 아이디어를 공유하도록 미리 요청하는 것이다. IDEA는 부모가 프로그램과 배치 결정 모두에 의미 있게 관여해야 한다고 분명하게 명시하고 있다.

절차적 안전장치는 부모의 사전 동의를 요구함으로써 부모의 참여를 보호한다. 따라서 학교 직원은 가족이 자녀와 관련한 정보를 완전히 이해할 뿐 아니라 프로그램과 배치 결정의 모든 측면에 적극적으로 참여할 수 있도록 추가 조처를 하는 것이 매우 중요하다. 통역사를 사용하는 가족의 경우, 학교 직원들은 반드시 IEP 회의 전에 만나 부모가 이 과정에 참여하도록 해야 한다. 이는 또한 팀원 간의 향후 대화를 위한 좋은 기반을 마련한다(IEP 회의에서 통역사를 계획하고 사용하는 최선의 실제는 제2장을 참조하라).

다음의 과제 시나리오는 부모와 교사가 다가오는 IEP 회의를 준비하고 어린 장애학생을 지원하는 다음 단계들을 결정하기 위해 함께 일하는 협력의 예를 보여 준다. 각자가 자신의 경험과 기대를 하고 회의에 와서, 원하는 성과를 향해 얻기 위한 다른 접근방식을 끌어낸다.

과제 시나리오

이전 회의에 대한 부모님의 생각

아들의 IEP를 다시 시작할 예정이다. 지난 3년 동안 IEP 회의에 참석했는데 결과는 항상 똑같았다. 아무것도 변하지 않았다. 해가 갈수록, 지미Jimmy는 여전히 반 친구들에게 뒤처지고 있고, 점점 더 뒤처지는 것 같다. 왜 굳이 내가 회의에 가야 하는지 의문이다. 선생님들은 내가 무슨 말을 하든 이미 그들이 무엇을 할 것인지 알고 있는 것 같았다. 우리는 알려진 모든 치료를 시도해 보았고, 1년에 수천 달러를 외부 지원에 지출했지만, 학교는 우리가 집에서 무엇을 하고 있는지, 아들을 위한 우리의 목표가 무엇인지에 대해 더 많이 알아보는 데 관심을 보인 적이 없다.

다른 학교들은 다르게 한다는 것을 알고 있어서, 이것은 항상 나를 괴롭혔다. 내 친구들이 정말로 자녀의 IEP 회의에 포함된다고 이야기하는 것을 들었다. 심지어 학생이 회의에 참석할 뿐 아니라 실제로 회의의 여러 부분을 이끈다는 이야기도 들었다. 그러나 나는 이번 회의를 예전과 같이 준비했다.

그런데 이번에 특수교사가 2주 후 IEP 회의에 참석할 수 있는지 전화했을 때, 실제로 몇 시가 편하겠냐고 물어보았다. 교사는 또한 지미의 현재 목표와 단기목표에 대한 업데이트를 나에게 보내주었고, 지미의 IEP에서 우선순위가 무엇이라고 생각하는지 물어보기 위해 나에게 다시 전화했다. 심지어 교사는 지미와 만나 현재 목표를 검토하고, 다음 학년 동안 무엇에 집중하고 싶은지 물었다. 또한 현재 아이와 함께 하는 모든 치료사와 전문가들로부터 최신 보고서를 받았다. 이번엔 상황이 달라질 것 같다. 나는 이 변화가 맘에 든다.

교사 배경 정보

대학 졸업장에는 교육학 학사라고 적혀 있다. 나는 교회에서 장애아동들과 함께 봉사활동을 시작했을 때부터 특수교사가 되고 싶었다. 나는 이 학교의 새로운 교사이고, 학생들의 부모님과 IEP 회의를 시작하는 것이 설레고 긴장된다. 대학 경험을 통해 이에 대해 준비를 했고, 평생 그것을 기대해 왔다. 새 학교는 그 시기를 'IEP 시즌IEP season'이라고 부른다. 지금은 매년 학생의 교육 프로그램을 검토하도록 의무화한 연방법 IDEA를 준수하기 위해 많은 학생의 IEP를 검토해야 하는 시기이다. 하지만 많은 부모가 IEP 개발에 참여하고 싶어 하지 않는 것처럼 보인다. 나는 왜 그런지 의문이다. 내가 현장실습을 할 때 지도교사는 매우 쉽게 하는 것처럼 보였다. 학생과 부모가 참여할 수 있도록 초대하고, 매력적인 환경을 마련해 주었다. 학생들과 부모님들이 기회를 준다면 나도 그렇게 할 수 있다는 것을 알지만, 이 관계를 확립하기 위해서는 신뢰를 토대로 해야 한다는 것을 알고 있다.

회의 시작

"어서 오세요, 베넷 부인, 다시 뵙게 되어 정말 반갑습니다. 오늘 아침에 지미가 회의를 기대하고 있다고 얘기했어요. 와주셔서 정말 기쁩니다. 지미, 엄마와 어디에 앉고 싶니? 베넷 부인, 오늘 여기 계신 분들을 모두 만나보셨나요?"

시나리오 성찰

과제 시나리오를 기반으로 다음 질문들에 대한 첫 생각을 기록하고 토론하시오.

- IEP 팀을 어떻게 구성할 것인지 논의하라. 누구를 포함할 것인가?
- 이 팀에 새로운 팀원 추가가 필요한가?
- IEP 과정에 부모를 어떻게 참여시킬 것인가?
- 회의 전에 부모님께 어떤 정보를 보낼 것인가?
- 어떻게 학생이 적극적인 팀원이 되도록 격려할 것인가?
- 부모는 왜 IEP 과정에 무관심해질 수 있었는가?
- 어떻게 모든 팀원을 참여시킬 것인가?
- 어떻게 대화를 시작할 것인가?

모든 소개를 마친 후, 각 팀원은 현재 목표를 달성하는 데 있어 지미의 성공과 도전, 그리고 이러한 목표 달성에 필요한 지원과 서비스를 검토한다. 지미에게 차기 연도의 목표를 이야기해 달라고 요청하고, 어른이 되면 경찰이 되고 싶어서, 앞으로 1년 동안 읽기 능력을 향상하고 싶다고 말한다. 지미는 몇 년 동안 책을 읽는 데 어려움을 겪어왔고, 학교에서 지미에게 책을 읽으라고 하면 당황한다고 인정한다. 그는 지난 3년 동안 IEP에 읽기 목표를 가지고 있었지만, 성공은 제한적이었다.

✋ **멈추고 생각하기!**

IEP 팀의 생각을 촉진하기 위한 질문은 다음과 같다.
- 무엇이 이 학생에게 동기부여가 되는가?
- 지미가 경찰이 되고 싶어 하는 것을 알고 있는데, 어떻게 이것을 학습에 포함시킬 것인가?
- 어떻게 하면 학생의 학습 요구와 학습자로서의 동기부여를 혼합할 수 있는가?
- 어려움을 겪는 학습자를 돕기 위해 사용할 수 있는 전략은 무엇인가?
- 어떻게 하면 학생의 자존감을 온전히 유지하면서 학습을 도울 수 있는가?
- 이미 시도한 방법은 무엇이고, 어느 정도의 성공을 달성했는가? 가족이 시도했던 것은 무엇인가?

2. IEP 회의 참여자 살펴보기

교육팀은 IEP 회의의 역동성 속에 얽혀 있는 여러 관점이 있다는 것을 기억해야 한다. 다음 영역에서는 일반적으로 IEP 회의에 참여하는 다양한 팀 구성원을 제시한다. IEP 팀은 학생의 교육적 관심사를 대표하며, 학생의 부모나 보호자, 일반교사(학생이 일반교육과정 접근이나 참여에 대한 기대 없이 특수학급에 있는 것이 아니라면), 중재 전문가 또는 특수교사, 학군 대표, 부모 옹호자, 통역사 및/또는 시험을 해석할 수 있는 사람을 포함해야 한다.

1) 대상 학생

학생은 나이와 관계없이 IEP 회의에 참여해야 한다. 매우 어린 학생들(유치원에서 1학년)은 학교에 대해 좋아하는 것, 자신의 강점, 그리고 향상하고 싶은 한 가지 기술을 공유할 수 있다. 학생들이 나이가 들면서, 학생의 역할은 성공적이거나 그렇지 않은 전략과 관련된 토론을 이끌고 팀이 현재의 목표와 단기목표에 대한 자신의 성공률을 더 잘 이해하게 도울 수 있다. 더 나이가 많은 학생은 자신의 개인적 열망을 충족시키는 데 필요한 기술을 수립하고 미래를 계획하도록 팀을 도울 수 있다. 일단 팀이 학생의 목소리와 동기를 염두에 두게 되면, 그들의 목표와 단기목표를 결정하는 것은 더 쉬운 일이 된다.

2) 부모

부모는 자녀의 IEP 팀에서 동등한 팀원이다. 학교는 학부모 참여를 장려하기 위해 여러 시도를 해야 한다. 부모는 자녀의 인생 역사와 IEP 목표가 가족의 문화와 기대에 어떻게 부합하는지를 공유할 수 있으므로 IEP 회의에 참석할 것을 강력히 권장한다. 따라서 학교가 초기 협력을 저해할 수 있는 문화적 차이를 인식하는 것이 중요하다. 이러한 차이를 완화하기 위해 학교가 이러한 차이를 이해하고 부모와 협력하여 문화적 격차를 해소하는 것이 중요하다.

부모는 평가를 시작하기 전에 아동에게 특별한 학습 요구가 있는지를 결정하기 위해 사전동의를 제공해야 한다. 그러나 그들이 과정 및/또는 언어를 이해하지 못하면 사전동의를 제공할 수 없다. 부모는 자녀의 희망과 꿈을 공유하고 이러한 꿈을 이루기 위한 로드맵을 제공하도록 돕는다. 그들은 가정과 지역사회에서의 학생의 관심사와 기능 수준에 대한 독특한 관점을 제공한다. 부모는 또한 과거의 전략과 성공 수준에 대해 알고 있을 뿐만 아니라 학생의 의학적, 사회-정서적 이력을 제공한다. 그들은 팀이 학생의 교육적 요구를 충족시키는 데 필요한 지원에 대해 창의적으로 생각하도록 격려할 수 있으며, 이는 LRE에 대한 논의로 이어질 수 있다. 부모는 아동이 학교 경험을 마친 후 오랫동안, 자녀가 성인이 될 때까지 그리고 그들의 삶 전체를 지원하기 위해 함께 있을 것이다. 부모는 교육팀의 효과적이거나 비효과적인 결과를 가지고 살아야 하는 부담을 짊어지고 있다.

학생의 IEP에 대한 공유된 책임을 검토하면서 팀은 제공하는 서비스와 그 실행이 가족이나 학생이 아닌 학교의 책임이라는 것을 인식해야 한다. 일부 가족은 학교 서비스를 보완하지만, 아동이 IEP 목표, 단기목표나 서비스를 성공적으로 실현하는 데 필요한 자원을 비용을 지원할 의무는 없다. 그 과정에 가족이 참여하는 것은 자발적이지만 매우 가치가 있다. 부모를 초대하는 것은 의무지만, 부모가 참여하는 것은 의무가 아니다. 가족의 참여를 시도하는 것에 대한 부담은 학교에 있다. 가족의 일정, 언어적 요구 및/또는 의사소통 방식의 조정은 반드시 다루어야 한다. 그 과정에 가족을 참여시키려는 몇 차례의 문서화된 시도를 한 후에야, 학교는 가족의 참여 없이 진행할 수 있다. 단순히 부모와 연락을 시도하고 나서 넘어가는 것은 부모의 의견이 제공할 수 있는 가치를 측정할 수 없으므로 용납할 수 없다. 게다가, 이것은 진정한 협력 정신을 위배하는 것이다. 부모는 IEP 회의에서 그들의 역할을 완전히 이해하도록 돕는 코칭으로 도움을 받을 것이다.

로^{Lo}와 쑤^{Xu}(2019)에 따르면, 미국의 인구 통계는 점점 다양해지고 있다. 미국 인구조사국(2017)은 2044년까지 미국 인구의 절반 이상이 소수 집단에 속할 것이라고 예상했다. 다양한 배경을 가진 학생들이 현재 특수교육 학생 인구의 53% 이상을 차지하고 있다. 비록 부모가 그들의 개인적인 요구를 해결하는 서비스와 지원을 확실히 받도록 보장하는 주요 의사 결정자들과 옹호자들이지만, 로와 쑤의 연구는 다양한 배경을 가진 가족들이 자녀 교육에서 적극적인 역할을 맡는 것을 막는 많은 도전에 직면하고 있다는 것을 보여 주었다.

실제로 부모의 참여를 방해하는 언어나 문화적 차이가 있을 때, 부모가 자녀의 교육에 무관심하거나 반응하지 않는 것으로 간주하지 않도록 하기 위해서는 체계적인 부모참여가 필수적이다. 미국 인구가 계속해서 다양해짐에 따라, 학교 직원들은 학생과 가족의 문화적 배경에 따라 다르게 보일 수 있는 참여를 더 잘 이해하기 위해 문화 반영적인 접근방식을 개발해야 할 필요가 있다(제2장 참조).

3) 일반교사

1997년과 2004년에 IDEA가 재제정되었을 때, 추가적인 의무사항은 일반교육과정에 장애아동이 참여하는 것과 관련한 더 구체적인 정보를 요구했다. IEP에는 프로그램 수정과 함께 아동의 장애가 일반교육과정에서의 진전에 어떤 영향을 미치는지를 다루는 현재 수준의 성과에 대한 진술을 포함해야 한다. 이처럼 아동의 IEP 개발은 더이상 특수교사만의 전유물이 아니다. 이제 일반교사들이 IEP 회의에 참여하고 학생들의 현재 수행 수준에 대한 가치 있는 내용 지식을 제공하는 것이 필요하다. 이 요건은 일반교사가 모든 아동의 학습에 대한 책임이 있다는 분명한 차별성을 보여 준다. 통합된 학생의 일반교사는 규정에 따라 IEP 목표와 단기목표를 실행할 책임이 있다. 장애학생들은 이제 일반교육과정에서의 그들의 진전 상황을 점검하기 위해 주 및 지역 시험이나 대안적 평가에 완전히 참여해야 한다. 학업 보고는 장애아동 부모에게 비장애아동과 같은 간격으로 자녀의 진전 상황을 알려주도록 의무화되어 있다. 아동의 IEP 목표 달성과 관련하여 적절하고 때맞춘 정보를 보고해야 한다.

2015년 모든학생성공법The Every Student Succeeds Act(PL 114-94)은 각 주에서 높은 기준을 달성하도록 보장함으로써 2001년 아동낙오방지법No Child Left Behind Act(PL 107-110)의 높은 전문성을 가진 교사에 대한 의무를 지속하고 있다. 따라서 일반교사는 자신이 가르치는 교과 영역에 대한 내용 지식을 보유하고 있으며, IEP 팀에서의 역할은 해당 학년이나 교과에 대한 학업적 기대(즉, 기준)를 공유하는 것이다. 이들의 전문적인 지식은 팀이 특정 학년이나 교과의 모든 학생을 대상으로 내용 기준과 관련된 목표와 단기목표를 수립하는 데 도움을 준다. 따라서 일반교사들은 학생의 학업적 성공을 보장하기 위해 IEP의 개발과 실행에서 핵심적인 역할을 수행한다.

4) 중재 전문가 또는 특수교사

중재 전문가는 학습에 어려움을 겪는 학생들과 함께 일하기 위해 특별히 훈련된 교사이다. 중재 전문가들은 교육법과 다양한 학습 전략에 대해 잘 알고 있으며, 보통 IDEA에 따라 의무화된 특수교육 서비스를 받을 자격이 있는 학생을 위한 교육 프로그램을 실행하는 임무를 맡는다. 그들은 수정과 조정을 개발하고, 아동의 학업 프로그램을 점검하며, 아동의 목표 달성을 보고하는 주요 지식원으로 간주된다. 학생의 학업 요구에 따라 중재 전문가가 아동의 기록 책임 교사일 수도 있지만, 아동의 학년 수준이나 특정 과목 영역 내에서 아동을 지원할 가능성이 더 크다. 기록 책임 교사는 학생의 담임교사나 일반교사가 될 수도 있고 아닐 수도 있지만, 그들은 학생에게 점수를 주는 사람이며, 아동을 가르치는 분야에서 높은 전문성을 갖추어야 한다. 대부분의 중재 전문가들은 이러한 환경에서 일반교사들과의 협력 교수와 컨설팅을 통해 학생을 지원한다. 일반교사들과 마찬가지로 중재 전문가들은 그들이 가르치는 내용 분야에서 높은 전문성을 갖추어야 한다.

5) 관리자

관리자라는 용어는 약간 잘못된 명칭이다. 그 역할은 실제로 지역기금을 승인한 아동들의 고유한 학습 요구를 충족시키는 데 필요한 서비스를 제공할 수 있는 공립 학군 출신의 사람에 해당한다. 이 책임은 특별 서비스 책임자, 교장, 교감, 학교 심리학자, 상담가 또는 다른 교원을 포함한 그 학군의 다양한 직원에게 부여할 수 있다. 이 사람은 학생을 위한 서비스를 설계하거나 감독할 수 있어야 한다. 또한 일반교육과정에 대해서도 잘 알아야 한다.

마지막으로, IEP 팀은 학교에서 자료를 해석할 수 있는 사람(즉, 평가에서 받은 검사자료를 해독할 수 있는 사람)도 참석하도록 해야 한다. 많은 경우, 이 사람은 학교 관리자이지만 항상 그렇지는 않다. 이 역할은 일반교사, 중재 전문가, 학교 심리학자, 작업치료사 또는 언어병리학자(SLP)와 같은 관련 서비스 제공자가 수행할 수 있다.

6) 관련 서비스 담당자

아동의 필요에 따라 다양한 관련 서비스 제공자가 IEP 팀을 대표할 수도 있다. 이러한 직원에는 언어병리학자, 작업치료사, 물리치료사, 학교 간호사, 학교 상담사, 정신건강 전문가, 제2언어(ESL) 교사, 이중언어 교사, 통역사, 학교 심리학자와 아동의 민간 서비스 제공자를 포함하지만 이에 제한되지는 않는다. 이러한 전문가들이 IEP 회의에 포함될 수 있지만, 그들이 제공하는 서비스가 논의된 목표 및 단기목표와 직접적으로 관련되지 않는 한, 이들의 참석이 의무는 아니다. 민간 서비스 제공자는 가족 내에서 그리고 외부 지역사회와 관련하여 아동의 기술에 대한 의견을 공유할 수 있다. 이러한 전문가들은 종종 아동 및 가족들과 장기적인 관계를 맺고 그들의 성장과 투쟁을 수년에 걸쳐 보아왔다.

7) 부모 옹호자

일부 가족들은 부모 옹호자의 도움과 조언을 구한다. 옹호자는 학교 직원이나 지역사회 출신으로 재정적인 보상을 받거나 아동의 부모나 보호자에게 조언해 주는 자원봉사자의 자격으로 활동하는 사람일 수 있다. 이 사람은 종종 아동의 부모가 전문가들이 말하는 것을 이해하도록 도울 수 있고, 옹호자가 가족을 대신하여 말할 수 있다. 일부 가족들은, 특히 이전 회의의 결과에 실망했다면, IEP 과정을 통해 그들을 지원해 줄 누군가가 있는 것을 좋아한다. 회의를 여는 데 옹호자들이 필요하지는 않다.

멈추고 생각하기!

부모들이 이용할 수 있는 많은 옹호 단체들이 있다. 일부는 특정 학군 내의 지역 단체지만, 다른 것들은 특정 장애를 옹호한다. 다음 목록은 가족에게 지침을 제공할 수 있는 국가 단체의 예시이다.

- 미국지적발달장애협회The American Association on Intellectual and Developmental Disabilities는 지적장애 개인들을 위한 연구를 촉진하는 조직이다.
- 미국자폐협회The Autism Society of America는 자폐스펙트럼장애인을 위한 서비스, 접근 및 기회를 옹호한다.
- 전국정신질환자연맹The National Alliance on Mental Illness은 정신질환자와 그 가족에 대한 지원에 초점을 맞추고 있다.
- 전국다운증후군협회The National Association for Down Syndrome는 가족을 지원하고 다운증후군을 가진 사람들에게 힘을 실어준다.
- TASH는 심각한 장애가 있는 사람들의 권리를 지지하는 국제적인 전문 조직이다.
- 특수아동협의회Council for Exceptional Children는 장애아동과 청소년의 성공을 향상시키는 데 헌신하는 가장 큰 국제 전문 조직이다.
- 다양한 분야를 대표하는 전문가들로 구성된 국제기구인 학습장애협의회The Council for Learning Disabilities(CLD)는 평생에 걸쳐 학습장애인의 교육과 삶의 질을 향상시키기 위해 노력하고 있다.
- 아크The Arc는 지적 및 발달장애가 있는 사람들을 옹호하고 봉사하는 가장 큰 국가 지역사회 기반의 조직이다.

IEP 회의에 대한 부모의 적극적인 참여는 협력팀 과정의 초석이다. 강력한 부모참여는 개인주의, 평등, 권리행사를 중시하는 문화를 반영한다(Lo & Xu, 2019). 그러나 가족이 이러한 가치들을 항상 공유하는 것은 아니다. 한 가족의 문화는 자녀의 요구를 어떻게 인식하는지, 그리고 IEP 회의에서 가족 구성원들이 하는 역할에 큰 영향을 미칠 수 있다. IEP 팀은 가족의 문화를 존중하고, 부모가 활동적이고 동등한 팀원이 될 수 있도록 명확하고 효과적으로 의사소통해야 한다. 통역사를 포함하는 것은 다문화(CLD) 부모들을 위한 기본 구성요소이다(제2장 참조). 교육 결정에 부모의 참여를 제한하는 것은 법으로 보호되는 부모의 완전한 참여에 대한 권리를 부인할 뿐만 아니라 장벽을 세우게 된다. 자녀 교육에 관한 결정이 이루어지는 방식에 대해 종종 다른 인식이 있는 다문화(CLD) 가족들에게 이러한 장벽은 더 큰 문제가 될 수 있다.

3. 학생 주도 IEP 회의

학생 주도 IEP 회의는 일반교육 환경 내에서 학생들에게 더 지원하는 환경을 조성하면서 학부모의 참여를 높이고, 과정에 대한 학생 참여와 몰입을 높이는 데 중요한 방법이다(Davis & Cummings, 2019; Mason et al., 2004; Myers & Eisenman, 2005). 자신의 IEP 회의에 적극적으로 참여하고 주도하는 학생들은 자신만의 독특한 환경에서 목표 설정, 계획, 자기 평가, 사람들 앞에서 말하기 및 자기 옹호 기술을 보여 주는 법을 배운다(Biggun et al., 2020; Martin et al., 2006).

1,638개 이상의 IEP 회의를 대상으로 한 3년간의 연구에서 대부분 특수교사가 말을 하는 반면, 일반교사들과 학생들은 회의에서 말하는 것에 편하게 느끼지 못했다(Martin et al., 2004). 학생들은 종종 자신의 역할이나 회의가 열리는 이유를 이해하지 못했다. 학생들에게는 이러한 중요한 회의에 참여하는 방법을 직접적으로 가르쳐야 한다. 일단 배우고 나면, 학생들은 자신의 학습 요구를 옹호하는 것을 알게 되고, 교육의 모든 측면에서 참여 수준이 높아진다(Bigun et al., 2020; Martin et al., 2004). 학생들이 IEP 회의에서 적극적인 구성원이 되도록 가르치는 것은 자기결정을 함양하는 한 가지 방법이다(Cavendish et al., 2017).

학생들이 IEP 회의를 이끌 수 있도록 준비하는 것은 그들에게 중요한 삶의 기술을 배우고 연습할 수 있는 실제적인 기회를 제공한다. 학생들이 IEP 회의를 주도하는 것을 돕기 위해, 학생들은 자신의 장애에 대해 교육을 받아야 한다. 이들은 최소 4~6회에 걸쳐 미래 계획을 공유하고, 현재 수행 수준에 대해 논의하고, 교사와 부모로부터 목표에 대한 권장 사항을 찾는 것뿐만 아니라, 자신의 목표를 개발하고 적절한 교육에 대한 법적 권리를 배우는 훈련을 받아야 한다(Mason et al., 2004).

일반적으로, 특수교사는 학생이 IEP 회의를 준비하도록 훈련하는 것을 돕는다. 학생은 자신이 요구하는 미래의 지원을 결정하기 위해 자신의 강점과 약점을 인식할 필요가 있다. 학생은 IEP 회의에서 무슨 일이 일어날지 그리고 IEP의 목적이 무엇인지 배운다. 회의를 준비할 때, 학생은 자신에게 중요한 것이 무엇인지를 확인함으로써 의제를 결정하는 방법을 배위야 하며, 회의 전에 역할극을 할 기회를 제공해야 한다. 교사는 학생에게 물어볼 수 있는 잠재적 질문을 제공하여 학생의 사고를 촉진하는 연습 회기를 사용해 볼 수 있다. 메이슨과 동료들(2004)은 학생 주도 IEP 회의에서 학생의 참여는 세 가지 수준이 있다고 제안하였다. 먼저, 학생은 그들의 미래목표나 계획을 공유한다. 다음으로, 그들은 잠재적인 목표를 제시할 수 있는 동시에 자신의 강점과 약점, 성공을 위해 필요한 수정에 관해 이야기한다. 마지막으로, 학생은 이 정보를 확고하게 주장하고 IEP 팀 회의를 마친다.

4. 팀 개발하기

가족의 문화 외에도 각 팀마다 고유의 문화가 있다. 팀의 가치관은 팀의 상호작용에 영향을 미친다(Grossman, 2020). 마찬가지로 모임의 구성 방식, 환경, 언어 및 서면 문서의 복잡성 등이 회의에서 부모의 참여 가능성에 영향을 미친다(Winterman & Rosas, 2016). 이 모든 미묘한 차이들이 IEP 회의 협력에 묘미를 더하게 된다.

멈추고 생각하기!

자기결정

지적 및 발달장애(IDD)를 가진 사람들은 다른 모든 사람과 마찬가지로 자기결정권과 그에 수반되는 책임을 갖는다. 그들은 자신의 삶에서 통제권을 행사하고, 자신의 서비스를 지시하며, 자신을 위해 행동할 권리가 있다(American Association on Intellectual and Developmental Disabilities, 2018).

장애인에게 자기결정을 실천할 기회를 제공하기 위해, 그들의 팀은 이러한 기술을 연습할 기회를 제공해야 한다. 그래서 그들은 미래에 책임감 있는 사회 구성원으로 행동할 준비를 해야 한다.

협력 과정 전반에 걸쳐 가족들은 자녀에 대한 열망을 다루면서, 다른 그림이 그려질 수 있는 현실에 직면한다. 이러한 문제는 IEP 양식의 복잡성과 회의 상황을 둘러싼 감정과 결합하여 종종 IEP 팀 회의에서 가족이 역할을 수행하는 것을 방해하는 장벽을 만들 수 있다. 모든 IEP 팀 구성원의 목표는 공통점을 찾고 학생의 교육을 위한 지침 역할을 할 수 있는 교육적으로 건전하고 진정으로 개별화된 효과적인 문서를 개발하기 위해 함께 노력하는 것이다.

IEP 회의를 시작하기 위해, 팀원 모두가 자신이 학생의 이익을 위해 참석한다고 믿어야 하며, 모든 외부의 역할과 책임은 부차적이어야 한다. 학생은 IEP 회의 동안 협력의 주요 초점이기 때문에, 학생의 역량 강화와 궁극적인 리더십을 촉진하기 위해 학생중심계획student-centered planning을 사용함으로써 학생의 관점을 존중하는 것이 중요하다. 회의에 앞서, 학생과 가족들이 미래에 대한 그들의 비전에 대해 생각할 수 있도록 유도해 주어야 한다. 그러한 미래의 꿈을 이루기 위해서는 어떤 유형의 학교 경험이 필요한가? 그 학생은 독립적으로 살 것인가 아니면 보조가 필요한가? 학생은 어떤 유형의 일이나 직업을 성취하기를 열망하는 가? 이러한 질문에 대한 대답은 IEP 회의 내에서 논의의 기초를 마련한다. 은행에서 일하기를 원하는 미취학 학생에게, IEP의 초점은 돈을 세고 인식하는 방법을 배우는 것에 바탕을 둘 수 있다. 소방관으로 성장하고 싶은 행동장애가 있는 초등학생에게는 다른 사람들과 잘 지내는 방법을 배우는 것이 바람직한 기술일 것이다. 목표와 단기목표를 설정하는 것은 회의와 미래에 학생에게 제공할 서비스의 기반이 된다.

이러한 미래의 꿈은 모두 IEP 회의 안에서 펼쳐진다. 팀 토론은 종종 현재만을 생각하는 것으로 교착 상태에 빠질 수 있다. 집단적인 팀은 미래와 아동의 삶을 대표하는 큰 그림에 대한 시각을 명확하게 유지해야 한다. 학생이 성장하고 발전함에 따라 팀의 구성은 구성원들의 강점, 관심사, 그리고 삶의 목표를 반영하도록 진화할 수 있다. 이 장의 끝부분에서 논의되는 특수요인은 팀이 IEP의 다른 영역에서는 다루지 않지만, 목표와 단기목표를 개발하는 데 있어 팀이 취하는 방향에 영향을 미칠 수 있는 질문과 영역을 탐색하는 데 도움이 될 것이다.

1) 갈등 해결

갈등이 발생할 가능성은 인간의 상호작용에 내재해 있다. 갈등을 관리하는 것은 효과적인 협력에 필수적인 기술이다. 아동 요구에 대한 회의의 초점을 유지하는 것이 토론을 진전시키는 데 도움이 될 것이다. 이러한 대화를 자극하기 위해 IEP의 특수요인 구성요소는 대화를 시작하도록 유도하거나 도움을 주려는 것이다.

다양한 당사자들 간의 의견 불일치가 지속되면 몇 가지 조치를 할 수 있다. 마틴Martin(2017)에 따르면, 10가지 전략들을 사용하여 갈등을 전환할 수 있으며, 주요 초점은 학생과 학생의 요구에 맞춰져 있고, 이것이 회의의 이유이다. 또한 관심사에 대한 명확성을 추구하면서 합의된 영역을 다시 언급해야 한다. 추가적 정보를 수집한 후 회의를 중단했다가 다른 시간에 다시 시작할 수 있다. 의견 불일치를 지원하기 위해 새로운 또는 추가적인 자원과 인력을 포함할 수 있다. 필요한 경우, 팀을 위한 최선의 방향을 결정하는 데 도움이 되는 조정이 필요할 수 있다. 부모는 IEP 회의에 참석하는 것을 보여 주기 위해 IEP에 서명할 권리를 유지하지만, IEP의 서비스와 실행에 동의하는 것을 거부할 수 있다. 모든 팀원과 우호적인 관계를 유지하는 것이 아동에게 최선의 이익이다.

목표와 단기목표를 개발하는 것은 팀의 집단적 사고가 표현되어야 하는 활동으로 상호적인 과제이다. 팀은 아동 삶의 다양한 측면을 반영하는 다양한 관심사를 보여 준다. 각 팀 구성원은 학생의 IEP 결과(성공과 실패 모두)에 대한 책임뿐만 아니라 주요 의사결정에 대한 책임도 같이 공유한다. 각 팀원과 그들의 관점에 대한 상호 존중을 보여 줌으로써 팀은 아동의 삶에서 그들이 대표하는 역할을 존중하기 위해 노력할 수 있다.

5. 요약

IEP의 기반은 학생을 지원하고 학생의 학업적 성공을 돕는 데 필요한 서비스와 지원에 대한 지침을 제공하는 협력적인 팀이다. IEP 회의 준비에 [그림 3.1]의 체크리스트를 사용할 수 있다.

IEP 회의 준비:
협력적 팀 구성

회의 이전

☐ 부모/가족을 만나 긍정적인 관계를 맺는다.

☐ 학생의 강점(즉, 지식 자원^{funds of knowledge})을 파악한다.

☐ 현재 IEP 목표를 검토하고 주요 협력자를 식별한다.

☐ 팀에 추가할 사람이 있는지 확인한다.

☐ 통역사를 사용하는 경우 통역사를 만나 IEP 초점을 검토한다(제2장 참조).

회의 동안

☐ 모든 팀원을 소개하고 역할을 파악한다.

☐ 열린 소통의 분위기를 조성한다.

☐ 모두가 이해할 수 있게 전문 용어를 사용하지 않도록 구성원에게 권장한다.

☐ 모든 서면 및 구두 의사소통을 이해할 수 있는지 확인한다.

☐ 각 구성원의 참여와 감정 수준을 점검한다.

☐ 구성원이 현재 수준, 목표, 단기목표 및 최소 제한 환경에 동의하는지 확인한다.

☐ 통역사를 사용한다면, 적절한 통역 에티켓을 사용하도록 한다(제2장 참조).

회의 이후

☐ 부모를 포함한 모든 팀원과 회의의 효과성에 관해 설명한다.

☐ 학생과 함께 자기 옹호자로서 어떻게 했는지 검토하고 개선 방법을 논의한다.

☐ 모든 참가자에게 회의 문서 사본을 발송한다.

☐ 해결되지 않은 문제에 대해 후속 조치를 수행한다.

☐ 부모와 통역사의 사용과 그들이 회의와 주요 안내 사항을 이해했는지 확인한다.

[그림 3.1] IEP 회의 준비: 협력적 팀 구성

6. IEP 체크리스트: 특수요인

다음은 특수요인을 고려한 IEP 루브릭의 부분이다. 이러한 전반적인 쟁점은 IEP 팀의 대화에 영향을 미치고 목표와 단기목표를 형성하는 추가 대화의 장을 마련한다.

특별한 교수적 요인	논의 필요	
	예	아니요
아동이 자신의 학습이나 다른 사람의 학습을 방해하는 행동을 하는가?		
아동의 영어 능력이 제한적인가?		
아동이 맹이거나 시각장애가 있는가?		
아동에게 (농 또는 청각장애인을 위한) 의사소통 요구가 있는가?		
아동에게 보조공학 장치 및/또는 서비스가 필요한가?		
아동에게 특별히 고안된 체육 교육이 필요한가?		
아동의 주 차원 시험에 참여할 것인가?		

7. 활동

이 활동은 본 장의 내용을 더 깊이 이해하도록 돕기 위한 것이다. 본 장의 활동은 다음과 같다.

- 활동 3.1. 협력 고려사항
- 활동 3.2. 부모 면담

활동 3.1. 협력 고려사항

지원 장: 제3장(더 좋은 IEP를 위한 협력적 팀 구성)

목적: 이 활동의 목적은 학생의 요구를 충족시키기 위해 IEP를 설계할 때 협력에 대한 인식을 높이는 것이다.

지시사항: 장애아동을 고려한다. 팀과 협력하여 학생을 위한 교육 및 서비스를 계획할 때 고려해야 할 요소를 생성한다.

고려할 요소들	찬성	반대
일반학급에서 필요한 지원 수준		
필요한 물리적 지원(예: 이동성 요구, 강도, 내구성 문제)		
필요한 학업적 지원(예: 교육과정 수정 또는 내용 변경)		
물리적 접근(예: 무거운 연필, 경사판, 특수 좌석과 같은 수정된 장비)		
완전통합에 대한 교사의 신념		
필요한 교사 지원(예: 다른 수준의 교육과정)		

활동 3.2. 부모 면담

지원 장: 제3장(더 좋은 IEP를 위한 협력적 팀 구성)

목적: 이 활동의 목적은 IEP 회의에 앞서 IEP 과정과 자녀의 발달에 대한 부모의 관점을 더 잘 이해하는 것이다.

지시사항: 교사/교사 지원자는 장애아동의 부모를 면담할 것이다. 아동은 0~8세 사이이여야 한다. 적응행동, 사회성, 대소근육 운동, 언어와 인지 영역을 포함하여 아동의 발달 이력뿐만 아니라 배경 정보를 얻을 것이다. 면담자는 부모에게 적어도 다섯 가지 질문을 할 것이다. 부모의 응답을 이론이나 정보에 연결하여 내용을 작성한다. [그림 3.1]의 루브릭을 참조하라.

	비전문적 시도	허용 가능한 시도	훌륭한 시도
면담 보고서	관찰 요구사항에 대한 지침을 따르지 않았다. 발달 영역 및/또는 이론을 생략했다. 요약을 입력하지 않았다. 학기말 관찰에 대한 검증을 제공하지 않았다.	요건에 따라 관찰을 수행한다. 발달 영역은 이론과 같이 확인하였지만, 관찰 결과에 대한 요약이 모호하다.	요약과 관련한 지침을 제시했다. 발달 영역은 이론과 함께 명확하게 확인하였다. 요약은 본문의 정보와 명확한 연관성을 가지고 잘 작성되었다. 본문에서 제시한 이론에 대한 강력한 분석이 이루어졌다.

제2부

IEP 개발의 핵심 영역

제4장

현재 학업성취도 및 기능수행 수준

리사 M. 캠벨, 클라리사 E. 로자스, 로라 클라크

Lisa M. Campbell, Clarissa E. Rosas, and Laura Clarke

초점 학습 내용

- 공식 IEP 계획 이전에 취해야 할 구체적 단계
- IEP의 현재 학업성취도 및 기능수행 수준(PLAAFP)에 학생의 강점, 가정 문화, 언어 능력과 요구 제시의 중요성
- IEP의 양적 및 질적 정보가 의미 있는 목표로 작성되는 방식
- 현행수준PLAAFP에서 다문화CLD 아동의 강점과 요구에 일치하는 문화·반영적인 의미 있는 서술
- 학생의 학업적 진전을 위해 교사가 활용할 수 있는 지식 자원funds of knowledge 판별

일단 학생의 특수교육 적격성이 확인되면, 다음 단계는 장애학생이 교육 프로그램에서 성공적인 학습경험을 갖는 데 필요한 지원과 서비스 개요에 대한 계획을 개발하는 것이다(〈표 4.1〉 참조). 학생의 IEP에 설명할 서비스와 관련된 공식적 계획을 시작하기 전에 학생의 강점과 학습할 영역을 명확하게 설정하는 것이 필수적이다. 공식 IEP의 현행수준에 이 정보를 기록하며, 각 학생의 향후 교육 계획과 교육 서비스를 구축하는 기반이 되기 때문에 중요하다.

<표 4.1> 특수교육 서비스로 이어지는 단계

단계	요약 설명
의뢰 전	일반교육에서 학생의 진전과 관련한 우려 사항을 확인하고 우려 사항을 해결하기 위한 증거기반 중재에 대한 학생의 반응을 확인한다. 팀은 학생의 진전과 교사가 계속 중재할 필요가 있는지 또는 새로운 중재가 필요한지 검토한다.
의뢰	학생이 어려움이 있는 이유에 대한 정보를 수집한다. 팀은 추가 정보가 필요한 여부를 결정하여, 새로운 전략을 시도하고/시도하거나, 평가 의뢰 필요 여부를 결정한다.
판별	학생의 장애 여부를 결정하기 위해 학생의 진전에 대한 평가와 검토를 완료한다.
적격성	모든 평가 결과를 검토하여 장애가 아동의 교육 성과에 부정적인 영향을 미치는지, 특수교육 서비스를 받을 자격이 있는지를 결정한다.
IEP 개발	IEP 팀은 아동의 개별화된 교육을 명시하는 서면 계획을 작성한다.

1. 법적 관점의 이해

현행수준은 본질적으로 진전도를 측정하는 기준선이기 때문에 IEP의 가장 중요한 영역 중 하나이다. 현행수준은 또한 목표를 결정하는 틀을 제공한다. 현행수준을 더 잘 이해하려면 2004년 장애인교육개선법(IDEA)에 명시된 조항을 검토하는 것이 유용하다(PL 108-446). 특히 IEP는 다음 내용을 포함할 것을 명시하고 있다.

> ⑴ 다음 내용을 포함한 아동의 현재 교육적 수행 수준에 대한 진술
>   ⒤ 아동의 장애가 일반교육과정(즉, 비장애아동과 같은 교육과정)에 아동의 참여와 진전에 미치는 영향
>   ⒤⒤ 미취학 아동의 경우, 장애가 아동의 적절한 활동 참여에 미치는 영향(§ 300.347[a] 참조)

이것이 정확히 무슨 의미인가? 현행수준 진술에 따라 IEP의 다른 정보 대부분이 결정되기 때문에 이를 완전하고 정확하게 이해하는 것이 중요하다.

간단히 말하면, 법은 학생이 할 수 있는 것을 개략적으로 설명하는 IEP에 뒷받침할 관련 자료에 기반하여 명확한 진술을 제시할 것을 요구한다. 이 진술은 학생의 강점, 현재 수행 수준, 능력 및 요구를 포괄적으로 다루기 위한 것이다. 가장 중요한 자료와 정보는 IDEA의

평가 및 적격성 조항(제300.301항~제300.311항)에 따라 수행하는 완전하고 개별적인 학생 평가를 반영한다. 또한 미국 교육부(2010)의 질의응답 문서는 IEP의 현행수준이 IEP에 명시된 목표 및 서비스와 직결된다고 설명했다. **앤드류 대 더글라스 카운티 학군**Endrew F. v. Douglas County School District(2017) 판결 이후, IEP 팀은 IEP가 어떻게 학생이 진전을 이루도록 합리적으로 계산되었는지에 대한 명확하고 설득력 있으며 대응적인 설명을 제시해야 한다. 따라서 현행 수준에서는 적격성, 강점 및 요구 영역과 관련된 학생의 기본 수행을 명확하게 설정해야 한다(Yell & Bateman, 2020). 결과적으로, IEP 팀은 아동의 학업 및 기초선 수행을 정확하게 문서화하는 것이 중요하다. IEP에 이 중요한 정보를 문서화하는 방법은 다양하다. 일부 주에서는 현행수준을 하나의 포괄적인 요약으로 작성하도록 요구하는 반면, 다른 주에서는 학생의 수행 수준을 학생의 필요 영역에 따라 여러 개의 작은 설명으로 작성하도록 요구한다. 개별 주들의 문서 요건과는 무관하게 IDEA에 명시된 기본 요건이 있다. 이러한 기본적인 요구사항은 이 책의 부록에 있는 체크리스트(브룩스 출판사 다운로드 허브에서도 제공됨)에 명시되어 있으며, 이 체크리스트는 학생의 현재 학업성취도 및 기능수행, 학생의 강점과 요구, 그리고 학생의 장애가 교육 수행에 미치는 영향을 설명한다.

 IDEA'의 핵심 요소

- **무상의 적절한 공교육**FAPE. 학생은 공교육 기관에서 무상으로 자신의 교육적 요구를 충족하는 방식으로 교육받아야 한다.
  - 거부 금지Zero Reject. 학교는 아동 요구의 심각성 때문에 교육을 거부할 수 없다.
- **최소 제한 환경**LRE. 학생은 전형적인 또래들과 가장 유사한 방식으로 교육을 받는다.
- **절차적 안전장치**(정당한 절차due process). 가족은 자녀의 배치, 서비스, 교육 계획에 동의하지 않을 권리가 있고 학군을 법정에 세울 수 있다.
- **부모 참여**(공유된 의사결정). 부모는 자녀 교육팀의 일원으로 참여할 권리가 있다.
- **비차별적 평가**. 학교는 타당하고, 신뢰할 수 있고, 문화적으로 관련성이 있고, 언어적으로 적절한 조치를 사용하여 장애의 모든 의심스러운 영역에서 학생을 평가하기 위해 팀 접근방식을 사용해야 한다.
- **개별화 교육 프로그램**IEP. IEP 팀은 현재의 평가 정보를 평가하고 각 장애학생의 고유한 교육적 요구를 충족하도록 설계한 서면 문서를 작성한다.

2. 학업성취도와 기능적 수행

IDEA 2004에서 **학업성취도**와 **기능적 수행**이라는 용어를 언급하였지만, 법률 내에서 구체적으로 정의하고 있지 않다. 그러나 두 용어 모두 미국 교육부 문서에 포함되어 있다. 연방 장애아동 교육 및 유치원 보조금 등록부Federal Register for Assistance to States for the Education of Children With Disabilities and Preschool Grants for Children With Disabilities(U.S. Department of Education, 2006)의 논평은 "학업적 성취는 일반적으로 학업 영역(예: 읽기, 국어, 수학, 과학, 역사)에서 아동의 수행을 의미한다."고 언급했다(71 Fed. Reg. at 46662). 수업으로 이어질 수 있는 의미 있는 목표와 단기목표를 진술하기 위해 학생의 수행을 질적 및 양적으로 모두 기록해야 한다. 현행수준은 IEP가 초기 평가나 목표와 단기목표에 대한 연간 진전 상황에 기초하는지 여부를 반드시 기술해야 하고 구체적이어야 한다. 현행수준의 정량적 부분은 자료data를 사용하여 특정 기능 수준을 설명하는 반면, 정성적 부분은 학생의 현재 수행 수준을 설명한다. 현행수준은 IEP 목표와 단기목표의 개발을 주도하기 때문에 학생의 수행 수준을 질적, 양적으로 문서화하여 의미 있고 준수한 목표와 단기목표를 개발하는 데 필요한 정보를 제공한다.

현행수준은 학업적인 고려사항뿐 아니라 사회적, 정서적, 행동적 및 기능적 문제 역시 포함한다. **기능적 수행**은 학생들이 일상생활에서 일상적인 활동을 수행하는 데 필요한 필수적이고 핵심적인 기술로서 의사소통, 학업적 언어, 이동성, 행동, 사회적 기술을 포함한다. 따라서 IEP의 이 영역에서는 학생의 문화적 및 언어적 특성을 고려하는 것이 중요하다. 또한 현행수준 자료는 모든 학생, 특히 더 심각한 인지적 및 신체적 장애학생의 독립적인 생활에 필요한 비학업적 기술을 반영하는 것이 중요하다. 학생의 현행수준에 대한 설명은 IEP 팀 구성원이 수집한 학생의 영역의 자료를 기반으로 하며 다음과 같은 중요한 구성요소를 포함한다.

- 학생의 강점
- 영어 및 모국어 능력 수준
- 교육 언어(가정/현지어 또는 지원을 포함한 영어)
- 학생의 학업 및/또는 기능적 요구
- 학습할 영역
- 학생의 학습에 도움이 되는 지원
- 아동의 학습을 방해하는 제한점
- 목표에 대한 기초선 설정에 필요한 유효하고 신뢰할 수 있는 객관적인 현재 평가 자료;

이 기초선은 적절하게 도전적인 목표를 설정했는지 확인하는 데 중요함
- 아동의 장애가 일반교육과정(즉, 장애가 없는 학생을 위한 교육과정)에 참여하고 진전하는 능력에 어떤 영향을 미치는지 또는 미취학 아동의 경우, 장애가 연령에 적절한 활동 참여에 어떤 영향을 미치는지
- 부모의 의견 및 우려 사항

1) 현재 학업성취 수준 결정을 위한 특별한 고려사항

학생의 현재 학업성취 수준을 개발하는 데 있어서, IEP 팀은 적격성 영역에 기초한 학생의 강점과 요구뿐만 아니라 학생의 행동이 자신과 타인의 학습에 어떤 영향을 미칠 수 있는지를 고려하는 것이 중요하다.

(1) 학생의 장애와 관련된 행동

IEP 팀은 학생이나 타인의 학습을 방해할 수 있는 행동을 고려할 때 학생의 학업 문제에 대한 좌절로 인해 발생하는 **외현화 행동**과 같은 요소를 고려해야 한다. 예를 들어, 읽기 유창성에 특정한 학습장애 학생이 능력 이상의 읽기 지문을 받았을 때, 한 학생은 선생님에게 욕을 하고 책을 던지지만, 같은 장애가 있는 다른 학생은 종이를 찢어버릴 수 있다. 좌절감 때문에 일어나는 **내재화 행동**도 학생의 학습에 영향을 미칠 수 있다. 예를 들어, 읽기 유창성에 특정한 학습장애가 있는 다른 학생들은 고개를 숙이고 능력 수준 이상의 지문을 보는 것을 거부하거나 첫 문장에 너무 압도되어 한 문장을 해독하려고 전체 읽기 시간을 보내고 진도를 나가거나 도움 요청하기를 하지 않을 수 있다.

(2) 외상

특히 학생의 장애와 관련된 행동 외에도, 많은 학생은 개인적인 삶에서 학습에 영향을 미칠 수 있는 어느 정도의 외상trauma을 갖고 있다(National Child Traffic Stress Network [NCTSN], 2012). **아동기 외상**은 다른 불리한 경험 중에서도 아동이 폭력(신체적, 성적 또는 심리적), 학대, 생명에 대한 위협 또는 타인의 죽음을 경험하는 것으로 정의한다(Pinderhuges et al., 2015). 외상적인 삶traumatic life의 사건은 본질적으로 복잡해서 학생의 학습과 행동에 미치는 영향을 분리할 방법이 없다(NCTSN, 2012). 학생들은 외상에 대해 광범위한 사회적, 정서적, 행동적 반응을 보일 수 있고, 교실 학습에 참여하는 능력에 영향을 미칠 수 있는 외상 유발 요인을 가질 수 있다. 아동기 외상의 영향이 광범위할 수 있어서, 학생이 삶에서 학습에 영향을 미칠 수 있는 외상을 경험했는지 고려하는 것이 중요하다.

(3) 문화적 및 언어적 배경

학생의 문화적, 언어적 배경을 고려하는 것도 마찬가지로 중요하다. 현행수준을 위한 자료를 수집할 때, IEP 팀은 문화적 유산과 언어적 배경에 따라 학생이 가질 수 있는 강점과 요구를 고려해야 한다. 이중언어 가정의 일부 학생들에게, 그들의 언어 능력은 구어에 대한 더 높은 이해를 도울 수 있고, 이것은 강점일 수 있다. 다른 학생들은 모국어와 영어에서 언어결손이 있을 수 있는데, 이는 자료를 수집하고 분석해야 하는 교육 요구 영역이 될 것이다. 다문화(CLD) 배경을 가진 학생들에게, 모국어와 영어뿐만 아니라 문화적 자질에 대한 언어 능력을 포함하는 것이 중요하다. 구소련의 유명한 심리학자 비고츠키Vygotsky는 학생의 가정 문화와 언어 사이의 연관성과 새로운 문화 및 언어의 습득에 대한 기초적인 이해를 제공하는 사회 문화 이론을 개발했다. 비고츠키는 학생이 근접 발달 영역Zone of Proximal Development(ZPD)에 있을 때 인지 발달이 일어난다는 이론을 제시했다. ZPD는 학생이 독립적으로 할 수 있는 것과 더 많은 지식을 가진 사람의 지도와 지원으로 할 수 있는 것의 차이를 말한다. 언어 발달은 두 가지, 즉 1) 성인이 아동에게 정보를 전달하는 수단의 역할과 2) 지적 적응을 위한 도구의 역할을 한다. 비고츠키는 언어가 목적 있는 의사소통을 위한 사회적 상호작용으로부터 발전한다고 가정했다. 따라서 언어는 ZPD 수준에서 학생의 요구를 해결하기 위한 기초이기 때문에, IEP 팀은 현행수준에 학생의 모국어와 영어의 언어 능력 수준을 포함하는 것이 중요하다.

또한 가정 문화를 학교 기반 실제school-based practices와 통합하면 다문화(CLD) 학생들이 사전 지식과 경험을 활용하여 새로운 내용과 개념을 더 잘 이해할 수 있어서 IEP 팀은 가정 문화를 현행수준에 포함해야 한다. 문화적 관련성 관점에서, 대부분의 학교 기반 실제는 중산층 규범에 기반을 두고 있어서, **지식 자원**funds of knowledge2)이라고 하는 학생의 가정 문화를 활용하는 것은 학습 기회를 증가시키고 수업을 더 쉽게 이해하게 한다. 따라서 문화를 반영하는 IEP 팀은 학생의 지식 자원을 현행수준에 포함해 학업적 성취도와 기능적 수행 모두를 다루어야 한다. 다음의 과제 시나리오는 다문화(CLD) 학생을 위한 읽기에서 현행수준의 예를 보여 준다.

---

2) (역자 주) 지식 자원funds of knowledge은 미국 애리조나주 투손의 미국-멕시코 가정에서 명백하게 나타난 능력, 지식의 본체, 자산과 문화적 상호작용 방식의 역사적 축적을 설명하기 위한 개념(Moll, L., C. Amanti, et al., 1992)이다(Vélez-Ibáñez and Greenberg, 1992). 지식 자원은 가족의 일상과 일과에 내재된 필수적인 문화적 실제와 지식의 본체이다. 이 접근법은 문화 반영적인 프로그램 개발을 돕는다.

과제 시나리오

알렉스^{Alex}는 2020년 4월 르네상스 초기 문해력^{Renaissance Early Literacy} 측정을 완료했고 684점을 받았다. 이는 학년 초에 받은 518점보다 166점이 증가한 것이다. 척도 점수는 세 가지 발달적 읽기 단계(읽기 출현단계^{Emergent Reader}: 300 – 674, 읽기 전환단계^{Transitional Reader}: 675 – 774, 읽기 완성단계^{Probable Reader}: 775 – 900)와 관련된다. 척도 점수 684점은 알렉스가 이제 읽기 전환단계 수준에 도달했다는 것을 의미한다. 알렉스는 알파벳을 정확하게 판별할 수 있고 글자와 소리의 관계를 이해할 수 있다. 알렉스는 대부분의 시작과 끝 자음, 장모음과 단모음을 인식한다. 그리고 소리와 단어 부분을 혼합하여 간단한 단어(CVC 및 CVCe)를 읽을 수 있다. 알렉스는 그림, 이야기 패턴, 파닉스와 같은 단어들을 알아내기 위해 다양한 전략을 사용한다. 알렉스의 추정 구술 능력은 24였다. 이것은 분당 24단어를 읽을 수 있다는 의미인데 평균적인 2학년 학생들은 분당 86단어를 읽을 수 있다. 읽기 유창성은 글을 효율적으로 이해하는 데 중요한 기술이다.

부모님은 알렉스가 스페인어로 읽는 것을 좋아하고 종종 책에 있는 사진들을 이용하여 그의 여동생에게 이러한 이야기들을 다시 들려준다고 한다. 알렉스는 그 집의 큰아이여서 여동생들의 숙제를 봐주어야 한다. 이 시간 동안 알렉스는 스스로 숙제를 완료하는 것보다 가정 내 임무를 선호한다. 여동생들에게 스페인어나 영어로 질문을 받으면 느리지만 주로 스페인어로 대답한다. 부모님은 알렉스가 오빠가 되는 것과 여동생들을 돌보는 책임을 즐긴다고 한다.

알렉스는 사회적 상황에서 사소한 오류가 있는 의사소통 능력을 통해 알 수 있듯이 제2언어 습득의 초급 유창성 수준에 있다. 그는 맥락적 단서에 의존하여 학업적 어휘를 이해한다. WIDA ACCESS 테스트를 기반으로 알렉스는 전반적인 영어 실력에서 출현단계^{Emerging}(2단계)에 도달했다. 다음은 각 영역에 대한 알렉스의 언어 능력이다.

- **듣기**: 2단계 – 알렉스는 익숙한 주제에 대한 구어 대화를 이해하고 참여한다. 시각적 지원을 통해 2단계에서 3단계의 지시를 따를 수 있다.
- **말하기**: 2단계 – 알렉스는 짧은 문장과 간단한 어휘를 사용하여 영어로 아이디어와 정보를 공유할 수 있다.
- **읽기**: 2단계 – 알렉스는 간단한 글과 그림으로 이야기의 연속적인 사건을 추적할 수 있다.
- **쓰기**: 1단계 – 알렉스는 그림과 단어와 구문 따라쓰기를 통해 개념을 전달할 수 있다.

시나리오 성찰

과제 시나리오를 기반으로 다음에 관한 생각을 기록하고 토론하시오.

- 현행수준에서 아동의 문화적 배경을 진술하는 것의 중요성에 대해 논의한다.
- IEP 팀이 아동의 모국어와 영어의 언어 능력 수준을 아는 것이 왜 중요한가?

  현행수준을 구성할 때, 학업 및 기능적 수행과 문화적 및 언어 능력 수준을 제시하는 것은 수업 목적에 의미 있는 목표를 개발할 수 있는 중요한 정보를 제공한다. 과제 시나리오 예제에서는 읽기 수준(전환)과 알렉스가 가장 잘 학습하는 조건(소그룹, 시간 연장, 스페인어 지침 및 시각적 지원)이 모두 제공되었다. 이 정보와 알렉스의 지식 자원(큰아이의 책임)을 통해 IEP 팀은 알렉스의 읽기 부족을 해결하는 목표를 문화 반영적인 방식으로 판별할 수 있으며, 이는 교육에도 도움이 될 것이다.

2) 기능적 진단평가

  추가적인 규정은 **기능적 수행**이 "학업적으로 고려하지 않거나 아동의 학업성취와 관련이 없는 기술이나 활동"을 의미한다는 점에 주목한다. 이 용어는 "일상생활의 일상적인 활동 맥락에서 종종 사용한다"(71 Fed. Reg. at 46661; p. 46661). 또한 규정은 "아동의 기능적 기술을 측정하는 데 사용하는 평가 절차는 다른 모든 평가 절차와 같은 타당성과 신뢰성 기준을 충족해야 한다"고 요구하고 있다(71 Fed. Reg. at 46661). 따라서 평가는 아동의 기능적 기술을 판별하기 위해 연구를 통해 효과적이고 일관성이 있다고 입증된 평가 도구의 타당한 사용을 보장하는 훈련과 전문지식을 갖춘 사람이 관리해야 한다.

3) 기능적 수행을 위한 특별한 고려사항

  특수교육의 두 가지 근본적인 목적은 학생들이 그들의 잠재력을 최대한으로 발전시키는 것과 사회의 독립적인 구성원이 되는 것이다. 기능적 기술은 특수교육의 이 두 가지 목적을 지원하는 역량이지만, 가정에서 자녀에 대해 가진 다른 목표와 상충할 수 있다. 예를 들어, 일부 문화권에서는 가족이 평생 장애아동을 집단적으로 돌본다고 볼 수 있으므로, 독립적 생활을 지원하는 기능적 기술은 가족 구성원이 지지하지 않을 가능성이 크다. 또한 학생의 기능적 수행을 고려할 때 문화적 규범과 가치가 기능적 수행에 영향을 미치기 때문에 IEP 팀은 문화적 차원을 고려해야 한다. 예를 들어, **고맥락 문화**high-context cultures(예: 전통적인 히스패닉/라틴계)는 단어 사용보다 비언어적 의사소통에 더 의존하는 반면, **저맥락 문화**low-context cultures(예: 미국 문화)는 메시지를 전달하기 위해 언어적 의사소통에 의존한다. 따라서 비언어적 단서에 자주 의존하는 고맥락 문화권의 학생들은 침묵의 시간이 길어질 수 있으며, 이는 기능적 수행의 부족으로 오해될 수 있다. IEP 팀은 기능적 기술에 포함된 가치와 규범이 가족의 가치와 규범에 문화적으로 반응하는지 확인하기 위해 문화적 차원에 대해 가족과 협의하는 것이 중요하다. 모든 관련 문화적 및/또는 언어적 차이는 학업적 및 기능적 수행평가의 맥락 안에서 주목해야 한다.

4) 현행수준의 추가적 차원: 위기 대처 수준 고려

현행수준에 대한 기능적 자료를 수집하고 고려하기 때문에 위기 시 학생의 대응 능력을 고려하는 것도 중요하다. 위기는 화재에서 자연재해(예: 토네이도, 허리케인, 홍수), 인위적인 위기(예: 지역사회 폭력, 학교 폭력)에 이르기까지 광범위한 상황에서 발생할 수 있다.

많은 장애학생이 위기에 대처하는 것에 있어서 기술적인 결함을 가지고 있다. 빠르게 변화하는 상황에 대응하는 어려움에서부터 위험한 상황을 처리하고 피할 수 있는 능력에 이르기까지, IEP 팀은 학생 개인의 안전 유지 능력을 고려하고 학생의 생명을 구하는 안전 기술 습득을 지원하는 계획을 수립하는 것이 중요하다(Clarke et al., 2014).

〈표 4.2〉는 현행수준에 포함해야 하는 위기 고려사항을 제공한다.

<표 4.2> 현행수준: 학생의 위기 대처 고려사항

현행수준 영역	강점 및 요구 고려사항
의사소통	학생은 위기 용어 이해와 다단계 지시 따르기, 구두나 의사소통 장치로 질문에 응답하기가 가능한가?
감각	학생이 지시에 따르고 실내 대피하기 위해 반드시 충족해야 하는 감각적 요구가 있는가? 학생이 위기에 대응하는 방식에 영향을 줄 수 있는 시각이나 청각적 차이가 있는가? 경로에서 장애물을 보고, 위기의 소리를 들을 수 있는가?
행동	학생이 지시에 따르거나 일상적 일과나 시각적 일과가 아닌 새로운 일과에 반응하는 능력에 영향을 미칠 수 있는 행동상의 우려(예: 불안, 우울, 적대적 반항, 강박장애, 자폐증)가 있는가?
의료	학생에게 장기적인 실내대피로 영향을 받을 수 있는 의료적 요구(예: 인슐린, 산소, 석션)가 있는가?

과제 시나리오

　다음 시나리오에서 두 명의 교사가 현행수준을 포함하여 제러드^{Jarod}의 IEP를 이해하려고 한다. 자세히 설명된 상호작용을 검토하고 성찰하시오.

　　가브리엘 선생님: 제가 작성한 제러드의 IEP를 볼 기회가 있었나요? 저는 현행수행 및 기능 수준에 대한 첫 번째 부분을 제외한 전체 IEP 메모를 준비했어요. 첫 번째 부분은 그게 무슨 뜻인지 잘 몰라서 마지막으로 남겨두었어요. 오늘 선생님과 만나는 것을 알고 있었기 때문에 그 부분에 대해서는 몇 문장만 정리하면 될 것 같아서요.

　　카스티요 선생님: 오, 그래요. 맞아요. 좋은 생각이네요. 그런데 현행수준을 설정하지 않고 어떻게 목표나 단기목표를 제안하셨나요?

　　가브리엘 선생님: 음, 저는 몇몇 다른 IEP를 살펴보았고, 목표와 단기목표로 작성한 모든 것이 측정 가능한 진술인지 확인했어요. 제가 볼 때는 잘 된 것 같아요. 그 내용을 보시겠어요?

　　카스티요 선생님: 목표와 단기목표 말씀이세요? 물론이죠, 하지만 제러드의 현행수준을 설정하지 않았다면 어떤 게 적합할까요?

　　가브리엘 선생님: 선생님 말씀이 어떤 의미인지 잘 모르겠어요. 제가 그 부분을 정말 이해하지 못하는 것 같아요. 그럼 어떻게 시작할까요?

　　카스티요 선생님: 음, 제가 IEP의 이 부분을 항상 완벽하게 이해해 왔다고 확신할 수는 없지만, 목표와 단기목표는 학생이 무엇을 할 수 있는지에 대한 현재의 관찰과 학생의 강점과 약점을 제시하는 자료에서 나와야 한다고 알고 있어요. 제 말은, 현재는 지금, 바로 지금 일어나는 것을 말해요. 그렇죠? 그래서 제러드의 현재 자료, 진단평가, 평가, 수업자료, 이런 것들을 보는 것이 중요할 거예요. 거기서부터 시작하죠.

　　가브리엘 선생님: 아, 제가 생각했던 것보다 훨씬 더 상세하게 나오겠는데요. 제가 제시한 목표, 단기목표, 특수교육에 대한 제안이 제러드가 잘하는 것을 포함해서 여러 가지 요소들에 따라 많이 달라질 수 있다는 말인 것 같아요. 와, 그 부분은 제가 생각했던 것과는 아주 다르네요.

　　카스티요 선생님: 그렇죠. 제가 배운 가장 중요한 것은 강점과 개선해야 할 부분을 정의하는 객관적인 정보가 있는지, 그리고 그것들이 제러드의 일반교육과정에

서의 발전을 위한 능력에 어떤 영향을 미칠지 확인하는 거예요. 또한 이 부분에 대해서는 가족들에게 정보를 얻고 제러드의 현재 수준을 교육 서비스에 어떻게 반영하기를 바라는지에 대한 의견을 얻는 것이 중요해요.

가브리엘 선생님: 그것도 말이 되지만, 예전에는 정말로 제가 학생들에 대해 알고 있다고 생각했던 것들을 바탕으로 제 의견을 쓴 것 같아요. 그리고 그다음에는 가족들이 저의 생각과 계획에 거의 동의했고요.

카스티요 선생님: 네, 많은 선생님이 그렇게 하시는 것 같아요. 제러드의 계획을 함께 세우고 부모님들과 협력해서 완성해 봐요. 그러면 우리 둘 다 앞으로 이 과정을 훨씬 더 잘할 수 있을 거예요.

시나리오 성찰

과제 시나리오를 기반으로 다음 질문에 관한 생각을 기록하고 토론하시오.

- IEP에서 학생의 현행수준 작성을 시작하려면 어떤 정보를 수집해야 하는가?
- IEP의 다른 영역을 완료하기 전에 명확하고 측정 가능한 현행수준을 설정하고 작성하는 것이 중요한 이유는 무엇인가?
- 학생의 장애가 일반교육과정 참여에 어떤 영향을 미치는지 적시하는 것이 중요한 이유는 무엇인가?
- 학생의 현행수준을 팀의 다른 사람들에게 전달하고 IEP에 서면으로 전달하는 주된 목적이 무엇이라고 생각하는가?

멈추고 생각하기!
- 교육을 계획하기 위해 현재 학업성취도 및 기능수행 수준을 어떻게 사용할 것인가?
- 기능적 수행과 학업성취도 간의 관계를 고려할 필요가 있는가? 답을 설명하시오.
- 문화와 언어 능력이 교수에 어떤 영향을 미치는지 설명하시오.
- 심각한 신체적, 행동적 또는 정서적 장애학생의 위기 대처 계획의 지원 방식을 설명하시오.

3. 향상 목표 영역

아동의 교육 요구에 대한 계획을 세우기 위해서는 아동의 현재 학업적 및 기능적 수행 수준을 명확하게 파악하는 것이 중요하다. 이 계획은 향상할 영역을 파악하는 것으로 시작한다. 다문화(CDL) 아동들의 문화를 반영하기 위해서는 아동의 장점을 성찰하고 문화와 언어 능력을 기록하는 것이 필수적이다.

1) 기초선 자료

IEP에서 학생의 현행수준을 상세히 설명하는 중요한 목적은 IDEA의 요건을 준수하는 것이다. 그러나 똑같이 중요한 IEP의 현행수준의 목적은 개별 아동 각각에 대한 적절한 목표, 단기목표, 서비스, 지원, 조정, 적응 및 배치를 계획하는 기초를 마련하는 것이다. 특수교육 및 관련 서비스를 통해 다룰 아동의 독특한 요구는 이 영역의 시작 부분에서 의도적으로 제시한다. 다른 영역을 완성하기 위한 예비 단계로서 이 영역을 다루면 목표와 단기목표/벤치마크, 궁극적으로 IEP의 다른 중요한 법적 요건인 구성요소를 개발하기 위한 출발점이 될 측정 가능한 정보의 기초선이 수립된다. IEP 목표를 달성하기 위한 학생의 진전상황을 점검하는 것은 이러한 요건 중 하나이다. 따라서 진전도 점검을 위해서는 명확한 기초선 자료를 확보하는 것이 중요하다. 학업성취도를 고려할 때, 학생의 평가 자료뿐 아니라, 구체적인 하위 검사 수행 수준을 포함하는 것이 필수적이며, 학생이 충족한 기준과 여전히 충족해야 할 기준은 어떤 것인지를 고려하는 것도 중요하다. 2000년대 초반부터 IEP는 장애학생이 학업 내용 기준을 충족할 수 있도록 최선의 특수교육과 기준중심교육standards-based education 을 결합한 중요한 문서로 발전해 왔다(Samuels, 2012).

2) 부모의 정보

IEP 팀의 동등한 구성원으로서, 부모와 가능한 경우 학생은 현행수준의 세부 사항을 판별하는 데 도움을 주어야 한다. 가족과 학생은 학생의 학업적 및 개인적 강점, 흥미와 관련된 통찰을 공유할 수 있을 뿐만 아니라, 학교에서 배우는 기술이 가정과 삶으로 전이되고 있는지도 보고할 수 있다. 또한 가정 문화와 언어에 대한 가치 있는 통찰도 제공할 수 있다. 부모 및/또는 가족 구성원은 이러한 중요한 통찰력을 가진 유일한 사람이므로, 신중하고 정확한 문서는 이러한 통찰력을 반영하여 실제적인 현행수준이 될 수 있도록 해야 한다. IEP 팀은 학생과 가족이 수립한 특수교육 서비스에 대한 비전과 바람직한 결과, 일반교육과정의 기대, 현행수준 등을 고려할 때, 일반교육과정에서의 진전을 방해할 수 있는 장애물을 사전에 해결할 계획을 세우며, IEP의 목표와 단기목표를 달성하기 위한 명확한 경로를 설정할 수 있다. IEP 과정에서 부모의 참여가 중요한 것은 분명하지만, 부모가 자신의 요구를 말로 표현하지 않는 등 학교의 기대와 다르게 보인다면, 이것은 문화적 배경과 이전 학교에서의 경험을 반영하는 것일 수 있다. 학교 직원들은 가족이 IEP 과정에 줄 수 있는 가치 있는 지식을 인식하고 그 과정에 참여하도록 격려하는 것이 중요하다. 많은 다문화(CLD) 가족에게 이러한 격려와 참여는 가족과의 관계를 발전시키고, 자녀에 대한 중요한 정보를 전달할 때 그들이 선호하는 언어를 사용하는 것으로부터 시작된다. IEP 회의에서 논의된 정보를 모든 구성원이 이해할 수 있고, 이해하도록 하기 위해서는 통역사를 사용하는 것이 중요하다(제2장 참조).

🖐 멈추고 생각하기!

일부 학군은 현행수준을 IEP의 학업 영역으로 세분화한다. 또한 이 현행수준은 학생의 강점, 부모의 정보, 기초선 자료, 문화적 차원, 가정과 영어 숙련도, 의사소통 또는 보조공학, 학생의 학업 및 기능적 요구가 일반교육과정 참여와 진전에 어떻게 영향을 미치는지를 고려해야 한다. IEP의 현행수준을 세분화한 다음의 예를 고려해 보라. 이 장에서 논의한 모든 요건이 포함되어 있는가? 답변을 설명해 보라.

> 학년도 4분기 동안 기본적인 일견 단어 목록을 제공했을 때, 피에르Pierre는 100개 중 60개를 정확하게 판별했다. 피에르는 한 음절 단어를 정확하게 판별하는 데 성공했다. 4분기 동안 5학년 읽기 자료 중 145단어의 지문을 주었을 때, 피에르는 60단어를 정확하게 읽었고, 동료들은 분당 평균 139단어를 읽었다. 피에르는 의미를 얻기 위해 문맥의 단서를 사용한다. 피에르는 단어를 익숙한 패턴으로 나누는 독해 전략을 독립적으로 사용하지 않으며, 이는 다른 내용 영역 학습에 영향을 미친다. 6학년 학생들은 목적에 맞게 속도 조절하기, 훑어 읽기skimming, 찾아 읽기scanning, 계속 읽기, 회고하기, 메모나 요약하여 자신의 이해 점검하기를 할 것이다. 피에르의 느린 읽기 속도는 모든 교과 영역에서 수업 시간 내에 읽을 수 있는 자료의 양에 영향을 미치고, 이는 이해력에 영향을 미친다. 피에르의 부모는 시각적 지원 자료가 있고, 자료를 읽어주면 읽기가 포함된 과제를 완료할 수 있다고 말한다.

3) 목표 자료

학생과 가족이 제공할 수 있는 중요한 정보 외에도, 현행수준을 작성할 때 공식적인 평가 자료를 고려해야 한다. 그러나 다문화(CLD)이고 학업적 영어에 능숙하지 않은 학생의 경우, 공식 평가에서의 성과는 종종 학업 능력이나 성과의 진정한 반영이 아니므로 학생의 주 언어를 평가하는 것이 중요하다. 아동이 특수교육 서비스를 처음 접하는 경우, 평가 자료는 지능, 학업성취도, 영어 및 모국어 능력, 그리고 예인성(예: 시각, 청각)을 평가하는 검사와 같은 최초 적격성 평가에서 실시한 공식적인 검사와 관찰로 얻을 수 있다. IEP를 검토하고 수정하는 경우, 평가 자료는 연중 수행되는 모든 공식적·비공식적 평가에서 얻을 수 있다.

IEP 작성에 사용하는 평가 정보는 목표, 단기목표 및 벤치마크를 위한 정보의 기초선 역할을 하므로 학업적 · 비학업적 영역 모두에서 현재 측정이 가능하고 객관적이며 기능적이어야 한다. 또한 학생의 가장 최근 평가 또는 재평가 결과(예: 공식적 · 비공식적 교육 성과 자료, 주 및/또는 지역 평가)를 포함해야 한다. 평가 결과에는 학생의 학업 및 행동 수행 수준에 대한 진단검사 또는 기타 전문적으로 설계된 검사의 정량화 가능한 자료를 포함해야 한다. 평가 결과는 구체적이어야 할 뿐 아니라, 결과가 학생의 수행 수준과 평가 결과가 갖는 교수적 관련성도 논의해야 한다.

IEP 팀은 다문화(CLD) 학생의 언어 능력 평가 결과를 현행수준에 포함하도록 주의를 기울여야 한다. 이 정보는 IDEA 요건을 충족하는 데 필요할 뿐만 아니라 학생의 고유한 요구를 충족하는 목표와 교육과정 개발에도 필요하다. 대부분의 학교는 학생의 언어 능력을 알아보기 위해 두 가지 유형의 평가를 한다. 첫 번째 유형은 가정에서 사용하는 언어를 판별하는 모국어 조사/설문조사로 구성된다. 그것은 아동이 영어 외에 다른 언어에 노출될 수도 있다는 것을 학교에 알리는 역할을 한다. 두 번째 유형은 아동의 모국어와 영어 능력에 대한 공식적인 측정을 하는 것이다. 다음은 이용할 수 있는 가장 일반적인 언어 능력 측정 척도 목록이다.

- 자연어 기초 목록Basic Inventory of Natural Language(Herbert, 1986): 30가지 유형으로 제공
- 베르실 초 · 중등 스페인어 검사Ber-Sil Elementary and Secondary Spanish Tests(Beringer, 1976): 스페인어, 타갈로그어, 일로카노어, 광둥어, 만다린어, 한국어 및 페르시아어로 제공
- 이중 언어 구문 척도 I 및 IIBilingual Syntax Measure I and II(Burt et al., 1980): 스페인어와 영어로 제공
- 이중 언어 언어 능력검사-표준 업데이트Bilingual Verbal Ability Tests-Normative Update(Muñoz-Sandovalet al., 2005): 15개 언어로 제공
- 보엠 기본 개념 검사Boehm Test of Basic Concepts-제3판(Boehm, 2001): 영어 및 스페인어로 제공
- 언어 평가 척도-구술Language Assessment Scales-Oral(De Avila & Duncan, 1991): 스페인어 및 영어로 제공
- 초기 언어발달 검사Prueba de Desarrollo Initial de Lenguaje(Hresko et al., 1982): 스페인어로 제공
- 스페인어 문법 선별검사Screening Test of Spanish Grammar(Toronto, 1973): 스페인어로 이용 가능
- 피바디 이미지 어휘 검사Test de Vocabulario en Imagenes Peabody(Dunn et al., 1986): 스페인어로 제공
- 우드콕 무뇨즈 언어 조사Woodcock-Muñoz Language Survey-제3판(Woodcock et al., 2017): 스페인어 및 영어로 제공

공식적 평가가 언어 능력에 대한 중요한 정보를 제공하지만, 비공식적 평가 또한 언어 발달에 중요한 정보를 제공한다는 것에 유의할 필요가 있다. 언어를 배우는 것은 다양한 환경에서 이루어지기 때문에, 학생이 모국어와 영어를 어떻게 발달시키고 있는지를 평가하는 것이 중요하다. 가족 면담, 가정 방문, 사회적 상황에서 또래 친구들과의 상호작용 관찰, 학업 환경에서의 언어 사용과 같은 비공식적인 측정은 가치가 있다. 〈표 4.3〉은 언어 능력 개발을 평가할 때 도움이 될 수 있는 비공식 언어 능력 측정 목록을 제공한다.

일단 모국어와 영어 수준이 결정되면, 훨씬 더 많은 구체적인 자료를 수집하는 것이 중요하다. 준거참조평가 결과, 표준화 시험 결과 및/또는 성취도 평가 결과를 포함한 공식적 평가 결과를 검토하고 고려하는 것이 중요하다. 그러나 이러한 유형의 공식적 평가는 진전에 필요한 모든 정보를 제공하지는 않는다. 결과를 생성하고 학생의 현행수준을 반영하는 자료 수집에 유용한 몇 가지 공식적ㆍ비공식적 평가가 있다. 교육 서비스와 프로그램의 후속적 발전을 초래하는 평가는 선택형 응답 평가, 서답형 응답 평가, 수행평가 및 개인적 의사소통 평가의 네 가지 유형으로 분류할 수 있다(Stiggins, 2011).

〈표 4.3〉 비공식 언어 능력 척도

진단평가 영역	이름(저자)
영어와 스페인어 발달	세계수준 교육설계 및 진단평가World-Class Instructional Design and Assessment (WIDA)-엑세스 검사ACCESS Tests, WIDA 스크리너 및 유치원 W-APTWIDA Screener and Kindergarten W-APT(위스콘신 대학교 매디슨 교육 연구 센터Wisconsin Center for Education Research at University of Wisconsin, Madison)
모국어	모국어 조사Home Language Survey(U.S. Department of Education, 2016b)
구어-영어 및 모국어	학생 구어 관찰 매트릭스Student Oral Language Observation Matrix(San Jose Unified School District, 2019)
사회적 및 학업적 언어-영어 및 모국어	학급 언어 상호작용 체크리스트Classroom Language Interaction Checklist(Collier, 2016)
스페인어	브리간스 기초 기술 진단평가Brigance Assessment of Basic Skills-개정판, 스페인어판 (Curriculum Associates)

(1) 선택형 응답 평가

선택형 응답 평가는 학생이 객관식, 참/거짓, 일치하는 질문을 포함한 다수의 선택지에서 올바른 응답을 선택하여 학습의 증거를 제시하도록 요구한다. 선택형 응답 평가는 지식 습득을 측정하는 데 효과적이며, 성공의 기준을 쉽게 설정할 수 있다(예: 20점 중 17점이 합격 점수). 그러나 학생 지식의 깊이, 지식을 적용하거나 전이하는 능력, 또는 학생이 추측하고 있는지를 판단할 수 없다.

(2) 서답형 응답 평가

서답형 응답 평가는 학생이 질문이나 과제에 대해 적어도 몇 문장의 길이로 서술 응답을 작성함으로써 학습의 증거를 제시하도록 요구한다. 이러한 유형의 평가는 학생이 응답을 작성하기 위해 추론이나 문제해결 기술을 적용하는 것이 필요하다.

(3) 수행평가

수행평가는 학생이 제품이나 성과를 만들거나 개발함으로써 학습의 증거를 제시하도록 요구한다. 이러한 유형의 평가는 일반적으로 학생이 특정 기준을 충족하는 것을 보여 주어야 한다. 수행평가는 일반적으로 학생의 기술, 개념적 이해, 지식과 기술을 적용하는 능력, 실행 능력 및 절차적 능력을 밝힌다. 수행평가의 한 예는 30까지 세도록 요청했을 때, 학생이 말로 30까지 세는 것이고, 다른 예는 학생 매점에서 음료를 구매하도록 요청했을 때, 학생이 음료를 구매하기 위해 정확한 금액을 지불하는 것이다. 이 두 가지 예 모두 학생이 특정 기준을 보여 줄 것을 요구한다.

(4) 개인적 의사소통 평가

개인적 의사소통 평가는 학생이 말하거나 글을 써서 학습의 증거를 제시하도록 요구한다. 교사는 글이나 말로 학생과 직접 상호작용할 수 있다. 개인적 의사소통 평가는 일정 기간에 걸쳐 연장될 수 있다.

(5) 평가 방법 선택

평가는 다양하고, 교사 매뉴얼, 교육청, 학교 심리학자의 요청에 따라 쉽게 구할 수 있다. 적절한 평가 방법을 선택하고 학습 목표/IEP 초점을 맞추려면 누가 평가를 사용하고 어떻게 사용할지 아는 것이 중요하다. 채푸이스^{Chappuis}와 동료들(2009)은 "평가는 단순히 학습의 평가가 아니라 학습을 위한 것이어야 한다."(p.14)고 했다. 따라서 평가의 목적이 학생의 현행수준을 판별하는 데 도움이 된다는 것을 인정하는 것은 IEP 팀이 평가 결과를 적절하게 전달하는 데 도움이 될 것이며, 이는 학생의 교육 서비스와 관련된 결정을 이끌어 줄 것이다.

평가를 활용해 특정 학업 영역에서 학생이 어려움을 겪고 있다는 것을 파악하는 것은 물론 학생이 이미 숙달한 정확한 지식과 기술, 역량을 파악하는 것이 중요하다. 현행수준을 효과적으로 판별하고 학년 전체에 걸쳐 학생의 성장을 점검하기 위해 가장 일반적으로 사용되는 도구는 다음과 같다.

- **교육과정중심평가/측정**Curriculum-based Assessment/Measuremen(CBM). CBM은 읽기(일견 단어, 이해력), 수학(사실, 공식, 연산), 쓰기(기법, 내용, 구조, 조직)에서 학생의 성과를 결정하는 데 유용하다. CBM을 위한 프로브에는 종종 간단한 읽기 지문, 짧은 철자 목록 또는 교육과정의 수학 항목 예시가 포함된다.
- **단주기 평가**Short-cycle assessments. 내용 기준 숙달 또는 결여와 관련된 정보를 제공하는 교육목표에 특정하여 빈번하거나 매일 이루어지는 형성 평가이다.
- **체크리스트**Checklists. 교사의 관찰은 체크리스트를 통해 기록할 수 있다. 관찰 가능한 기술을 점검하고, 과제나 기술을 수행하기 위해 여러 단계가 필요한 경우, 그리고/또는 사회·정서적 또는 행동적 역량의 숙달을 평가하는 데 가장 적합하게 사용한다.

또한 다양한 상업적 자료에서 생성한 벤치마크 및 진전도 점검 자료는 현행수준을 작성하는 데 유용할 수 있다. 교사, 학교 또는 지역에서 만든 도구가 종종 도움이 되지만 항상 유효하고 신뢰할 수 있는 것은 아니다. 〈표 4.4〉는 이용할 수 있는 평가 도구/프로브 목록이다.

러닝 레코드(러닝 리딩)running record(reading)3), 포트폴리오, 작업 샘플, 목록, 통지표 및 등급뿐 아니라 관찰과 일화 노트에서 추가 자료를 수집할 수 있다. 그러나 이러한 자료는 객관적인 출처가 적고, 다른 자료 출처에서 도출된 결론을 뒷받침하거나 학생 수준에 대한 추가적인 예를 제공하는 데만 사용해야 한다.

---

3) (역자 주) 러닝 레코드는 교정 읽기 지도에 대한 리딩 리커버리Reading Recovery 접근법에 특화된 아동의 읽기 수준을 평가하는 방법이다. 러닝 레코드의 정확한 구성은 사용할 특정 목적과 사용하는 프로그램에 따라 다르나, 방법에 따라 몇 가지 유사한 점이 있다. 아동이 선택한 책이나 구절을 큰 소리로 읽으면, 교사는 글의 단어를 복사하여 다른 종이에 쓰거나 백지를 사용하고 나중에 글을 참조한다. 아동이 읽을 때, 교사는 바르게 읽은 단어마다 표시한다. 아동이 실수할 경우, 교사는 단어에 동그라미 치기, 오류의 종류 적기, 잘못 말한 단어 적기를 할 수 있다. 아동이 읽기를 마친 후, 교사는 바르게 읽은 단어의 비율과 아동이 오류를 수정한 빈도를 계산한다. 읽기 시간 동안 또는 마친 후에 오답 분석을 시행한다. 러닝 레코드의 목적은 현재 읽고 있는 자료가 아동에게 너무 쉬운지 너무 어려운지를 교사에게 알려주는 것이며, 이는 아동의 읽기가 개선될 수 있는 영역을 나타내는 지표 역할을 한다. 예를 들어, 만약 아동이 인쇄된 단어와 같은 글자로 시작하는 대체 단어를 자주 한다면, 교사는 아동이 단어의 첫 글자 이상을 보도록 하는 데 집중해야 한다는 것을 알 수 있다(출처: 위키피디아. https://en.wikipedia.org/wiki/Running_record).

현행수준을 뒷받침할 증거를 수집할 때 학업적 자료 외에 기능적 자료도 고려해야 한다. 다음 자료들은 현재 기능적 수행 수준을 결정하는 데 도움이 될 수 있다.

- 출석기록
- 물리치료 평가
- 작업치료 평가
- 시력 평가
- 청력 평가
- 행동/훈육 기록
- 부모 정보
- 해당하는 경우, 이전 IEP

<표 4.4> 읽기/영어 언어, 수학 능력 측정 및 점검을 위한 평가 자원

평가 도구/프로브	출판자/저자	세부 사항
에임스웹AIMSweb/ 에임스웰플러스 aimswelPlus	피어슨Pearson	읽기 및 수학 도구 사용 가능 단기 기술 및 연말 목표를 위한 K-8 프로브 학생당 또는 사이트 기반 구독료 적용
쉬운 CBMesayCBM	오리건 대학University of Oregon의 연구원들이 개발하였으며, 웹 기반 형식으로 제공함	트리 온라인tree online에서 Lite easyCBM 진전도 점검 시스템 사용 가능 교사용 디럭스 에디션은 온라인에서 구독료로 이용 가능 K-8 수학 및 읽기 벤치마크와 진전도 점검 도구 제공
패스트 초기 수학 FASTearlymath/ 패스트 초기 읽기 FASTearlyreading/ 패스트 CBM 읽기 FASTCBMReading	미네소타 대학 University of Minnesota 연구원들이 개발하고, 패스트 브릿지 러닝Fast Bridge Learning에 독점 라이센스를 줌	FAST는 "교사를 위한 형성적 평가 시스템Formative Assessment System for Teachers"의 약어 교육과정중심 및 컴퓨터 조정적 측정 사용 가능 사용 가능한 도구: CBM 읽기CBMReading(영어 및 스페인어)(K-6), CBM 수학CBMMath(1-6), 쉬운 읽기easyReading(영어 및 스페인어)(K-1), 초기 수학earlyMath(K-1), a 읽기aReading(조정적 읽기)(K-12), a 수학aMath(조정적 수학), 사회적 정서적/행동 평가 척도Social Emotional/Behavior Rating Scales, 발달 이정표Developmental Milestones(유치원) 학생당 또는 사이트 기반 구독료 적용

아이 레디i-Ready	커리큘럼 어소시에이츠Curriculum Associates	진단 및 성장 점검 제공 읽기/영어 능력 및 수학 툴tool 사용 가능 K-8 등급에 사용 가능한 간단한 컴퓨터 기반 적응형 평가 연말 목표 기술 습득을 추적하는 성장 점검 보고서 학생당 또는 사이트 기반 구독료 적용
엠클래스mClass	앰플리파이Amplify (오리건 대학University of Oregon 연구)	목표 교육의 필요성을 판별하는 연구 기반 DIBELS(8판) 　평가의 유일한 라이센스 디지털 버전 도구로 측정할 수 있는 영역: 　음운 인식 　알파벳 원리/음운 　초기 문해력 　텍스트 및 읽기 이해력 컴퓨터 기반 진점도 점검 및 K-6 벤치마크 도구 구독료 또는 라이센스 수수료 적용
스타STAR	르네상스Renaissance	STAR 읽기STAR Reading(k-12), STAR 수학STAR Math(1-12), 　STAR 초기 문해STAR Early Literacy(K-3), STAR CBM 및 　STAR 커스텀Custom은 영어 및 스페인어로 제공 단기 기술 및 연말 목표 점검 가능 컴퓨터 조정형 평가 학생당 또는 사이트 기반 구독료 적용

 멈추고 생각하기!

IEP의 현행수준에 의미 있는 평가 자료를 포함하는 것의 중요성에 대해 읽고 배웠다. 제러드 시나리오에 대한 응답을 다시 생각해 보고 답변을 수정해 보시오.

- IEP의 현행수준 작성을 시작하려면 어떤 종류의 정보를 수집해야 하는가?
- 문화적, 언어적으로 다양한 배경을 가진 학생들에게 가정 문화와 언어를 포함하는 것의 중요성을 설명하시오.
- IEP의 다른 영역을 완료하기 전에 명확하고 측정 가능한 현행수준을 설정하고 작성하는 것이 중요한 이유는 무엇인가?
- 학생의 현행수준을 전달하는 주된 목적은 무엇이라고 생각하는가?

4. 요약

이 장에서는 학생의 IEP에 요약된 교육 서비스와 관련된 공식적 계획을 시작하기 전에 취해야 할 중요 단계를 자세히 설명하였다. 첫째, IEP 팀은 학습자의 강점과 개선을 위한 영역을 개략적으로 설명하고 철저하게 논의하는 동시에 다문화(CLD) 배경을 가진 학생을 위한 가정 문화와 언어 능력의 맥락도 고려해야 한다. 이러한 강점과 요구는 IEP의 현행수준에 기록되어 있다. 이 영역은 학생의 성공 기회를 만들기 위해 엄격한 지원을 개발하기 위한 기초를 제공하기 때문에 중요하다. 간단히 말해서, 다른 모든 IEP 구성요소를 개발하는 기초가 된다. 현행수준에서 판별된 각 요구 영역은 IEP 양식의 다른 적절한 영역에서 다루어야 한다. 전체적으로, 이 영역은 학생의 장애로 인해 영향을 받는 영역에서 학생의 현재 수행 능력을 설명하는 데 사용된다. IEP 팀은 또한 현행수준이 모든 학생의 요구에 문화적으로 반영할 수 있도록 하는 것을 책임지고 있다.

IEP의 현행수준을 작성하기 위한 법적, 절차적 고려사항 외에도, 이 장은 학급 수업과 원활하게 연결하는 목적과 그 과정에 가족을 참여시키는 것의 중요성에 대해서도 다루었다. 마지막으로, 위기 계획 및 관리를 위한 조항이 일부 학생들에게 관련될 수 있으며, 학업 및 기능적 기술이 향상하거나 감소함에 따라 현행수준을 업데이트하고 수정해야 한다. [그림 4.1]의 목록은 IEP 회의 준비에 사용할 수 있다.

문화 반영적인 현재 학업성취도와 기능수행 수준

다문화 인구의 요구에 의미 있고 대응하는 학업성취도와 기능수행의 현재 수준을 개발하기 위해서는 다음 요소들을 IEP 회의에서 철저히 논의하고 IEP에 포함해야 한다.

- **가정 문화의 강점/지식 자원.** 가정 문화가 학생의 학습과 발전을 어떻게 지원하는지에 대한 충분한 정보를 제공한다.
- **교수 관련 평가.** 교수에 의미 있고, 학생의 수행과 교수적 요구 관련성을 갖는 평가 결과를 제시한다.
- **언어 능력 수준.** 모국어와 영어의 사회적, 학업적 숙련도에 대해 논의한다.
- **효과적인 언어 중재.** 학생의 언어 발달(모국어 및 영어)을 지원하는 데 성공적으로 사용된 전략, 접근방식 및 지원에 대해 논의한다.
- **교수적 언어.** 이해해야 할 수업에 필요한 언어(모국어 또는 영어)를 제시한다.
- **부모/가족 목표.** 자녀에 대한 장기 및 단기 가족 목표를 포함한다. 일부 가족은 장기 계획에 대해 다른 견해를 가질 수 있다는 것을 명심해야 한다.

IEP 회의 준비:
현재 학업성취도 및 기능수행 수준

회의 이전

☐ 이전 IEP 및 학생 진전 점검 자료를 검토하여 학생의 학업성취도와 기능수행 기초선을 결정한다.

☐ 학생의 강점과 지식 자원funds of knowledge을 파악한다.

☐ 학생의 모국어 및/또는 영어 숙련도 수준을 확인한다.

☐ 학생이 선호하는 교수 및/또는 지원의 언어를 정확히 파악한다.

☐ 의사소통, 감각, 행동 및 의학적 관점에서 위기에 대응하는 학생의 능력을 특성화한다.

☐ 학생의 현재 수행 수준에 대한 부모의 관점을 파악할 수 있도록 질문 목록을 준비한다.

☐ 필요에 따라 통역사를 확보하고 만난다(제2장 참조).

회의 동안

☐ 기초선 자료의 역할을 할 수 있는 학생의 현재 수행 수준을 전문 용어가 아닌 이해할 수 있는 방식으로 전달하고(구두 및 서면) 문서화한다.

☐ 학생의 강점과 지식 자원을 구분한다.

☐ 학생의 모국어 및 영어 숙련도를 문서화한다.

☐ 부모를 참여시켜 학생의 현재 수행 수준과 지식 자원을 파악한다.

☐ 교수 관련한 평가 결과를 모든 IEP 구성원이 이해할 수 있는 방식으로 작성하고 기록한다.

☐ IEP의 현행수준을 모든 참가자에게 소리 내어 읽어주고 정확성 확인 및/또는 수정을 요청한다.

☐ 통역사를 사용한다면, 적절한 통역 에티켓을 사용하도록 한다(제2장 참조).

회의 이후

☐ 부모를 포함한 모든 팀원과 함께 요약하고, 회의의 효과에 대해 논의한다.

☐ 부모에게 통역사를 사용하는 것과 회의와 주요 요점을 이해했는지 확인한다.

[그림 4.1] IEP 회의 준비: 현재 학업성취도 및 기능수행 수준

5. IEP 체크리스트: 현재 학업성취도 및 기능수행 수준

다음 체크리스트는 IEP의 현행수준이 IDEA 규정을 충족하는지 확인하는 점검표로 사용할 수 있다.

핵심 영역(IEP 영역): 학생의 현재 학업성취도 및 기능수행 수준	기준 충족	
	예	아니요
P1: 현재 수준은 학생의 요구에 따라 우선순위화 한다.		
P2: 학생의 장애가 교육 수행에 미치는 영향과 일반교육과정 참여와 진전도를 설명하는 진술을 포함한다.		
P3: 학업 및 기능 영역(예: 행동, 의사소통)에서 학생의 실제 수행을 명확하게 나타내는 진술을 포함한다.		
P4: 학생의 강점과 요구(현재 학업성취도 및 기능수행 수준)를 설명하는 진술을 포함한다.		
P5: 목표를 개발하기 위한 학생의 기능 수준에 대한 충분한 세부 정보를 제공한다.		

6. 활동

이 활동은 본 장의 내용을 더 깊이 이해하도록 돕기 위한 것이다. 본 장의 활동은 다음과 같다.

- 활동 4.1. 현재 학업성취도 및 기능수행 수준에서 강점 및 약점 파악
- 활동 4.2. 측정 가능한 현재 학업성취도 및 기능수행 수준 작성 영역
- 활동 4.3. 현재 학업성취도 및 기능수행의 현재 질적 수준 판별
- 활동 4.4. 학생의 지식 자원 기록하기
- 활동 4.5. 지식 자원 사진 에세이

활동 4.1. 현재 학업성취도 및 기능수행 수준에서 강점과 약점 파악

지원 장: 제4장(현재 학업성취도 및 기능수행 수준)

목적: 이 활동의 목적은 학생의 IEP에서 의미 있는 현행수준 작성 기술을 개발하는 것이다.

지시사항: 학생 IEP의 현행수준에서 고려해야 할 다음 표의 정보 예를 평가하기 위해 4장에서 논의한 내용을 고려한다. 각 사례의 강점과 약점에 대해 논의하고 그 영향이 강한지 약한지, 그리고 중요한 정보가 빠져있다면 무엇인지 결정한다. 해당하면 진술에서 빠진 부분을 표시한다. 어떤 예도 완전한 현행수준을 제시하지는 않지만 한 영역(예: 읽기, 수학, 기능수행)에 대해 IEP의 이 영역을 구성할 때 고려해야 할 세부 사항과 정보의 범위를 제시한다는 점에 주목하시오.

현재 학업성취도 및 기능수행 영향 수준	빠진 것에 동그라미 치기	강점/약점
4학년 학생 로렌Lauren은 학군 채택 도서 시리즈의 배치 검사로 측정한 1학년 수준의 읽기가 가능하다. 로렌은 자신이 읽고 있는 것의 이해를 돕기 위해 그림과 문맥의 단서를 사용한다. 로렌의 부모님은 로렌이 집에서 주로 스페인어로 의사소통을 하고 자신의 책을 고르고 다른 사람들에게 읽어주는 것을 좋아한다는 것을 공유했다. Woodcock-Johnson-IV(WJ IV)를 사용한 표준화검사 결과, 총 읽기 지수는 75(평균 범위 미만)였다. 로렌의 기본 쓰기 능력은 WJR 쓰기 하위검사에서 문서화된 1.2학년 수준이다. 로렌은 언어 과정에 성공적으로 참여하기 위해 어떠한 의사소통이나 보조 기술 장치도 필요로 하지 않다.	강점 부모의 정보 언어 능력 가정 문화 기초선 자료 의사소통/보조공학 요구 빠진 것 없음	
제이크Jake는 종종 지각하거나 학교에 결석한다. 제이크는 거의 숙제를 끝내지 않거나 제출하지 않는다. 결과적으로, 거의 모든 수업에서 그의 성적은 낙제점 수준이다. 그는 학급 내 과제를 기꺼이 완수하는 것처럼 보이지만, 이러한 과제들을 지속적으로 정확하게 완수하기 위한 조직력이 부족하다. 제이크의 어머니는 제이크가 학교를 싫어하고 자주 아픈 척을 하며 집에 책이나 숙제를 거의 가져오지 않는다고 말했다.	강점 부모의 정보 언어 능력 가정 문화 기초선 자료 의사소통/보조공학 요구 빠진 것 없음	

시에라^{Cierra}는 여섯 살의 유치원생이다. 부모님은 시에라가 학교를 좋아하고, 간단한 지시를 잘 따르고, 학교 밖에서 가족, 친구들과 상호작용하는 장점을 보인다고 언급했다. 수업에서 시에라는 그림과 단어를 연결하는 것을 잘한다. 시에라는 다이나복스^{DynaVox} 장치로 의사소통하고 중재 전문가가 수집한 자료를 기반으로 두 단어와 세 단어 구문을 일관되게 만들 수 있다. 지난달 시행한 시각 운동 통합 검사에 따르면, 시에라는 자신의 나이에서 15번째 백분위 점수를 받았다. 표현 언어가 부족한 어려움은 시에라가 일반교육 유치원 핵심 내용교과 수업에 참여하는 것을 어렵게 한다. 하지만 보조 기술 장치로, 시에라는 또래 친구들과 함께 비교과 과목과 특별 활동에 온전하게 참여할 수 있다.	강점 부모의 정보 언어 능력 가정 문화 기초선 자료 의사소통/보조공학 요구 빠진 것 없음	
케일럽^{Caleb}은 재집단화 없이 두 자리 수를 더하고 뺄 수 있다. 최소한의 지원을 받으면서 시간을 몇시와 30분을 말할 수 있고, 돈을 세고 잔돈을 줄 수 있다. 케일럽은 45분까지 학업 과제를 지속할 수 있다. 시각적 지원과 조작은 케일럽이 수학적 수행 과제에 참여하는 데 도움이 된다. 비록 성적 수준은 낮지만, 그는 공통 핵심 주 기준^{Common Core State Standards} 수학의 모든 영역에서 발전하고 있다. 케일럽은 이 채점 기간 초에 주어진 6학년 수준의 혼합 수학 프로브 기술^{mixed math probes art}을 포함한 교육과정 기반 평가에서 77%의 점수를 받았다. 케일럽은 또한 또래들이 배우고 있는 내용 수준을 파악하기 위한 선행기술이 부족하다. 따라서 일반 수학 교육과정에서 성공하기 위해 계산기와 선생님과 또래들의 일관된 지원이 필요하다. 게다가, 케일럽은 매주 세 번씩 매 회기 30분 동안 수학 중재에 참여하여 도움을 받는다.	강점 부모의 정보 언어 능력 가정 문화 기초선 자료 의사소통/보조공학 요구 빠진 것 없음	
6학년 학생 크리시^{Chrissy}는 Brigance Inventory of Basic Skills에 따른 중3 학생의 읽기 수준을 가지고 있다. 크리시는 모든 글자와 소리를 알고 있으며 28개 단어의 일견 단어를 알고 있다. 크리시는 3학년 지문을 5~7개 정도의 오류를 보이는 분당 88개 단어 유창성으로 읽는다. 크리시의 부모님이 관찰한 바에 따르면 크리시는 가정과 지역사회에서 안전하게 활동하는 데 필요한 환경 인쇄물을 읽을 수 있다. 그들은 크리시가 구두로 읽은 것을 기억하거나 세부 사항을 다시 말할 수 없는 것을 걱정한다. 비형식적 관찰에 기초하여, 교사는 크리시가 순서 배열과 이해에 있어서 약점을 보이며, 특히 내용 영역의 정보를 찾기 위해 읽을 때 일반교육 환경에서 좌절을 경험할 가능성이 있다고 하였다.	강점 부모의 정보 언어 능력 가정 문화 기초선 자료 의사소통/보조공학 요구 빠진 것 없음	

활동 4.2 측정 가능한 현재 학업성취도 및 기능수행 수준 작성 영역

지원 장: 제4장(현재 학업성취도 및 기능수행 수준)

목적: 이 활동의 목적은 학생의 IEP에서 의미 있는 현재 학업성취도 및 기능수행 수준(PLAAFP)을 작성하는 기술을 개발하는 것이다.

지시사항: 활동 4.1의 표에 명시된 것과 같이 IEP의 현행수준을 고려한다. 해당 활동의 진술을 다음 스크립트와 일치시키고, 필요한 경우 수정하여 명확하게 한다. 다음은 IEP의 현행수준에 아동의 수행을 작성할 때 고려해야 할 추가 사항이다.

<학생의 장점 진술 스크립트의 예>

_____(아동 이름)은/는 _____로 확인한 것과 같이 _____ 할 수 있다.
_____(아동 이름)은/는 _____로 검사한 결과 _____ 학년 수준에서 _____ 할 수 있다.

_____(아동 이름)은/는 _____로 확인한 것과 같이 _____(으)로 의사소통할 수 있다. _____에서 확인한 결과, _____(아동 이름)의 _____(언어) 숙련도는 _____(수준)이다.

<보호자 관찰 및 우려 사항 진술 스크립트의 예>

_____(아동 이름)의 부모는 그들이 _____ 할 수 있다고 보고했다.
_____(아동 이름)의 부모는 그들이 _____에 대해 우려한다고 보고했다.
_____(아동 이름)의 부모는 가정에서 _____(언어)를 사용하는 것을 선호한다고 보고했다.
_____(아동 이름)의 부모는 가정과 지역사회에서 _____(언어(들))를 통해 효과적으로 또는 비효과적으로(택1) 의사소통한다고 보고했다.

<기초선 자료 진술 스크립트의 예>

_____(아동 이름)은/는 _____로 공식적으로 검사한 결과, _____ (수준)에서 _____ 할 수 있다. _____(아동 이름)은/는 _____로 공식적으로 검사한 결과, _____ (수준)에서 _____ 할 수 있다.

<언어 능력 진술 스크립트의 예>

_____(아동 이름)은/는 _____로 공식적으로 검사한 결과, _____ (수준)에서 의사소통할 수 있다.
_____(아동 이름)은/는 _____로 공식적으로 검사한 결과, _____ (수준)에서 의사소통할 수 있다.

<의사소통 및/또는 보조공학 요구 진술 스크립트의 예>

_____(아동 이름)은/는 _____ 할 때, _____로 도움을 받는다.

<장애가 아동의 수행에 미치는 영향 진술 스크립트의 예>

일반교육과정 활동에서 진전하기 위해, _____(아동 이름)은/는 _____ 이/가 필요하다.
_____에서 어려움의 결과로, _____(아동 이름)은/는 _____ 동안 일반교육과정에 참여할 수 없고, _____이/가 필요하다.

활동 4.3. 현재 학업성취도 및 기능수행의 현재 질적 수준 판별

지원 장: 제4장(현재 학업성취도 및 기능수행 수준)

목적: 이 활동의 목적은 의미 있고 측정 가능한 현재 학업성취도 및 기능수행 수준(PLAAFP)을 판별하는 것이다.

지시사항: IEP를 사용하여 현행수준의 목록을 작성하고 제공된 정보의 질적 수준을 표시한다. 그런 다음 목표의 질적 수준을 점수화하고 점수를 뒷받침할 근거를 제시하시오.

루브릭 척도: 다음 척도를 사용하여 검토된 IEP 영역의 점수를 가장 잘 나타내는 숫자에 동그라미를 치시오.

1=기준 미달	2=부분적 기준 충족	3=기준 충족	4=기준 초과
• IDEA 2004 요건을 충족하는 증거를 보이지 못함 • IDEA 2004 요건을 다루지 않음	• IDEA 2004 요건을 부분적으로 충족함 • IDEA 2004 일부 요건을 다룸	• 대부분/모든 IDEA 2004 요건을 충족함 • 대부분/모든 IDEA 2004 요건을 다룸	• 모든 IDEA 2004 요건을 초과함 • 모든 지표를 다루며 기준을 넘어섬

핵심 영역(IEP 영역) 학생의 현재 학업성취도 및 기능수행 수준	점수	점수 결정 근거
P1: 현재 수준은 학생들의 요구에 따라 우선순위를 정한다.	1 2 3 4	
P2: 학생의 장애가 교육 성과에 미치는 영향과 일반교육과정 참여 및 진전을 설명하는 진술을 포함한다.	1 2 3 4	
P3: 학업 및 기능 영역(예: 행동, 의사소통)에서 학생의 실제 성과를 명확하게 보여 주는 진술을 포함한다.	1 2 3 4	
P4: 학생의 강점과 요구(현재 학업성취도 및 기능수행 수준)를 설명하는 진술을 포함한다.	1 2 3 4	
P5: 목표를 개발하기 위한 학생의 기능 수준에 대한 충분한 세부 정보를 제공한다.	1 2 3 4	

재작성한 현행수준 문장

_____

_____

_____

활동 4.4. 학생의 지식 자원 기록하기

지원 장: 제4장(현재 학업성취도 및 기능수행 수준)

목적: 이 활동의 목적은 학생들의 지식 자원을 문화적으로 관련된 교육적 실제를 알리기 위해 사용하는 것이다.

지시사항: 제공된 양식을 사용하여 학부모 및/또는 관찰 결과에 따라 학생의 관심사, 활동 및 학교 환경 외 기술을 기록한다. 가정 방문 및/또는 학생 부모나 가족과 비형식적인 대화를 해야 한다. 다음으로, 각 범주에 대한 지식 자원을 작성하고 이를 교육 실제에 적용할 수 있는 방법을 고려하시오. 학생 가족에게 적용되지 않는 범주를 건너뛰고 학생의 문화에 따라 새 범주를 추가하시오.

분류	문화적 지식 자원	학급 수업 적용
돌봄		
요리하기		
교육적 활동		
가족 나들이		
가족의 가치/전통		
건강 관리		
집안일		
언어		
종교		
책임		

활동 4.5. 지식 자원 사진 에세이

지원 장: 제4장(현재 학업성취도 및 기능수행 수준)

목적: 이 활동의 목적은 문화적으로 관련된 교육적 실제를 적용하기 위해 학생의 지식 자원을 판별하는 것이다.

지시사항: 학생들에게 가정생활에서 전형적인 하루 또는 주말의 사진 에세이를 작성하도록 지시한다. 다음으로 에세이에 제시된 지식 자원을 확인한다. 이 정보를 교육적 실제에 어떻게 적용할 것인지 고려하시오.

제5장

목표

클라리사 E. 로자스

Clarissa E. Rosas

초점 학습 내용

- 의미 있고 측정이 가능한 IEP 목표 문장 작성
- 문화를 반영하는 IEP 목표 문장 작성

의무 공교육이 수립된 이후, 아동 교육의 책임은 부모와 보호자에서 공공부문으로 넘어갔다. 2001년 아동낙오방지법(NCLB, PL 107-110) 제정과 2004년 장애인교육개선법(IDEA, (PL108-446) 재승인은 공립학교가 아동 교육을 책임질 수 있는 기반을 마련했다. 2015년 NCLB를 모든학생성공법(ESSA, PL 114-95)으로 대체함으로써 이러한 책무성을 강화하고 장애학생을 위한 의미 있는 목표를 작성하는 것의 중요성을 강화하였다. 명확하고 의미 있는 목표를 작성하는 것은 지원과 서비스를 결정하는 기반이 되기 때문에 매우 중요하다. 또한 교사는 IEP에 명시된 목표를 달성하기 위해 제공하는 지침, 지원 및 서비스에 대한 책임을 진다. 따라서 IEP를 작성하는 사람들은 측정이 가능하고 의미 있는 목표를 작성하는 것에 대한 배경지식과 전문지식을 갖는 것이 필수적이다. 이것이 무엇을 의미하는지 완전히 이해하기 위해서는 IDEA 2004에 요약된 것처럼 IEP 목표 개발과 관련된 법적 조항을 검토하는 것이 중요하다.

1. 법적 관점의 이해

학생의 목표는 IEP의 핵심이다. 목표는 특정 중재의 결과로 아동이 성취하고자 노력할 성과를 묘사하는 문장이다.

이러한 목표는 IEP의 현재 학업성취도 및 기능수행 수준(PLAAFP)에서 도출한다(제4장 참조). 본질적으로, 목표는 학생의 중재를 결정하며, 여기에는 전문적 서비스, 조정 및/또는 수정을 포함할 수 있다. IDEA 2004에 따르면, IEP는 다음을 포함해야 한다.

> (2)(i) 다음을 위해 계획된 학문적 및 기능적 목표를 포함한 측정이 가능한 연간 목표의
> 문장
> (A) 아동의 장애로 인해 발생하는 아동의 요구를 충족시켜 아동이 일반교육과정
> 에 참여하고 발전할 수 있도록 하는 것, 그리고
> (B) 아동의 장애로 인해 발생하는 아동의 다른 교육적 요구를 충족시킨다(§ 300.
> 320[a][2][i][A] 및 [B])

간단히 말해서, 법은 1) 아동의 현행수준(PLAAFP)과 2) 팀이 중재의 결과로서 아동이 기능해야 한다고 믿는 것에 근거하여 의도된 결과를 설명하는 구체적인 감각 언어를 사용하여 목표를 작성하도록 요구한다. 교육적 접근법, 평가, 서비스 및 아동이 이용할 수 있는 모든 조정이나 수정은 IEP에 명시된 목표와 직접적으로 연결된다. 따라서 IEP의 목표는 필수적으로 다음을 포함해야 한다.

- IEP의 현행수준에 명시된 학생의 요구를 명확하게 반영하는 문장
- 학생의 고유한 주요 학업 및 기능적 요구를 다루는 문장
- 구체적이고 관찰 가능하며 측정이 가능한 감각 언어로 서술된 문장
- 학생이 1년 이내에 현실적으로 달성할 수 있는 탄탄한 기술을 설명하는 문장

또한 목표는 현행수준에 명시된 우선순위 순으로 IEP에 나열되어야 한다.

목표는 이전에 열거된 기준을 포함해야 하지만, 의미 역시 있어야 한다. 의미 있는 목표는 특정한 일련의 성과를 달성하기 위한 중재를 포함하는 IEP 개발 팀에게 중요한 지침이된다. 역사적으로, IEP 팀에게 가장 어려운 부분은 측정 가능하고 의미 있는 목표를 작성하는 것이다(Rosas & Winterman, 2012). '적절하다' '효율적이다' '효과적이다'와 같은 추상적이

고 모호한 단어를 사용하여 원하는 성과를 설명할 때, 종종 의미 없는 평가 수단으로 귀결된다. 의도된 성과를 묘사하기 위해 구체적인 감각 언어를 사용하는 목표 문장은 의도된 행동이나 성과의 달성 여부를 구체적으로 평가하는 의미 있는 수행 측정으로 이어진다.

IEP 목표 문장은 미래 성공의 전조가 되는 성과 선행지표의 역할을 한다. 따라서 IEP 팀은 학생의 요구를 다룰 뿐 아니라 잠재적 성장을 지원하기 위해 합리적으로 야심찬 목표 문장을 신중하게 작성해야 한다. IDEA가 IEP에 의미 있는 목표문을 제시하도록 규정하고 있다면 소송은 입법적 의무를 이행하는 방법에 대한 명확성을 제공한다. **앤드류 대 더글라스 카운티 학군**Endrew F. v. Douglas County School District(2017) 사건의 법원 판결은 "IEP 팀은 '적절한 학업 및 기능적 발전을 위한 의미 있는 기회를 제공하고 아동이 발전할 수 있도록 할 것'이 요구된다." (U.S. Department of Education, p. 6)라고 명시함으로써 성장을 촉진하는 목표 작성에 대한 명확성을 제공했다. IEP 목표 문장은 목표를 달성하기 위한 지원과 서비스로 이어지기 때문에, 앤드류Endrew 판례는 학생이 자신의 잠재력을 향해 나아갈 수 있도록 합리적이고 견고한 방식으로 목표 문장을 작성해야 한다는 것을 명확히 했다.

멈추고 생각하기!
- IEP 목표의 목적은 무엇인가?
- IEP 목표는 학급 수준에서 교육을 계획하는 데 어떻게 사용되는가?
- IEP 목표는 왜 측정 가능하고 의미 있어야 하는가?

과제 시나리오

다음 시나리오에서, 일반교사 크리스티나 로즈Christina Rose가 3학년 학급에 새로 온 마리오Mario의 교육을 계획하기 위해 IEP를 검토한 경험을 묘사한다. 시나리오에 자세히 설명된 과제를 반성적으로 검토해 보자.

마리오가 3학년 학급에 참여한다는 것을 알았을 때, 마리오가 학교에서 성공할 수 있도록 돕는 방법에 대해 가능한 한 많이 배우고 싶었다. 학교의 중재 전문가(특수교사)는 마리오의 파일을 읽고 마리오를 도울 방법을 배울 것을 제안했다. 워크숍에서 이 파일들에 대해 들었고 마리오도 가지고 있다는 것이 기뻤다. 파일에 있는 자료를 검토해 보니, 마리오가 철자, 문법, 그리고 아마도 이해력에 약간의 어려움을 겪었고, 영어가 제2언어인 학습자English language learner(ELL)였다는 것이 분명해졌다. 자료를 검토하면서, 마리오가 보이는 오류 중 일부가 과거에 가르쳤던 ELL 학생의 특징이라는 것을 알게 되었다. 나는 언급된 어려움이 문자 언어 결손이 아닌 마리오가 영어를 배워야 하는 상황을 더 반영한 것은 아닌지 궁금해지기 시작했다.

마리오를 돕기 위해 내가 무엇을 해야 하는지 정확히 파악하기 위해, 마리오의 IEP를 읽었다. 교원 계발 워크숍에서 IEP가 학생들이 학교에서 성공할 수 있도록 돕는 청사진이라는 것을 배웠다. 마리오의 IEP를 읽고 깜짝 놀랐다! 마리오의 목표 중 하나는 3학년이 끝날 때쯤이면 80%의 정확도로 단어의 철자를 쓸 수 있다는 것이다. 이것이 무엇을 의미하는지 전혀 알 수 없었다. 이것은 마리오가 단어의 80%만 정확하게 쓰면 된다는 의미인가, 아니면 철자 시험에서 80%를 맞춰야 한다는 의미인가? 철자 시험에서 80% 맞추는 것이라면 B학점을 받았다는 의미이다. 우리 반의 모든 학생이 철자에서 B학점을 받았으면 하는데, 마리오의 특별한 점은 무엇이고, 80%는 무엇을 의미하는가? 또한 철자법의 문제가 마리오가 이해하지 못하는 단어의 철자를 묻는 것일 수 있는지도 궁금했다. 자료에 마리오가 ELL이라고 나와 있는데, 왜 학업 능력에 초점을 맞춘 목표는 없었던 것일까?

다음 목표를 읽다 보니 더욱 혼란스러워졌다. 목표는 마리오가 한 구절의 75%를 이해할 것이라고 명시하고 있었다. 한 구절의 75%를 이해한다는 것이 무엇을 의미하는지 모르겠다. 이것을 어떻게 기록할 수 있겠는가? 이것은 마리오가 전체 구절을 이해할 필요가 없다는 것을 의미하는 것인가? 물론, 마리오가 사회와 과학 교과서에 나온 모든 내용을 이해하기를 바란다. 만약 그가 읽고 있는 것의 75%만 이해하기를 기대한다면 마리오는 어떻게 의무적인 표준화검사를 통과할 수 있는가? 마리오는 특수교육을 받고 있으므로, 3학년 이하의 읽기 자료를 배정받아야 한다는 뜻인가? 또한 마리오의 이해력이 ELL인 것과 관련이 있는지도 궁금했다. 문화를 반영하는 한 전문가 계발 세션에서 발표자는 모국어 능력이 영어 습득에 영향을 미친다는 것을 지적했다. 그래서 이제 IEP 목표가 실제 언어 장애보다 일반적인 영어 발달을 더 반영하는 것인지 궁금해졌다.

마리오를 돕기 위해 무엇을 해야 할지 매우 혼란스러웠다. IEP는 청사진이라고 했는데, 마리오의 IEP는 미로에 더 가까웠다. 우리 학교의 중재 전문가를 만나서 IEP의 해석을 들을 필요가 있을 것 같다. 아니면, 나는 아마도 이 모든 IEP 문제를 걱정할 필요가 없을 것이다. 마리오는 특수교육을 받기 때문에 실제로는 특수교사가 마리오의 학습에 책임자이다.

시나리오 성찰

과제 시나리오를 기반으로 다음 질문에 관한 생각을 기록하고 토론하시오.

- 마리오의 IEP를 실행하는 책임자는 누구인가?
- 만약 당신이 로즈이고, IEP 목표가 장애보다 일반적인 제2언어 습득을 더 반영하고 있다고 생각한다면 어떻게 할 것인가?
- 마리오의 요구 충족을 위한 지침 계획의 목표를 어떻게 수정하면 의미 있고 유용한 목표가 될 수 있는가?
- 일반교사가 마리오의 목표를 잘 이해하는 것은 왜 중요한가?

2. 일반교사는 IEP 목표 실행의 책임이 있는가?

일반교사들은 IEP의 개발과 실행에 대한 도덕적, 법적 책임이 있다. IDEA 2004는 IEP의 개발과 실행에 대한 책임에 일반교사가 포함되어야 한다고 명시하고 있다. 일반교사를 포함한 것은 일반교사가 일반교육과정과 특정 학년 수준에서 무엇을 가르치고 기대하는지에 대한 지식을 갖추었다는 인식에 따른 것이다. 일반교사의 전문성은 장애아동이 일반교육 환경에서 성공하는 데 필요할 수 있는 추가적 지원 및 서비스에 대한 가치 있는 정보를 제공한다. 특히, IDEA는 장애학생이 "일반교육과정에 참여하고 진전을 보여야 한다."고 명시하고 있다(§ 300.347[a][3][ii]). ESSA로 대체된 NCLB 법안과 마찬가지로 IDEA 2004는 장애학생의 목표와 비장애학생들의 목표가 밀접하게 일치하도록 규정하고 있다. 이러한 정렬을 요구함으로써, 일반교사들은 장애아동의 교육에서 더 뚜렷한 역할을 하게 된다. 이 명확한 역할은 ESSA에서 공립학교들이 국가가 채택한 학업 기준을 충족하는 데 있어서 장애학생을 포함한 모든 학생의 학업 진행 상황을 보고하도록 요구함으로써 강화된다. 따라서 일반교사와 특수교사 모두 장애학생의 교육에 동등한 책임이 있으며, IEP의 계획과 실행에 적극적인 역할을 해야 한다.

IDEA'의 핵심 요소

- **무상의 적절한 공교육**FAPE. 학생은 공교육 기관에서 무상으로 자신의 교육적 요구를 충족하는 방식으로 교육받아야 한다.
  - 거부 금지Zero Reject. 학교는 아동 요구의 심각성 때문에 교육을 거부할 수 없다.
- **최소 제한 환경**LRE. 학생은 전형적인 또래들과 가장 유사한 방식으로 교육을 받는다.
- **절차적 안전장치**(정당한 절차due process). 가족은 자녀의 배치, 서비스, 교육 계획에 동의하지 않을 권리가 있고 학군을 법정에 세울 수 있다.
- **부모 참여**(공유된 의사결정). 부모는 자녀 교육팀의 일원으로 참여할 권리가 있다.
- **비차별적 평가**. 학교는 타당하고, 신뢰할 수 있고, 문화적으로 관련성이 있고, 언어적으로 적절한 조치를 사용하여 장애의 모든 의심스러운 영역에서 학생을 평가하기 위해 팀 접근방식을 사용해야 한다.
- **개별화 교육 프로그램**IEP. IEP 팀은 현재의 평가 정보를 평가하고 각 장애학생의 고유한 교육적 요구를 충족하도록 설계한 서면 문서를 작성한다.

ESSA의 의도는 특수교육을 받는 학생을 포함하여 모든 학생의 학업성취도를 높이는 것이다. 이를 위해 ESSA는 주 정부가 모든 학생이 알아야 할 학업 내용 기준을 파악하고 매년 3~8학년과 고등학교 기간 중 1회 읽기와 수학을 평가하도록 요구하고 있다. 또한 매년 초등학교, 중학교, 고등학교에서 과학을 평가하여 학생들이 판별된 내용 기준을 학습하고 있는지 확인해야 한다.

주들은 연간 통지표에 학교 질적 요소를 추가할 선택권도 가지고 있다. 이러한 보고서는 장애인을 포함한 모든 학생이 일반교육과정에 접근할 수 있을 뿐만 아니라 각 주에서 제시한 기준을 충족하는 과정에서 진전을 이루게 하도록 학군과 학교에 책임을 묻는다. 비록 기준을 향한 학생들의 성취를 보고하는 규정이 있지만, 주들은 성과가 낮게 나타난 학교를 위해 자체 책무성 시스템과 개선 계획을 설계할 수 있는 유연성을 가지고 있다. 이러한 책무성 유형은 IEP 과정에서 일반교사의 역할을 강화한다. 일반교사는 학문적 내용 영역 내에서 알아야 할 것이 가장 중요한 것에 관한 내용 전문성과 지식을 가져온다. 따라서 일반교사는 학습 요구가 있는 개인을 위해 목표가 어떻게 수립되고 실행되는지에 중요한 역할을 한다. 그러므로 학생의 IEP 목표 개발에 일반교사의 참여가 무엇보다 중요하다. 영어를 제2언어로 습득하는 과정에 있는 장애학생의 경우, 장애와 언어적 요구를 다루는 서비스를 조율하는 것은 IEP의 개발과 함께 시작된다. **제2언어로서의 영어**^{English as a second language}(ESL) 또는 **타 언어 사용자를 위한 영어**^{English for speakers of other languages}(ESOL) 교사들은 언어 습득에 대해 잘 알고 있으며, IEP 목표를 판별하는 과정에서 언어 능력에 대한 가치 있는 통찰력을 제공할 수 있다.

법적 요건 외에도, 일반교사와 ELL 교사가 목표 개발에 참여해야 하는 교육학적 이유가 세 가지 있다. 첫째, 목표는 학생에게 긍정적인 결과를 촉진하는 교육을 위한 명확한 초점을 제공한다. 둘째, 목표는 학생의 진전도를 점검하고 보고하는 데 있어 기준점 역할을 한다. 셋째, 목표는 모든 서비스 제공자(예: 일반교사, 특수교사, 치료사)가 제공하는 중재의 결과로 학생이 습득해야 하는 기술에 대한 공통된 기대를 제공한다.

3. 측정 가능하고 관찰 가능하며 의미 있는 목표 작성

측정이 가능한 목표와 단기목표를 작성하는 것은 새로운 현상이 아니다. 메이저^{Mager}(1962)가 출판한 **교수적 목표 준비하기**^{Preparing Instructional Objectives}라는 제목의 책에서, 수업 계획이 구체적이고 측정이 가능한 행동 목표를 포함할 필요가 있다고 했다. 1970년대 동안 목표 작성의 메이저 모델^{Mager model}이 인기를 끌었다. 이 방법에는 목표에 대한 세 가지 중요한 요소가 있는데, 1) 측정이 가능한 행동 동사를 포함해야 하고, 2) 학습자에게 주어진 것을 명시해야 하며, 3) 성공의 기준을 명시해야 한다(Mager, 1975). 이러한 구체적이고 측정이 가능한 요소는 여전히 IEP 목표뿐만 아니라 단기목표 개발에서 언급된다.

측정이 가능한 목표와 단기목표를 작성한다는 개념이 새로운 것은 아니지만, 교사들은 종종 의미 있는 측정이 가능한 목표를 작성하는 방법에 대해 당혹스러워한다. 일부 혼란은 서로 잘못 사용되는 용어들(벤치마크, 단기목표 및 목표)에 기인한다. **목표**는 정해진 중재의 결과로 예상되는 변화를 명시하는 개별 학생의 요구에 기초한 문장이다. **단기목표**는 학생이 목표에 도달하기 위해 취할 중간 단계이며, 그러한 단기목표는 학생이 목표를 향해 충분한 진전을 보이고 있는지를 결정하는 **벤치마크** 역할을 한다. IDEA 2004는 학교가 부모에게 자녀가 연간 목표를 달성하기 위해 어떠한 진전을 보이고 있는지에 대한 정기적인 보고서 제공을 요구하기 때문에, 목표 달성을 향한 학생의 진전을 쉽게 평가할 수 있도록 목표는 측정 가능한 용어로 써야 할 뿐 아니라 의미가 있어야 한다. IEP 목표를 측정 가능한 용어로 작성하지 않으면 크리스틀^{Christle}과 옐^{Yell}이 언급한 바와 같이, "그 IEP는 불충분할 것이다"(2010, p. 112).

IEP 팀은 목표를 작성할 때 IEP의 현행수준에 기록된 학생에 대해 현재 알고 있는 것부터 시작해야 한다(제4장 참조). IEP 팀에게 현행수준은 IEP 목표의 초점을 결정하기 위한 학생의 배경 정보를 제공한다. 일단 팀이 학생의 강점과 현재의 학업 및 기능적 능력을 잘 이해하고 나면, 다음 단계는 적절한 교수^{instruction}와 지원(즉, 중재)을 통해 학생이 1년 이내에 성취할 것으로 기대하는 도전적이며 합리적인 것이 무엇인지 결정하는 것이다. 학생의 현재 능력과 합리적으로 1년 이내에 달성할 것으로 기대하는 것 간의 격차는 학생의 목표 개발로 이어진다. 격차를 좁히기 위한 합리적인 기대를 위해 팀은 학생의 성장 가능성과 격차 해소를 방해할 수 있는 모든 도전과제를 고려해야 한다.

목표는 학생이 중재(즉, 교수, 지원)의 결과로 무엇을 할 수 있는지를 설명하는 문장이므로, 학생이 교육적 경험으로 이익을 얻을 수 있도록 적절하게 도전적인 기대를 작성하는 것이 중요하다. 목표를 잘 작성하면 교사는 이를 달성하는 교육적 경험을 설계할 수 있고 목표 달성 여부에 따라 경험의 효과를 평가할 수 있다. 게다가, 목표를 명확하게 서술하면, 교사는 다른 교사, 행정가, 그리고 부모에게 무엇을 가르쳤는지, 무엇을 가르칠 것인지, 그리고 학생이 목표를 달성하기 위해 어떻게 진전하고 있는지 정확하게 전달할 수 있다.

기준 중심 목표standards-based goals를 작성하려면 IEP 팀이 학생의 강점과 요구, 모든 학생이 달성해야 하는 내용 기준, 학생의 기능 수준과 성취해야 할 수준 간 차이를 고려해야 한다. 〈표 5.1〉은 측정 가능하고 의미 있는 목표를 작성하는 지침으로 사용할 수 있다. BEST(행동, 평가, 구체성, 시기)라는 약어는 IEP 팀이 의미 있고 측정 가능한 목표를 개발하는 데 도움이 되는 질문을 기억하는 데 사용할 수 있다.

> ✋ **멈추고 생각하기!**
>
> 문화적으로 관련된 IEP 목표는 새로운 학습을 다루면서 이전 경험과 지식 간 연계를 위해 학생의 지식 자원을 활용한다.
>
> • 어떻게 하면 IEP 목표에 결손 영역을 다루면서 학생의 장점을 포함할 수 있는가?

<표 5.1> BEST 목표 작성 지침

중요 요소	안내 질문	제안
B: 행동Behavior	학생이 수행해야 할 관찰 가능한 행동이나 바람직한 행동은 무엇인가?	보거나 들을 수 있는 구체적인 감각 특정 언어를 사용하여 의도된 행동 설명하기 *예시:* • 쓰기 • 읽기 • 구성하기 • 말하기
E: 평가Evaluation	IEP 팀이 원하는 행동이 충족되었음을 알 수 있는 평가 측정 및 성과 지표는 무엇인가?	평가 방법을 표시하고 원하는 행동의 충족 여부를 결정하는 주요 정량화 가능한 수행(즉, 기준) 지표를 지정하기 *예시:* • 교육과정중심평가 • 관찰 • 루브릭 • 체크리스트 원하는 행동의 충족 여부를 결정하는 정량화 가능한 주요 수행 지표를 지정한다.

		예시: • 80% 정확도 • 5회 기회 중 3회 • 분당 80단어 비율
S: 구체성Specific	원하는 행동이 발생하는 구체적 상황이나 조건은 무엇인가?	학생이 원하는 행동을 보여 줄 조건을 묘사하는 정확한 언어를 사용하기 예시: • 한 구절을 읽으라고 했을 때 • 2학년 교과서 제공 • 무음독이 지속되는 동안
T: 시기Timely	원하는 행동을 언제 성취하는가?	기한이나 날짜 계획하기 예시: • 20xx 6월까지 • 학년 말에

IEP 팀이 IEP 문서의 현행수준을 작성하면, 이제 학생의 현재 기능 수준과 예상 기능 수준 간의 격차를 줄이기 위한 연간 목표를 개발할 준비가 된 것이다. 일반교사는 기준중심 IEP 목표를 개발할 때 학생의 현재 학업 수준과 기대 수행 수준 간의 차이를 파악할 수 있도록 학년 수준의 학업 기준에 대한 중요한 정보를 제공한다.

과제 시나리오를 예로 들어, IEP 팀은 마리오의 현행수준을 작성한 후 목표를 개발하기 시작한다. 다음으로, 그 팀은 3학년의 학업 기준과 마리오의 현재 수행능력, 3학년 학생에게 기대하는 것 간의 차이를 검토한다. 이 예시의 목적은, 철자법에 대한 목표가 이전 IEP에 포함되어 있었고, 3학년 기준은 쓰기 규칙의 숙달을 나타내기 때문에 마리오는 철자를 연습할 필요가 있다고 가정한다. 다음은 팀이 개발한 IEP 목표이다.

> 마리오는 다음 연간 평가에서 편집 장치를 사용하여 에세이 쓰기를 요청할 때, 교사 일화 기록으로 측정하는 3회 연속 시도에서 3학년 모든 단어의 철자를 정확하게(100%) 쓸 것이다.

IEP 팀이 기한을 확인했으므로, 매년 목표를 검토하여 '에세이'의 측정이 가능한 결과물을 '쓰기' 위한 의도된 관찰 가능한 행동의 충족 여부를 결정한다. IEP팀도 '교사 일화 기록' 평가 측정과 숙달을 입증하는 기준인 '3학년 모든 단어의 철자를 정확하게'가 포함되었기 때문에 목표 달성 여부를 판단할 수 있다. 또한 IEP 팀은 목표가 '편집 장치를 사용하여 에세이 쓰기를 요청할 때'라고 명시하기 때문에 마리오가 올바른 철자 쓰기를 수행해야 하는 맥락과 조건을 알고 있다. IEP 팀은 BEST 전략을 사용하여 목표가 의미 있고, 측정 가능한지 확인할 수 있다.

1) 블룸의 분류법을 사용한 측정 가능한 목표 수립

블룸 분류법Bloom's taxonomy은 교사들이 학습을 촉진하기 위한 다양한 활동을 분류하기 위해 자주 사용하는 개념적 틀이다. 1956년, 벤자민 블룸Benjamin Bloom과 교수 집단은 교육활동을 분류하기 위해 세 가지 영역, 즉 인지적 영역, 정서적 영역, 정신운동적 영역을 개발했다(Clark, 2013). **인지적 영역**은 학습 활동을 완료하는 데 필요한 지식과 지적 능력 및 기술을 말한다. 이 영역은 가장 단순한 것에서 시작하여 더 복잡한 것으로 나아가는 여섯 가지 수준의 인지 활동을 분류한다. 각 수준은 이전 수준보다 더 어려운 것으로 평가한다. 측정 가능한 목표를 작성하려면 관찰할 수 있고 의미 있는 용어를 사용해야 하므로, 인지적 영역에서 블룸의 분류법은 IEP 목표와 단기목표에 포함된 기술이나 개념을 명확하게 구분하는 데 필요한 난이도와 가능한 용어를 결정하는 훌륭한 자원을 제공한다([그림 5.1] 참조).

 멈추고 생각하기!

- 블룸의 인지적 영역 중 더 복잡한 수준의 하나를 적용할 수 있는 하나 이상의 시나리오를 설명하시오.
- IEP 팀은 과제 시나리오의 마리오에게 학생의 독특한 과제를 다룰 뿐 아니라 의미 있고 도전적인 목표를 개발하는 데 블룸 분류법 6개의 인지적 영역 진전을 어떻게 활용할 수 있는가?

생성하기(평가)
설계, 개발

평가하기(종합)
범주화하기, 결합하기,
말하기, 생성하기, 설계하기

분석하기(분석)
쪼개기(나누기), 비교하기, 대조하기, 토론하기, 해체하기,
차별화하기, 설명하기(도해하기/예를 들어 설명하기), 추론하기

적용하기(응용)
변경하기, 컴퓨터, 구성하기, 그리기, 제작하기, 보여주기, 사용하기, 차별화하기,
시연하기, 설명하기, 해결하기(도해하기/예를 들어 설명하기), 이용하기(활용하기)

이해하기(이해)
옹호하기, 설명하기, 일반화하기, 바꾸어 말하기, 변환하기, 구별하기,
예측하기, 다시 쓰기, 요약하기, 확장하기, 추론하기, 해석하기

기억하기(지식)
정의하기, 묘사하기, 식별하기, 분류하기(레이블달기), 목록화하기, 짝짓기,
개요 서술하기, 선택하기, 명명하기, 인지하기, 재연하기, 진술하기

[그림 5.1] 블룸의 과거 분류법과 새 분류법의 동사

참고: 화살표는 인지 영역의 복잡성을 나타냄

(출처: Anderson & Kathwohl, 2001; Bloom et al., 1956; Clark, 2013).

4. 문화를 반영하는 목표

IEP 목표는 서비스를 결정하기 위한 현행수준(PLAAFP)에서 파생된 문장이며 특정 목표를 향한 아동의 진전을 결정하는 지표로 사용되기 때문에, 모든 관계자가 목표를 지지하고 가치를 두는 것이 필수적이다. 연구에 따르면 대부분 가족은 IEP 회의에 참여하는 것을 의사결정 과정의 동업자로서보다는 문서에 서명하는 물리적 참석으로 인식하고 있었다(Childre & Chambers 2005; Mueller, 2017; Mueller & Buckley, 2014; Williams, 2007). 이러한 인식은 IEP 회의에서 가족이 대다수의 구성원과 다른 문화적 배경을 가졌을 때 훨씬 더 심각할 수 있다. 제2장에서 논의한 바와 같이, 다문화(CLD) 가족의 의사소통 방식은 종종 IEP 회의의 다른 구성원들과 매우 다르며 그 결과로 의사결정 과정의 일부로 참여하고자 하는 가족의 바람을 오해하게 한다. 따라서 IEP 팀원들은 문화적 차이를 인식하고 가정 문화를 반영할 수 있는 단계를 거쳐야 한다.

　다문화 학생을 위한 IEP 목표는 아동의 요구를 반영해야 할 뿐 아니라 가족과 가정 문화의 우선순위에도 부합해야 한다. 예를 들어, 포크나 숟가락을 이용해 스스로 먹는 기능적 기술에 초점을 맞춘 목표는 젓가락을 사용하는 가족의 우선순위나 문화와 맞지 않을 수 있다. 이러한 상황에서 목표는 가족의 우선순위와 가정 문화에 맞도록 조정한다.

　IEP 팀은 또한 ELL의 목표 문장에서 언어 능력을 다루어야 한다. 학교에서의 성공을 위해서는 학업적 언어 능력이 필요하므로 IEP 목표는 아동의 장애를 다루는 맥락 내에서 학업적 언어의 개발을 반영하는 것이 중요하다. 다음은 결손 영역을 다루기 위해 학업적 언어와 가정 문화를 포함하는 IEP 목표의 예시이다.

> 마리오는 다음 연간 평가까지, 스페인어를 사용하는 또래와 그래픽 조직자를 함께 개발한 후, 영어 시간에 에세이를 쓰게 하면, 교사 루브릭/체크리스트의 80% 정확도로 서론, 본문, 결론이 포함된 세 단락의 에세이를 쓸 것이다.

　특수교육과 ELL 서비스가 필요한 마리오의 독특한 요구를 문화적으로 반영하기 위해, IEP 팀은 마리오의 가정 문화와 언어 능력 수준을 고려했다. 마리오가 ELL이기 때문에, 스페인어를 사용하는 또래와 그래픽 조직자를 함께 개발하는 전략은 마리오가 자신의 가정 문화에 부합하는 협력적 환경(즉, 스페인어를 하는 또래와 함께)에서 증거기반 전략(즉, 그래픽 조직자)을 사용할 기회를 제공하고, 영어와 스페인어 모두 학문적 언어 유창성을 향상하게 한다. IEP 팀은 수행할 행동이 '쓰기'이고 측정이 가능한 산출물이 '세 단락 에세이'이기 때문에 목표 달성 여부를 판단할 수 있을 것이다. IEP 팀은 또한 평가의 일부로 평가 척도(즉, 루브릭/체크리스트)와 성과 지표(80% 정확도)를 판별함으로써 원하는 행동의 수행 여부를 알 수 있다. 영어 시간에 에세이를 쓰는 구체적인 조건은 팀이 원하는 행동이 언제 발생할지를 알 수 있게 해 준다. 마지막으로, '다음 연간 평가까지'라는 기한 제시를 통해 IEP 팀은 원하는 행동이 언제 충족되는지 알 수 있다. 약자 BEST를 사용하여 IEP 목표를 개발하는 것은 가정 문화를 포함하고 ELL의 언어 능력을 향상하는 것과 함께 의미 있고 측정 가능한 문화를 반영하는 목표를 개발하게 할 것이다.

　목표를 설정할 때, IEP 팀은 아동의 가정 문화와 언어 능력에 대해 합리적으로 도전적이고, 문화를 반영하는 높은 기대를 설정하는 것을 염두해야 한다. 현재 교육 자료에 따르면 일반교육 및 특수교육 모두에서 대부분의 다문화 인구에 대한 학업 결과 및 졸업률이 다른 집단에 비해 낮은 것으로 나타난다. 장애 및 비장애 학생 간의 성취 격차를 줄이기 위해서는 경도 또는 다문화 중등도 장애학생에게 합리적으로 높은 목표를 설정하는 것이 중요하다. 한 학년에 오직 1년의 학업적 수준 성장만을 반영하는 IEP 목표 작성을 계속 연습하는 것은 현재의 격차를 유지하게 할 뿐이다. 격차를 줄이기 위해서는 도전적이고 합리적인 성장 마인드가 필요하다(즉, 한 학년 내에 한 수준 이상을 성장할 수 있게 하는 목표의 작성을 허용하는 것). 이러한 성장 마인드는 학생의 잠재력 향상을 위해 합리적으로 높은 수준의 목표 문장을 작성하도록 법원이 획기적으로 판결한 앤드류 사례와 일치한다. 성장 마인드를 기반으로 합리적으로 계산되고 문화를 반영하며 명확하게 서술된 IEP 목표는 필요에 따라 조율하면서 학생이 목표를 달성하고 성취 격차를 줄이는 진전에 대한 점검이 가능하다. [그림 5.2]는 IEP 목표에 대한 회의 준비 점검표이다.

IEP 회의 준비:
IEP 목표

회의 이전

☐ 학생의 강점과 지식 자원을 파악한다.

☐ 학생의 모국어 및/또는 영어 능력 수준을 확인한다.

회의 동안

☐ 현재 학업성취도 및 기능수행 수준(PLAAFP)을 검토하고 목표를 작성하는 데 필요한 영역의 우선순위를 정한다.

☐ IEP 목표를 설정하는 동안 언어 능력과 지식 자금을 강점으로 고려한다.

☐ BEST 전략을 사용하여 목표가 의미 있고 규정을 준수하는지 확인한다.

☐ 통역사를 사용한다면, 적절한 통역 에티켓을 사용하도록 한다(제2장 참조).

회의 이후

☐ IEP 목표를 반영하여 진전 점검을 준비한다.

☐ 부모를 포함한 모든 팀원과 회의를 요약하고, 회의의 효과에 대해 논의한다.

☐ 부모에게 통역사의 사용을 확인하고, 회의의 주요 요점을 이해했는지 확인한다.

[그림 5.2] IEP 회의 준비: IEP 목표

5. 요약

이번 장에서는 다문화(CLD) 학생들의 요구에 대해 측정할 수 있고 문화를 반영할 수 있는 의미 있는 IEP 목표를 작성하는 것의 중요성을 자세히 설명했다. IEP 팀은 먼저 IEP의 현행 수준에 학습자의 강점과 향상을 위한 영역을 기록해야 한다. 다음으로, IEP 팀은 학생들의 요구에 우선순위를 두고 그 우선순위를 해결할 목표를 구성해야 한다. 이 장에서 언급한 바와 같이, 목표는 중재와 서비스가 형성되는 기반을 제공한다. 따라서 목표가 중재의 결과로 변경될 특정 요구, 상태 또는 조건을 충족하는지 확인하는 것이 중요하다. 책무성의 시대에, IEP 팀은 쉽게 측정할 수 있고, 모든 관계자에게 전달할 수 있는 의미 있고 법률 규정을 준수하는 IEP를 개발해야 한다.

6. IEP 체크리스트: 목표

다음 체크리스트는 IEP의 목표가 IDEA 2004 규정을 충족하는지 확인하는 목록으로 사용할 수 있다.

핵심 영역(IEP 영역): 목표	기준 충족	
	예	아니요
G1: 현재 학업성취도 및 기능수행 수준(PLAAFP)에 학생 요구의 우선순위를 반영하는 순서로 나열한다.		
G2: 학업 및/또는 기능 분야에 측정이 가능한 연간 목표를 포함한다.		
G3: 구체적이고 관찰 가능하며 측정이 가능한 용어를 사용하여 작성한다.		
G4: 1년 이내에 현실적으로 달성할 수 있는 기술을 설명한다.		
G5: 학생 IEP의 현행수준에 있는 문장과 명확하게 연결된다.		
G6: 모든 목표는 여기에 나열된 기준을 반영한다.		

7. 활동

이 활동은 본 장의 내용을 더 깊이 이해하도록 돕기 위한 것이다. 본 장의 활동은 다음과 같다.

- 활동 5.1. BEST 목표 문장 작성
- 활동 5.2. IEP 목표 문장 틀
- 활동 5.3. IEP 질적 목표 판별
- 활동 5.4. IEP 질적 목표 작성

활동 5.1. BEST 목표 문장 작성

지원 장: 제5장(목표)

목적: 이 활동의 목적은 의미 있고 측정 가능한 목표 문장 작성의 기술을 개발하는 것이다.

지시사항: 장애아동을 고려하여 목표 문장을 작성하고 이어지는 각 질문에 답하는 연습을 하시오.

> **의미 있고 규정을 준수하는 목표의 중요 요소**
>
> 행동(**B**ehavior):   보거나 들을 수 있는 구체적인 감각 특정 언어를 사용하여 목표 행동을 설명한다.
>
> 평가(**E**valuation): 평가 척도를 표시하고 목표 행동의 충족 여부를 결정하는 정량화 가능한 주요 성과 지표(즉, 기준)를 지정한다.
>
> 구체성(**S**pecific): 학생이 목표 행동을 보여 줄 때의 조건을 설명하는 정확한 언어를 사용한다.
>
> 시기(**T**imely):   기한이나 날짜를 명시한다.

행동(Behavior):

- 학생이 수행해야 할 관찰 가능한 행동 또는 바람직한 행동(예: 쓰기, 구성하기, 이름 말하기)은 무엇인가? _____

평가(Evaluation):

- 원하는 행동의 달성 여부를 판단하기 위해 어떤 진단평가 수단을 사용하는가?

_____

- 원하는 행동의 충족 여부를 결정하기 위해 어떤 정량적 수행지표를 사용하는가?

_____

구체성(Specific):

- 원하는 행동이 일어날 구체적인 상황이나 조건은 무엇인가?

- 원하는 행동은 언제 성취되는가? (기억할 것: 목표는 일반적으로 매년 작성한다.)

_____

이러한 질문에 대한 답변을 사용하여 네 가지 BEST 요소가 모두 포함된 목표 문장을 작성한다. _____

_____

활동 5.2. BEST 목표 문장 틀

지원 장: 제5장(목표)

목적: 이 활동의 목적은 의미 있고 측정 가능한 목표 문장 작성의 기술을 개발하는 것이다.

지시사항: 문장 틀을 완성하고 전체 목표 문장을 작성한 후 BEST 요소가 모두 포함되었는지 확인하여 목표 문장을 작성하는 연습을 하시오.

_____ 까지 원하는 행동을 성취할 기한이나 날짜를 지정한다.
_____ (학생)은/는 _____ (행동)을 할 것이다. 구체적으로 학생의 이름과 그들이 현재 할 수 없는 원하는 **행동**을 명시한다. 감각-특정적 언어를 사용한다.
_____ (조건/맥락)에서 학생이 원하는 행동을 보여 줄 때의 조건(예: 대화에서)과 맥락(예: 질문을 받았을 때)을 설명하는 특정 언어를 사용한다.
_____ 지원을 받아 학생이 목표를 달성하는 데 필요한 지원을 나열한다(예: 스페인어-영어 사전 사용, 컴퓨터 사용).
_____ 로 측정한 _____ 정확도로 평가 척도(예: 루브릭, 체크리스트)와 정량적 수행지표(예: 80%, 5회 기회 중 3회)를 표시하여 원하는 행동이 달성되었는지 **평가**한다.

이전 정보를 이용하여 목표 문장을 작성한다.

_____ (학생)은/는 _____ (조건/맥락)에서 _____ (기한) 까지 _____ 로 측정한 _____ 지원을 받아 _____ 로 측정한 _____ 정확도로 _____ (행동)을 할 것이다.

참고: 논리적으로 이해할 수 있도록 문장을 다시 정렬한 다음 BEST 목표 문장인지 확인한다.

활동 5.3. IEP 질적 목표 판별

지원 장: 제5장(목표)

목적: 이 활동의 목적은 의미 있고 측정 가능한 질적인 목표를 판별하는 것이다.

지시사항: IEP를 사용하여 목표 영역의 목록을 작성하고 제공된 정보의 질적 수준을 표시한다. 그런 다음 목표의 질적 수준을 점수화하고 점수를 뒷받침할 근거를 제시하시오.

루브릭 척도: 다음 척도를 사용하여 검토된 IEP 영역의 점수를 가장 잘 나타내는 숫자에 동그라미를 치시오.

1=기준 미달	2=부분적 기준 충족	3=기준 충족	4=기준 초과
• IDEA 2004 요건을 충족하는 증거를 보이지 못함 • IDEA 2004 요건을 다루지 않음	• IDEA 2004 요건을 부분적으로 충족함 • IDEA 2004 일부 요건을 다룸	• 대부분/모든 IDEA 2004 요건을 충족함 • 대부분/모든 IDEA 2004 요건을 다룸	• 모든 IDEA 2004 요건을 초과함 • 모든 지표를 다루며 기준을 넘어섬

핵심 영역(IEP 영역): 목표(각 목표에 대해 완료)	점수	점수 산출 근거
G1: 현재 학업성취도 및 기능수행 수준(PLAAFP)에 학생 요구의 우선순위를 반영하는 순서로 나열한다.	1 2 3 4	
G2: 학업 및/또는 기능 분야에 측정이 가능한 연간 목표를 제시한다.	1 2 3 4	
G3: 구체적이고 관찰 가능하며 측정이 가능한 용어로 작성한다.	1 2 3 4	
G4: 1년 이내에 현실적으로 달성할 수 있는 기술을 설명한다.	1 2 3 4	
G5: 학생 IEP의 현행수준에 있는 문장과 명확하게 연결된다.	1 2 3 4	
G6: 모든 목표는 여기에 나열된 기준을 반영한다.	1 2 3 4	

활동 5.4. IEP 질적 목표 작성

지원 장: 제5장(목표)

목적: 이 활동의 목적은 의미 있고 측정 가능한 질적인 목표를 작성하는 것이다.

지시사항: IEP를 사용하여 목표 목록을 작성하고, 제공된 정보의 질적 수준에 점수를 매기고, 각 목표에 대한 점수와 근거를 제시한다. 주요 영역(O1–O6)의 경우, 4점 이하의 목표는 기준(4점)을 초과하도록 다시 작성하시오. 이 활동 자료는 목록화하고 재진술한 각 목표 문장에 필요하다.

루브릭 척도: 다음 척도를 사용하여 검토된 IEP 영역의 점수를 가장 잘 나타내는 숫자에 동그라미를 치시오.

1=기준 미달	2=부분적 기준 충족	3=기준 충족	4=기준 초과
• IDEA 2004 요건을 충족하는 증거를 보이지 못함 • IDEA 2004 요건을 다루지 않음	• IDEA 2004 요건을 부분적으로 충족함 • IDEA 2004 일부 요건을 다룸	• 대부분/모든 IDEA 2004 요건을 충족함 • 대부분/모든 IDEA 2004 요건을 다룸	• 모든 IDEA 2004 요건을 초과함 • 모든 지표를 다루며 기준을 넘어섬

핵심 영역(IEP 영역): 목표(각 목표에 대해 완료)	점수	점수 산출 근거
G1: 현재 학업성취도 및 기능수행 수준(PLAAFP)에 학생 요구의 우선순위를 반영하는 순서로 나열한다.	1 2 3 4	
G2: 학업 및/또는 기능 분야에 측정이 가능한 연간 목표를 제시한다.	1 2 3 4	
G3: 구체적이고 관찰 가능하며 측정이 가능한 용어로 작성한다.	1 2 3 4	
G4: 1년 이내에 현실적으로 달성할 수 있는 기술을 설명한다.	1 2 3 4	
G5: 학생 IEP의 현행수준에 있는 문장과 명확하게 연결된다.	1 2 3 4	
G6: 모든 목표는 여기에 나열된 기준을 반영한다.	1 2 3 4	

재작성한 현행수준 문장

_____

_____

_____

제6장

단기목표

클라리사 E. 로자스
Clarissa E. Rosas

초점 학습 내용

- IEP 목표를 달성하는 데 필요한 하위 기술을 제공하는 의미 있고 측정 가능한 IEP 목표 문장 작성
- IEP 목표 달성을 지원하기 위해 문화-반영적 목표 개발

목표와 단기목표의 작성은 모든 IEP 개발의 중요한 부분이다. 제5장에서 논의한 바와 같이, 목표는 교육과 같은 특정한 중재 때문에 아동이 학년 내에 달성하기 위해 노력할 성취를 묘사하는 문장이다. 단기목표는 아동이 연간 목표를 향해 충분한 진전을 보이는지를 판단하는 지표 역할을 한다. 목표와 단기목표는 함께 IEP 팀이 필요한 중재와 서비스 유형을 결정하도록 안내한다.

1. 법적 관점의 이해

비록 목표와 단기목표를 작성하는 것이 IEP 개발의 일관된 기능이었지만, 2004년 장애인 교육개선법Individuals with Disabilities Education Improvement Act(IDEA, PL 108-446)은 대안적 평가를 받는 아동에게만 단기목표를 작성하도록 요구함으로써 이 기능을 변경했다. IEP에 단기목표를 포함하는 법적 조항은 다음과 같다.

(ii) 대안적 성취기준에 따라 대안적 평가를 받는 장애아동의 경우, 벤치마크 또는 단기
목표에 대한 설명을 제공할 것이다.
(3) 다음에 대한 설명
(i) 본 영역의 (2)에 설명된 연간 목표를 달성하기 위한 아동의 진전을 측정하는
방법
(ii) 아동이 연간 목표를 달성하기 위해 수행하는 진전에 대한 정기적 보고(예:
분기별 또는 기타 정기적 보고서 사용, 통지표 발급과 동시에)(§ 300.320[a]
[2]–§ 300.320[a][3][ii])

IDEA'의 핵심 요소

- **무상의 적절한 공교육**FAPE. 학생은 공교육 기관에서 무상으로 자신의 교육적 요구를 충족하는 방식으로 교육받아야 한다.
  - **거부 금지**Zero Rejec. 학교는 아동 요구의 심각성 때문에 교육을 거부할 수 없다.
- **최소 제한 환경**LRE. 학생은 전형적인 또래들과 가장 유사한 방식으로 교육을 받는다.
- **절차적 안전장치**(정당한 절차due process). 가족은 자녀의 배치, 서비스, 교육 계획에 동의하지 않을 권리가 있고 학군을 법정에 세울 수 있다.
- **부모 참여**(공유된 의사결정). 부모는 자녀 교육팀의 일원으로 참여할 권리가 있다.
- **비차별적 평가.** 학교는 타당하고, 신뢰할 수 있고, 문화적으로 관련성이 있고, 언어적으로 적절한 조치를 사용하여 장애의 모든 의심스러운 영역에서 학생을 평가하기 위해 팀 접근방식을 사용해야 한다.
- **개별화 교육 프로그램**IEP. IEP 팀은 현재의 평가 정보를 평가하고 각 장애학생의 고유한 교육적 요구를 충족하도록 설계한 서면 문서를 작성한다.

---

1) 주 평가

단기목표에 관한 규정을 이해하기 위해서는 일반교육에서 요구되는 성취기준을 검토하는 것이 중요하다. 제5장에서 언급한 바와 같이, 모든 학생의 성취도를 높이기 위한 노력으로, 2001년 아동낙오방지법No Child Left Behind Act(NCLB, PL107–110)과 2015년의 모든학생성공법Every Student Succeeds Act(ESSA, PL114–95)은 모든 학생이 알아야 할 학업 내용 기준을 파악하고 매년 학생들의 회의 진행 상황을 평가하고 보고할 것을 각 주에 요구하고 있다. ESSA는 2015년에 NCLB를 대체했지만, 주 정부에 IEP를 가진 학생을 포함한 모든 학생의 성취에 대한 책무성 요구를 지속했다.

현재 ESSA는 주 정부가 다른 학생보다 더 뒤처진 학생(예: 특수교육과 역사적으로 소외된 인

구) 사이의 격차를 좁히기 위해 야심찬 목표와 함께 성취기준을 설정할 것을 요구한다. 그 결과, 학군은 어려움을 겪고 있는 학생이 연방 기금을 받을 수 있도록 학업성취도를 향상하는 계획을 개발해야 한다. 결과적으로, 학교는 학생의 성취도 평가에 사용하는 시험 결과와 다른 조치를 공개적으로 보고해야 한다. 이러한 보고서는 **주 및 학군 통지표**로 불리며 학생 하위 집단에 따라 세분된 시험 결과를 포함한다. 학생 집단에는 인종, 성별, 사회경제적 지위, 장애, 영어가 제2언어인 학습자[ELL]가 포함된다.

IDEA는 IEP 팀이 대안적 평가에 참여하는 학생만을 위한 단기목표를 작성하도록 요구하고 있지만, 많은 학군은 모든 IEP에 대해 단기목표를 작성하는 실제를 계속해 왔다. ESSA가 어려움을 겪고 있는 학생들의 성취 격차를 줄이는 데 초점을 맞추고 있는 것을 고려할 때, IEP 팀은 학생의 진전을 점검하기 위해 의미 있고 규정을 준수하는 목표를 작성하는 것이 중요하다.

2) 대안적 평가

IDEA와 ESSA는 모든 주 및 지역 평가에 장애학생을 포함할 것을 요구하지만, 규정에는 주 전체 평가가 특정 아동에게 부적절하다고 판단될 때 IEP 팀이 주 전체 평가를 대체할 수 있는 재량권을 허용하는 조항도 포함되어 있다(National Center on Education Results, 2013). IDEA는 중도장애학생을 평가하기 위한 대안적 평가를 판별한 최초의 연방 법률이었다. NCLB는 주, 구, 학교가 장애학생을 포함한 모든 학생의 성취도를 보고하도록 요구할 때 대안적 평가를 강화했다. 나중에 ESSA는 대안적 평가를 통해 평가할 수 있는 학생 수를 전체 학생 인구의 1%로 제한했다. 이 상한선은 심각한 장애학생들만 대안적 평가에 접근할 수 있도록 하기 위한 노력이었다. IDEA에 따르면, IEP 팀이 주 또는 지역 전체 평가에 아동이 참여할 수 없다고 결정하는 경우, 팀은 주 또는 지역 전체 평가에서 아동을 제외하는 근거를 문서화하고 아동이 대안적 평가가 필요한 이유에 대한 진술을 작성해야 한다. IDEA 2004에서 언급한 바와 같이, IEP는 다음을 포함해야 한다.

(6) (i) § 612(a)(16)항에 따라 주 및 구 전체 평가에서 아동의 학업성취도 및 기능수행을 측정하는 데 필요한 개별적인 적절한 조정의 문장

(ii) IEP 팀은 아동이 학업성취도에 대한 특정 주 또는 지역 전체의 평가 대신 대안적 평가를 받아야 한다고 결정한 경우, 다음과 같은 이유를 명시해야 한다.

(A) 아동은 정기적인 평가에 참여할 수 없다

(B) 선택한 특정 대안적 평가가 아동에게 적합하다(§ 300.320[a] [6])

대안적 평가는 주 평가에 참여할 수 없는 학생, 특히 가장 심각한 장애학생의 성과를 측정하기 위해 필수적이다. 대안적 평가는 학생이 연방법에 따라 의무화된 대로 학생을 교육 책무성 시스템에 포함할 수 있을 뿐만 아니라 평가 조치에 접근할 수 있도록 한다. 대안적 평가에서 수집된 자료는 개별 학생의 요구를 다루기 위한 목표와 단기목표를 개발하기 때문에 IEP 팀에 매우 중요하다.

2. 단기목표

IEP 팀이 주 또는 지역 전체 평가에 아동이 참여하지 않고 대안적 평가에 참여할 것을 결정하는 경우, 팀은 IDEA의 요건을 준수하기 위해 IEP에 목표와 단기목표 또는 벤치마크를 포함해야 한다. IDEA는 단기목표를 아동이 목표를 달성하기 위해 취할 중간 단계로 작성해야 한다는 것을 강조하기 위해 단기적인 것으로 지칭한다. 앞에서 언급한 바와 같이, 이러한 단기목표와 벤치마크는 아동이 연간 목표를 달성하기 위해 충분한 진전을 보이는지를 결정하고, 따라서 아동의 교사가 면밀하게 점검해야 한다.

IDEA는 대안적 평가가 필요한 개별 학생을 위해 IEP 문서에 목표와 단기목표 또는 벤치마크를 포함하도록 요구하지만, 미국 교육부(2006)는 대안적 평가가 필요하지 않은 학생을 위해 단기목표를 IEP에 포함할 수 있는 재량권을 허용했다.

> ... 법에서 특별히 벤치마크와 단기목표를 삭제하였다. 그러나 원래 벤치마크와 단기목표는 부모가 자녀의 연간 목표 달성에 대한 진전도를 점검하는 데 도움을 주려는 것이었으므로, 주 정부가 그렇게 하기로 한다면 단기목표와 벤치마크를 사용하는 정도를 결정할 수 있다. 그러나 IEP에 벤치마크 또는 단기목표를 요구하기로 선택한 주는 주에 있는 지역교육청local education agencies[LEA]과 장관에게 서면으로 그러한 해당 규칙, 규정이나 정책이 주에서 부과한 요구 사항이며, 이는 법의 파트 B나 연방 규정에서 요구하는 것이 아님을 서면으로 확인해야 한다. (71 Fed. Reg. at 46663)

주 정부는 학생의 IEP 목표 달성에 대한 진전도를 측정하기 위해 벤치마크 및/또는 단기목표를 사용하는 실제를 계속하기로 선택할 수 있으므로, 두 용어 간에 작은 차이가 있다는 점에 유의하는 것이 중요하다. 단기목표는 학생이 연간 목표에 앞서 달성해야 하는 중간 지식, 기술 및 행동을 말한다. 벤치마크는 IEP 목표를 달성하기 위해 학생이 입증해야 하는 중요한 이정표를 설명한다. 단기목표를 구성할 때 IEP 팀은 목표를 학생이 IEP 목표를 달성하기 위해 달성해야 하는 개별 기술로 세분화한다. 예를 들어, 연구팀은 IEP의 현행수준에 제공된 정보를 사용하여 마리오에 대한 다음과 같은 읽기 목표를 개발했다.

> 목표: 마리오는 다음 연간 평가에서 편집 장치를 사용하여 에세이 쓰기를 요청할 때, 교사 일화 기록으로 측정하는 3회 연속 시도에서 3학년 모든 단어의 철자를 정확하게(100%) 쓸 것이다.

그런 다음 IEP 팀은 마리오가 IEP 목표를 달성하기 위해 습득해야 할 다음과 같은 중간 기술을 확인했다.

- 단어 이해력
- 단어 해독을 위한 구조 분석 사용
- 맞춤법 검사기 사용

그런 다음 IEP 팀은 판별된 개별 기술을 사용하여 IEP 목표에 숙달하기 위해 학습해야 하는 각 기술에 대한 개별 목표를 작성한다. 다음은 마리오가 IEP 목표의 숙달을 위해 달성해야 할 첫 번째 단기목표의 예이다.

> 단기목표: 마리오는 [1/4분기]까지, 영어 과목 3학년 수준에서 일련의 단어 철자를 쓰도록 요청하기 전에, 교사의 관찰로 측정한 15개 단어 중 12개 단어의 의미를 영어나 스페인어로 구두 진술함으로써 단어 이해력을 증명할 것이다.

앞서 언급한 바와 같이, 단기목표와 벤치마크는 원래 IEP 목표 달성을 위한 학생의 진전도 점검을 돕기 위한 것이었다. 학생의 진전도 점검은 IEP에 기록한 서비스가 필요한 교수적 지원을 제공하는지를 결정하는 데 필요하다. 벤치마크는 학생이 목표 달성을 위해 적절한 진전을 보이고 있는지를 판단하는 측정 지표의 역할을 한다. 앞의 단기목표 예시에서, 1분기 벤치마크는 15개 단어 중 12개 단어를 이해하는 이정표이다. 단어 이해력은 지원되는 서비스가 15개 단어 중 12개 단어를 이해하는 마리오의 진전을 지원하도록 보장하기 위해 1분기 동안 점검할 것이다.

벤치마크는 목표를 향한 선행 단계이기 때문에, 그것들은 종종 연간 목표 달성을 위한 학생의 진전에 대한 수행지표 역할을 한다. IEP 팀이 IDEA에 명시된 바와 같이 대안적 평가를 받을 학생을 위한 단기목표 또는 벤치마크만 포함하도록 요구하지만, 대부분 주에서는 IDEA가 부모에게 자녀의 진전에 대한 정기적인 보고를 하도록 요구하고 있어서 IEP 문서에 목표와 단기목표를 모두 작성하는 방식을 지속해 왔다. 따라서 IEP 팀원은 목표와 직접적으로 일치하는 측정이 가능하고 의미 있는 단기목표를 작성하는 데 필요한 지식을 갖추는 것이 중요하다.

과제 시나리오

제5장에서 3학년 교사 크리스티나 로즈를 만났는데, 로즈는 자신의 학급에 새로운 학생 마리오를 맞이하고 있었다. 로즈가 마리오의 IEP를 검토하고 있을 때, 로즈는 각각의 IEP 목표가 무엇을 의미하는지, 그리고 마리오가 수업에서, 특히 어떻게 의무적인 주 평가를 통과하도록 도움을 줄 수 있는지에 대해 혼란스러워했다. 교사는 또한 IEP 목표가 영어 철자에 초점을 맞춘 것이 마리오가 문자 언어 결손보다 제2언어인 영어를 배우는 과정에 있는 점을 더 반영하고 있는 것은 아닌지 궁금해했다. 다음 시나리오에서, 로즈는 IEP의 목표와 단기목표의 이해를 돕기 위해 학교의 특수교사와 상담하고 있다. 시나리오에 자세히 설명된 상호작용을 검토해 보자.

로　　즈: 안녕하세요! 제가 마리오의 IEP를 검토하고 있는데 IEP에 명시된 목표가 매우 혼란스러워서 선생님이 도와주시면 좋겠습니다.

특수교사: 물론이죠, 기꺼이 도와드릴게요.

로　　즈: 저는 그냥 그 목표들이 무슨 의미인지 이해가 되지 않아요. 지난달 IEP 워크숍에 참석해서 IEP가 장애학생을 위한 교육을 계획하는 청사진과 같다는 사실을 알게 되었어요. 발표자는 IEP 목표와 단기목표가 교수를 계획하는 데 도움이 되고, 목표 달성의 진전도를 점검하는 초점이 되기 때문에 특별히 관심을 가져야 한다고 했어요. 저는 마리오의 목표가 무엇을 의미하는지조차 알 수 없고, IEP에서 단기목표를 찾을 수 없었어요. 어떻게 이 아이를 위한 교육을 계획하고 목표를 달성하는 과정을 점검해야 할지 모르겠어요. 좀 도와주시겠어요?

특수교사: 자, 마리오가 학업적으로 어떻게 하고 있는지 알아보기 위해 PLAAFP 영역을 먼저 읽는 것으로 시작할게요. 음, 마리오가 1학년 수준의 읽기를 하는 3학년이고 단어를 이해하는 데 어려움이 있네요. 또한 마리오가 ELL이고, 구

어가 나타나는 수준^{speech emergent level}에 있다고 명시되어 있어 구술 영어 수준이 높아졌다는 것을 의미하지만, 마리오는 문맥적 단서에 의존하고 있네요. 학년 수준의 자료를 읽는 데 어려움을 겪는 것은 그리 놀라운 일이 아녜요. 마리오의 모국어는 어떤지 보죠. IEP에 통역사가 필요하니, 부모님은 모국어로 의사소통하는 것에 더 편안하다는 것이고요. 부모님은 모국어가 스페인어이며 마리오의 모국어가 스페인어임에도 불구하고 가끔은 대화를 이해하지 못하는 것 같다고 하셨어요. 현행수준에 따르면, 우드콕-무뇨즈^{Woodcock–Muozoz} 언어 검사(Woodcock et al., 2017)를 수행했고, 스페인어와 영어 모두 수용 언어에 약간의 어려움이 있는 것을 알게되었어요. 마리오는 학교를 좋아하고, 열심히 공부하는 학생으로 집에서 동생들을 돌보는 데 큰 도움을 주고 있다는 것도 알게 되었고요. 이런 부분이 우리가 이용하고 격려해야 할 장점들이죠. 이제 IEP 목표를 살펴볼게요. 여기에는 마리오가 3학년이 끝날 때까지 80%의 정확도로 단어를 쓰고 75%의 정확도로 문장을 이해할 것이라고 쓰여 있네요. 아, 선생님이 왜 그렇게 혼란스러우신지 알겠어요. 목표에서 몇 가지 중요한 구성요소가 누락되어 있고, 목표가 IEP에 포함되어 있지도 않네요. IEP 팀이 우리 주에서 모든 IEP에 대해 단기목표를 포함하도록 하고 있다는 것을 몰랐던 것인지 궁금하네요. 저는 이 IEP를 검토하면서, IEP의 목표 부분에 몇 가지 실제적인 문제가 있는 것으로 보여서, 선생님이 어려움을 겪고 계신 것이 이해되네요.

로　　즈: 네, 저는 백분율이 무슨 의미인지 전혀 모르겠어요. 80%는 마리오가 단어 철자의 80%만 정확하게 쓰면 된다는 뜻인가요? 이건 심지어 말도 안 돼요. 75%가 무슨 뜻인지 잘 모르겠어요. 이건 어떤 구절이든 75%의 정확도로 읽어야 한다는 의미일까요? 마리오가 1년 안에 몇 학년 수준의 책을 읽을 것으로 기대하는 것인가요? 이렇게 누락된 목표와 단기목표는 제가 어떻게 해야 할까요? 목표와 단기목표는 같은 것인가요? 저는 제가 확실하게 이해할 수 없는 것을 책임지고 싶지는 않아요.

특수교사: 단기목표는 연간 목표를 달성하기 위한 점진적인 단계를 말해요. 선생님이 IEP 목표와 단기목표에 대해 걱정하는 이유가 이해됐어요, 왜냐하면 저희 둘 다 IEP에 명시된 대로 마리오가 목표를 향해 진전하는 데 책임을 지고 있으니까요.

로　　즈: 마리오는 IEP가 있어서 공통 핵심 주 기준^{Common Core State Standards}(CCSS)을 충족할

필요는 없다는 말씀이신가요?

특수교사: 제가 마리오의 IEP를 검토해 보니, 대안적 평가에 관한 어떠한 규정도 없었어요. 마리오도 모든 학생에게 요구되는 기준을 충족시킬 필요가 있어요. 마리오가 기준을 충족하기 위해 전제되는 기술을 갖추게 하고, 마리오의 요구를 다룰 수 있도록 목표와 단기목표를 확실히 작성해야 해요. 가장 먼저 해야 할 일은 의미 있고 규정을 준수하는 목표로 수정하고, 그다음에 단기목표를 추가하면 될 듯해요. 단기목표를 작성할 때 언어 능력을 다루어 볼 수 있을듯해요. 부모님께 연락해서 저희가 규정을 준수하면서 의미 있고, 정기적으로 평가하고 보고할 수 있는 방식으로 목표와 단기목표를 업데이트할 거라고 알려드릴게요.

로　　즈: 좋아요. 지금 바로 시작할 수 있을까요? 다음 주에 마리오가 우리 반에 들어올 때를 대비하고 싶어서요.

시나리오 성찰
과제 시나리오를 기반으로 다음 질문에 관한 생각을 기록하고 토론하시오.

- 의미 있고 측정 가능한 목표는 IEP에서 단기목표를 작성하는 데 어떻게 도움이 되는가?
- IDEA 요건을 충족하기 위해 목표를 어떻게 재작성하겠는가?
- 단기목표를 작성할 때 마리오의 지식 자원을 어떻게 활용할 수 있는가?
- 마리오가 연간 목표를 달성하는 데 필요한 개별 구성요소 또는 하위 기술은 무엇인가?
- 마리오가 IEP 목표를 향해 나아가고 있음을 보여 주는 데 필요한 핵심 이정표를 나열하시오.

 멈추고 생각하기!
- 과제 시나리오의 목표는 다듬을 필요가 있지만, 철자법에 초점을 맞춘 마리오의 IEP 목표를 달성하는 데 필요한 필수 기술은 무엇인가?
- 언어 능력은 어떻게 철자법에 필수적 기술의 일부가 될 수 있는가?
- 단기목표를 어떻게 진전도 점검의 목표 지점으로 사용할 수 있는가?
- IEP에 단기목표를 포함하는 것의 이점은 무엇인가?

1) 측정 가능하고 의미 있는 단기목표 작성
단기목표를 작성하는 기준은 목표를 작성하는 기준과 같다. 즉, 의미 있고 측정 가능해야 한다. 그러나 단기목표는 연간 목표 성취를 위해 학생이 달성해야 하는 점진적 단계에 대한 문장을 제공한다. 측정 가능한 목표를 작성하기 위한 BEST(행동, 평가, 구체성, 시기) 전략은 IEP 팀이 목표 달성으로 이어지는 점진적 문장으로 작성한다면 쉽게 단기목표 작성에 적용할 수 있다(5장 참조). 이 문장은 연간 목표 성취를 위해 아동이 달성해야 하는 단계적인 하위 기술들을 제공해야 한다. 그런 다음, 이렇게 계층화된 단계들은 연간 목표를 달성하는 과정에서 아동의 진전도를 점검하는 벤치마크 역할을 한다. 단기목표가 의미 있고 측정 가능할 때, 교사는 아동의 요구를 충족시키기 쉽게 교육을 설계하고, IEP에 명시된 목표를 달성하는 과정을 효과적으로 점검할 수 있다. 또한 목표를 잘 작성하면(즉, 의미 있고 측정 가능한 목표) 학생의 진전도 점검을 위해 적절한 자료 수집을 쉽게 실행할 수 있어 IDEA의 요구사항을 충족할 수 있다(Christle & Yell, 2010).

의미 있고 규정을 준수하는 목표의 중요 요소

B-행동Behavior: 보거나 들을 수 있는 구체적이고 감각적인 언어를 사용하여 목표행동을 설명한다.
E-평가Evaluation: 평가 척도를 표시하고 원하는 행동의 충족 여부를 결정하는 정량적 수행지표 (즉, 기준)를 정한다.
S-구체성Specific: 학생이 원하는 행동을 보여 줄 때의 조건을 설명하는 정확한 언어를 사용한다.
T-시기Timely: 기한이나 날짜를 명시한다. 단기목표와 벤치마크의 기한은 연간 목표 이전이다.

마리오에게 의미 있는 목표를 작성하기 위해서는 3학년 주(州) 기준 외에도 마리오의 강점과 요구를 알아야 한다(제5장과 이 장에서 계속되는 과제 시나리오 참조). 예를 들어, IEP에 철자법에 대한 목표가 포함되어 있으므로 마리오가 철자법을 공부할 필요가 있다고 가정한다. 게다가 마리오는 3학년이고 주에서 공통 핵심 주 기준(CCSS)을 채택했기 때문에 그는 다음의 언어 스트랜드를 숙달해야 한다.

- CCSS.ELA-Literacy.L.3.2: 기준 영어 대문자, 구두점 및 쓰기 시 철자의 규칙에 대한 요구를 시연한다.
- CCSS.ELA-Literacy.L.3.2e: 빈도수가 높은 단어와 학습한 다른 단어에 일반적 철자법을 사용하고, 기본 단어(예: 앉기, 웃는, 울음, 행복)에 접미사를 추가한다.
- CCSS.ELA-Literacy.L.3.2f: 단어를 쓸 때 철자 패턴과 일반화(예: 단어 계열, 위치 기반 철자법, 음절 패턴, 종료 규칙, 의미 있는 단어 부분)를 사용한다.
- CCSS.ELA-Literacy.L.3.2g: 철자를 확인하고 수정하는 데 필요한 경우 시작 사전을 포함한 참고 자료를 참조한다.

마리오에 대한 의미 있고 측정 가능한 기준 기반 목표의 예는 다음과 같다.

> 마리오는 다음 연간 평가에서 편집 장치를 사용하여 에세이 쓰기를 요청할 때, 교사
> 일화 기록으로 측정하는 3회 연속 시도에서 3학년 모든 단어의 철자를 정확하게(100%)
> 쓸 것이다.

IEP 팀이 기한을 확인했기 때문에, '에세이'의 측정 가능한 산출물 '쓰기'에 대해 의도된 관찰 가능한 행동의 충족 여부를 결정하기 위해 이를 매년 검토할 것이다. IEP 팀도 '교사 일화 기록' 평가 측정과 숙달을 입증하는 기준인 '3학년의 모든 단어를 정확하게'가 포함됐기 때문에 목표 달성 여부를 판단할 수 있을 것이다. 게다가, 목표가 '편집 장치를 사용하여 에세이를 쓰게 하면'이라고 명시하기 때문에 IEP 팀은 마리오가 올바른 철자법을 써야 하는 맥락과 조건을 알고 있다. IEP 팀은 의미 있고 측정 가능한 목표 작성을 보장하기 위해 BEST 전략을 사용할 수 있다.

마리오는 대안적 평가가 필요하지는 않지만, 학군에서 IEP에 단기목표를 포함하도록 요구한다면, IEP 팀은 연간 목표를 달성하는 데 필요한 기술이나 하위 기술을 분석하여 단기목표를 구성할 수 있다. 단기목표는 기준 기반 목표의 연장선에 있을 뿐 아니라 마리오가 IEP 목표를 달성할 수 있도록 학년 전체에 걸쳐 진전 상황을 가늠할 수 있는 지표 역할을 한다. 다음은 IEP 목표의 하위 기술을 포함하는 의미 있고 측정 가능한 단기목표의 예이다.

> 단기목표 1: 마리오는 1/4분기까지, 영어 과목 3학년 수준에서 일련의 단어 철자를 쓰도록 요청하기 전에, 교사의 관찰로 측정한 15개 단어 중 12개 단어의 의미를 영어나 스페인어로 구두 진술함으로써 단어의 이해력을 증명할 것이다.
> 단기목표 2: 마리오는 2/4분기까지, 영어 과목 3학년 수준에서 일련의 단어 철자를 쓰도록 요청하면, 주간 철자 시험에서 15개 단어 중 12개를 정확하게 작성하여 문자-음성 대응 지식과 구조 분석을 보여 줄 것이다.
> 단기목표 3: 마리오는 3/4분기까지, 영어 과목에서 에세이를 쓰라고 요청할 때, 교사의 관찰로 측정한 5번의 시도 중 4번의 시도에서 에세이의 단어들이 정확한지 확인하기 위해 자원을 사용할 것이다.

이 세 가지 단기목표는 마리오가 3학년 단어의 철자를 80%의 정확도로 맞추는 데 필요한 중간 하위 기술이다. 그의 교사들과 부모는 연간 IEP 목표 달성에 대한 진전을 보이고 있는

지를 가늠하기 위해 단기목표를 사용할 수 있다. 마리오의 교사들은 단기목표에 기초하여 철자 검사 도구로서 참조의 사용과 해석 기술로서의 음운론을 가르치는 교육을 계획해야 한다는 것을 알고 있을 것이다. 게다가, 단기목표는 마리오의 주 3학년 기준의 일부인 3학년 단어의 정확한 철자를 측정하고 전달하는 평가의 선택 및/또는 계획에서 지표가 될 것이다. 또한 단기목표는 모든 서비스 제공자에게 언어 능력에 대한 공통 기준점 역할을 할 것이다.

2) 문화를 반영하는 단기목표

IEP 목표에 해당하는 단기목표를 작성할 때, 팀은 목표가 가정 문화를 반영하고 아동의 언어 능력 수준을 다루는지 확인해야 한다. ELL의 우선순위 중 하나는 학년 수준의 기준을 성공적으로 달성하고 대학 및/또는 직장에 대비할 수 있도록 학업 영어 능력을 개발하는 것이다. 학업 영어 능력은 학교에서 교사 및 교과서와의 상호작용을 통해 습득하는 기술로, 교육적 중재와 지원이 필요하다(제2장 참조). IEP 팀은 문화적, 언어적으로 다양한 학생의 학업 및 기능적 요구를 다루는 동시에 언어 능력 수준을 강화하는 목표와 단기목표를 개발해야 한다. 예를 들어, 마리오의 IEP 목표의 초점은 글쓰기의 결손을 개선하는 것이었다. 그러나 마리오가 ELL이라면, 목표는 그의 결손 영역을 해결하는 동시에 학업적 언어 능력을 강화하는 중재와 지원을 포함할 필요가 있다. 다음은 마리오의 결손 영역을 다루는 동시에 학업적 언어 능력을 강화하는 문화를 반영하는 목표의 예이다.

목   표 1: 마리오는 다음 IEP 날짜까지, 영어 과목에서 세 단락으로 된 에세이를 쓰게 할 때, 교사 관찰과 일화 기록으로 측정한 3회의 연속적 시험에서 3학년 단어의 철자를 100% 정확하게 쓸 것이다.

단기목표 1: 마리오는 1분기 (날짜)까지, 친구와 자신이 선택한 사회 과목 주제에 관해 토론한 후, 교사 관찰과 체크리스트로 측정한 사회 과목 주제를 80%의 정확도로 요약하는 그래픽 조직자를 개발할 것이다.

단기목표 2: 마리오는 2분기 (날짜)까지, 그래픽 조직자와 문장 시작 표현sentence starters을 사용하여 교사 관찰과 체크리스트로 측정한 주제, 세 가지 세부 사항, 결론을 80% 정확도로 포함하는 단락을 작성할 것이다.

단기목표 3: 마리오는 3분기 (날짜)까지, 영어-스페인어 사전을 사용하여 자신이 선택한 사회 과목 주제에 대한 그래픽 조직자를 개발한 후, 교사 관찰과 체크리스트로 측정한 80% 정확도의 주제, 세 가지 세부 사항 및 결론을 포함하는 단락을 작성할 것이다.

이러한 단기목표는 마리오의 글쓰기 결손을 다루는 동시에 학업적 언어 능력 개발에 집중한다. 사회 과목은 학업적 주제에 초점을 맞추고, 그래픽 조직자, 문장 시작 표현, 영어-스페인어 사전 사용과 같은 교육적 지원은 학업적 언어 능력 향상에 필요한 지원을 제공한다. 세 가지 목표는 모두 아동의 언어적 요구에 문화적으로 반응하는 동시에 IEP 목표를 달성하는 데 필요한 점진적 단계들이다.

✋ **멈추고 생각하기!**

지식 자원은 학생이 가족과 지역사회 내에서 문화적 실제에 대한 경험과 지식을 통해 얻는 강점이다. 학생의 사전 지식과 경험을 활용하면 새로운 개념에 대한 학생의 이해가 깊어진다.
• 학생의 사전 지식과 경험을 활용하는 것은 새로운 개념에 대한 학생의 이해를 어떻게 심화시키는가?

ELL인 중도장애학생의 경우 학업적 언어 능력보다는 일정한 사회적 언어 능력 수준을 요구하는 기능적 기술에 중점을 둘 수 있다. IEP 팀의 학교 대표는 우선순위와 언어 선호도(즉, 모국어 또는 영어)를 결정하기 위해 가족과 긴밀히 협력해야 한다. 현행수준에 명시한 한도는 목표와 언어 능력 요구의 적절한 유형(학업적, 기능적 또는 행동적)을 결정한다.

3. 요약

이 장에서는 IEP의 목표와 일치하는 의미 있고 측정 가능한 단기목표를 작성하는 것의 중요성을 자세히 설명했다. 단기목표는 연간 목표 달성을 위한 벤치마크 역할을 하는 점진적 단계이다. IDEA는 대안적 평가를 받는 학생들에게만 단기목표를 요구하지만, 주 정부는 계속 IEP에 단기목표를 포함하도록 할 수 있다. 대부분의 주에서는 단기목표가 목표를 향한 중간 단계 역할을 할 뿐만 아니라 연간 목표에 도달하기 위해 충분한 진전이 이루어지고 있는지를 점검하고 보고하는 데 사용할 수 있어 이를 지속해 왔다. IEP 회의에 앞서 단기목표를 준비하는 점검표는 [그림 6.1]을 참조하라.

멈추고 생각하기!

마리오의 예제 목표와 관련 단기목표를 고려하여 다음 질문에 답하시오.

- 마리오의 IEP에 어떤 단기목표를 추가할 수 있는가?
- 만약 당신이 마리오의 교사라면, IEP의 어떤 정보가 마리오의 교육을 계획하는 데 도움이 되겠는가?
- 어떻게 제공된 단기목표가 마리오의 연간 목표 달성에 대한 진전을 점검하는 벤치마크 역할을 할 수 있는가?

IEP 회의 준비:
IEP 단기목표

회의 이전

☐ 학생의 강점과 지식 자원을 파악한다.

☐ 가능한 IEP 목표를 검토하고 학생이 목표를 달성하는 데 필요한 필수 기술 또는 행동을 판별한다.

회의 동안

☐ IEP 목표를 달성하는 데 필요한 필수 기술 또는 행동을 공유한다.

☐ 학습자가 습득한 필수 기술이나 행동을 결정한다.

☐ 학습자가 습득하지 못한 전제 조건 기술을 다루는 단기목표를 개발한다.

☐ IEP 목표를 설정하는 동안 언어 능력과 지식 자원을 강점으로 고려한다.

☐ BEST 전략을 사용하여 목표가 의미 있고 규정을 준수하는지 확인한다.

☐ 통역사를 사용한다면, 적절한 통역 에티켓을 사용하도록 한다(제2장 참조).

회의 이후

☐ IEP 단기목표를 반영하기 위해 진전도 점검을 준비한다.

☐ 부모님을 포함한 모든 팀원과 회의를 요약하고, 회의의 효과에 대해 논의한다.

☐ 부모에게 통역사의 사용과 회의의 주요 내용을 이해했는지 확인한다.

[그림 6.1] IEP 회의 준비: IEP 단기목표

4. IEP 체크리스트: 단기목표

IEP 팀원이 의미 있고 측정 가능한 단기목표를 작성하기 위해서는 배경지식과 기술이 있어야 한다. 다음 체크리스트를 사용하여 목표가 IDEA 규정을 충족하는지 확인할 수 있다.

핵심 영역(IEP 영역): 단기목표 및 벤치마크	기준 충족	
	예	아니요
O1: 단기목표/벤치마크는 현재 학업성취도 및 기능수행 수준(PLAAFP)에서 학생의 요구를 반영하는 순서로 나열한다.		
O2: 각 목표에 대해 최소 두 개의 단기목표를 작성한다.		
O3: 각 단기목표는 하나의 조건과 측정 가능한 행동을 포함한다.		
O4: 각 단기목표에 대해 측정하는 기술의 구체적인 기준을 작성한다.		
O5: 학생의 현행수준(PLAAFP)과 명확하게 연결되고, 학생의 능력과 요구를 다룬다.		

5. 활동

이 활동은 본 장의 내용을 더 깊이 이해하도록 돕기 위한 것이다. 본 장의 활동은 다음과 같다.

- 활동 6.1. BEST 단기목표
- 활동 6.2. 기능적 단기목표 구성
- 활동 6.3. 목표로 이끄는 BEST 단기목표 구성
- 활동 6.4. 질적 IEP 단기목표 판별
- 활동 6.5. 질적 IEP 단기목표 작성

활동 6.1. BEST 단기목표

지원 장: 제6장(단기목표)

목적: 이 활동의 목적은 의미 있고 측정 가능한 단기목표 문장 작성의 기술을 개발하는 것이다.

지시사항: 장애아동을 고려하고, 각 질문에 답함으로써 목표를 작성하는 연습을 하시오.

의미 있고 규정을 준수하는 목표의 중요 요소

행동(**B**ehavior): 보거나 들을 수 있는 구체적인 감각 특정 언어를 사용하여 목표 행동을 설명한다.

평가(**E**valuation): 평가 척도를 표시하고 목표 행동의 충족 여부를 결정하는 정량화 가능한 주요 성과 지표(즉, 기준)를 지정한다.

구체성(**S**pecific): 학생이 목표 행동을 보여 줄 때의 조건을 설명하는 정확한 언어를 사용한다.

시기(**T**imely): 기한이나 날짜를 명시한다.

---

1. **행동**(Behavior): 학생이 수행해야 할 관찰 가능한 행동은 무엇인가?

   _____

   _____

2. **평가**(Evaluation): 어떤 진단평가 수단 및 수행지표(즉, 기준)로 원하는 행동의 충족을 알 수 있는가?

   _____

   _____

3. **구체성**(Specific): 원하는 행동이 일어날 구체적인 상황이나 조건은 무엇인가?

   _____

   _____

4. **시기**(Timely): 원하는 행동은 언제 성취되는가?

        (기억할 것: 목표는 연간 목표의 만기일 이전에 작성한다.)

_____

_____

5. 이 질문에 대한 답변을 사용하여 네 가지 BEST 요소가 모두 포함된 하나의 완전한 목표를 작성한다.

_____

_____

활동 6.2. 기능적 단기목표 구성

지원 장: 제6장(단기목표)

목적: 이 활동의 목적은 의미 있고 측정 가능한 기능적 단기목표 문장을 작성하는 기술을 개발하는 것이다.

지시사항: 다음 표를 완성하여 기능적 단기목표를 구성하는 연습을 하시오.

기능적	B: 행동	E: 평가	S: 구체성	T: 시기
IEP 목표	마르코는 벨이 울리고 5분 이내에 그의 일정에 따라 정확한 학급에 도착할 것이다.	교사 관찰 및 일화 기록으로 측정	전환할 때가 되었다는 시각적 일정과 구어 촉진 제공	~까지 (학년도)
단기목표 1				
단기목표 2				

이전 표를 사용하여 완전한 목표와 단기목표 문장을 작성한다.

IEP 목표 문장:

단기목표 1:

단기목표 2:

활동 6.3. 목표로 이끄는 BEST 단기목표 구성

지원 장: 제6장(단기목표)

목적: 이 활동의 목적은 IEP 목표로 이어지는 중간 단계인 단기목표를 작성하는 것이다.

지시사항: BEST 전략을 사용하여 IEP 목표 문장을 작성한다. 다음으로, 학생이 IEP 목표를 달성하는 데 도움이 될 첫 번째, 두 번째 단기목표 문장을 작성한다.

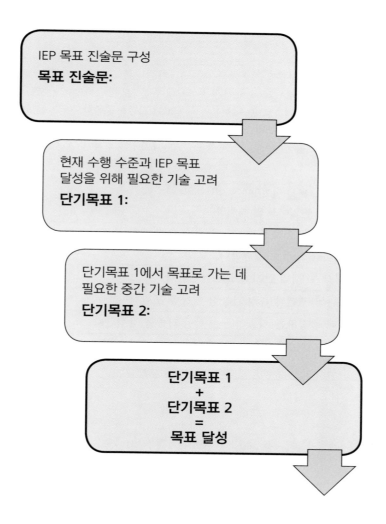

활동 6.4. 질적 IEP 단기목표 판별

지원 장: 제6장(단기목표)

목적: 이 활동의 목적은 의미 있고 측정 가능한 질적 단기목표를 판별하는 것이다.

지시사항: IEP를 사용하여 목표 목록을 작성하고 제공된 정보의 질적 수준을 표시한다. 그런 다음 목표의 질적 수준을 순위화하고 순위를 뒷받침할 근거를 제시한다.

루브릭 척도: 다음 척도를 사용하여 검토된 IEP 영역의 순위를 가장 잘 나타내는 숫자에 동그라미를 치시오.

1=기준 미달	2=부분적 기준 충족	3=기준 충족	4=기준 초과
• IDEA 2004 요건을 충족하는 증거를 보이지 못함 • IDEA 2004 요건을 다루지 않음	• IDEA 2004 요건을 부분적으로 충족함 • IDEA 2004 일부 요건을 다룸	• 대부분/모든 IDEA 2004 요건을 충족함 • 대부분/모든 IDEA 2004 요건을 다룸	• 모든 IDEA 2004 요건을 초과함 • 모든 지표를 다루며 기준을 넘어섬

핵심 영역(IEP 영역): 단기목표 및 벤치마크	순위	순위 근거
O1: 단기목표/벤치마크는 현재 학업성취도 및 기능수행 수준(PLAAFP)에서 학생의 요구를 반영하는 순서로 나열한다.	1 2 3 4	
O2: 각 목표에 대해 최소 두 개의 단기목표를 작성한다.	1 2 3 4	
O3: 각 단기목표는 하나의 조건과 측정 가능한 행동을 포함한다.	1 2 3 4	
O4: 각 단기목표에 대해 측정하는 기술의 구체적인 기준을 작성한다.	1 2 3 4	
O5: 학생의 현행수준(PLAAFP)과 명확하게 연결되고, 학생의 능력과 요구를 다룬다.	1 2 3 4	

활동 6.5. 질적 IEP 단기목표 작성

지원 장: 제6장(단기목표)

목적: 이 활동의 목적은 의미 있고 측정 가능한 질적 목표 문장을 작성하는 것이다.

지시사항: IEP를 사용하여 목표의 목록을 작성하고, 제공된 정보의 질적 수준에 점수를 매기고, 각 목표에 대한 점수와 근거를 제시한다. 주요 영역(O1-O6)의 경우, 4점 이하의 목표는 기준(4점)을 초과하도록 다시 작성한다. 이 활동 자료는 목록화하고 재작성한 각 목표에 필요하다.

루브릭 척도: 다음 척도를 사용하여 검토된 IEP 영역의 점수를 가장 잘 나타내는 숫자에 동그라미를 치시오.

1=기준 미달	2=부분적 기준 충족	3=기준 충족	4=기준 초과
• IDEA 2004 요건을 충족하는 증거를 보이지 못함 • IDEA 2004 요건을 다루지 않음	• IDEA 2004 요건을 부분적으로 충족함 • IDEA 2004 일부 요건을 다룸	• 대부분/모든 IDEA 2004 요건을 충족함 • 대부분/모든 IDEA 2004 요건을 다룸	• 모든 IDEA 2004 요건을 초과함 • 모든 지표를 다루며 기준을 넘어섬

핵심 영역(IEP 영역): 단기목표 및 벤치마크	점수	점수 결정 근거
O1: 단기목표/벤치마크는 현재 학업성취도 및 기능수행 수준(PLAAFP)에서 학생의 요구를 반영하는 순서로 나열한다.	1 2 3 4	
O2: 각 목표에 대해 최소 두 개의 단기목표를 작성한다.	1 2 3 4	
O3: 각 단기목표는 하나의 조건과 측정 가능한 행동을 포함한다.	1 2 3 4	
O4: 각 단기목표에 대해 측정하는 기술의 구체적인 기준을 작성한다.	1 2 3 4	
O5: 학생의 현행수준(PLAAFP)과 명확하게 연결되고, 학생의 능력과 요구를 다룬다.	1 2 3 4	

재작성한 단기목표 문장

_____

_____

_____

제7장

진전도 측정 및 보고

리사 캠벨, 클라리사 E. 로자스
Lisa M. Campbell and Clarissa E. Rosas

초점 학습 내용

- 진전도 점검의 중요성 이해
- 다문화^{CLD} 학생에 대한 진전도 점검의 특별 고려사항 이해
- 목표선^{goal line}과 진전도 기록을 포함하는 진전도 점검 차트의 작성

2001년 아동낙오방지법(NCLB, PL107-110)을 대체한 2015년 모든학생성공법(ESSA, PL114-95)과 2004년 장애인교육개선법(IDEA, PL108-446)은 장애학생을 포함한 모든 학생이 양질의 교육을 받아야 하며, 학교는 학생의 성과에 책무성을 가져야 한다고 요구하고 있다. 양질의 교육과 IEP를 가진 학생들이 합리적으로 도전적인 목표를 달성하는 데 진전을 보이도록 하는 초점은 교사가 어려움을 겪을 수 있는 학생의 진전도를 자주 점검하여 교수적 의사결정을 안내하는 자료로 사용할 것을 요구한다. 더 높은 수업 강도로의 진전도를 지속적으로 점검하는 과정을 중재반응성^{response to intervention}(RTI)이라고 한다. 2004년 IDEA를 재승인하였을 때, 어려움을 겪고 있는 학생들에게 조기중재를 제공하기 위한 노력으로 RTI를 통한 진전도 점검을 추가하여 특수교육 의뢰 요구를 줄이고자 하였다. RTI는 교수에 반응을 보이지 않는 학생을 판별하고 체계적이고 집중적인 중재를 제공하여 아동을 특수교육에 의뢰하는 더 의도적인 접근을 제공한다(Compton et al., 2010; Fuchs et al., 2012; Fuchs & Vaughn, 2012).

장애학생 진전도 평가의 중요성은 IDEA와 앤드류^{Endrew F.} 대 더글라스 카운티 학군^{Douglas County}

School District(2017)의 판결에 요약되어 있다. 이 판결로 인해, IEP 팀은 학생이 "아동의 상황에 비추어 적절한 진전을 이루도록" 하는 합리적으로 도전적인 목표를 작성해야 할 책임을 지고 있다(Endrew F. v. Douglas County School District, 2017, 0.15). 이 판결은 학생이 목표 달성에 대해 충분한 진전을 보이고 있는지 확인하기 위한 정기적 검토의 중요성을 강조한다. 따라서 학생의 IEP 목표와 단기목표의 달성 여부를 결정하기 위해 자료 수집에 기초하여 학생의 진전도를 점검하는 것이 우선시된다. 이러한 초점은 교사가 학생의 진전도를 평가하는 것에 더 능숙해져야 하며, 학생이 IEP에 명시된 목표를 달성하는 데 있어 교수적 조정의 필요성을 결정할 때 자료에 기반할 것을 요구한다. 연간 목표를 측정하는 것은 늘 IEP 팀의 기능이었지만, 교사의 책무성이 증가하면서 교사는 지속적이고 관련성 있는 진전도 점검 자료를 성실하게 사용해야 한다.

마지막으로, 진전도를 측정하고 보고할 때 교사가 모든 학생, 특히 ELL을 위한 문화적, 언어적 고려사항을 준비하는 것이 중요하다. 모든 형식적·비형식적 평가의 맥락에서 예외성과 다양성 간의 상호작용을 수용해야 한다. 진전도를 측정하고 보고하는 맥락에서 학생의 언어 능력 목표와 단기목표 역시 중요하게 고려해야 한다.

1. 법적 관점의 이해

일단 학생의 현재 학업성취도와 기능수행 수준을 결정하면, 목표와 단기목표를 파악할 수 있다. 앤드류Endrew F. 대 더글라스 카운티 학군Douglas County School District(2017) 판례 이후, 학생에게 양질의 교육을 제공하기 위해 목표와 단기목표는 더 높은 기준에 충족해야 한다(Waterstone, 2017). 이러한 목표와 단기목표를 향한 진전도는 제공한 교육과 중재의 강도에 따라 매일, 매주, 매월 또는 분기별로 측정한다. 판별된 목표와 단기목표를 달성하기 위한 진전은 예상 학습 속도와 실제 학습 속도를 비교하여 측정한다. 교육 프로그램이나 조정은 진전도 점검 자료(즉, 정보)를 기반으로 한다.

IDEA에 따르면, 모든 학생의 IEP는 연간 목표를 향한 진전을 어떻게 기록하고 전달할 것인지를 상세히 설명해야 한다. 이 내용은 학생이 연간 목표 달성을 위해 충분한 진전을 보이는지 여부와 그 진전을 어떻게 부모에게 정기적으로 보고할 것인지에 대한 정보를 제공해야 한다. IDEA 2004는 아동 각각의 IEP에 다음을 반드시 포함해야 한다고 진술한다.

(3) 다음에 대한 설명

(i) 연간 목표를 달성하기 위한 아동의 진전을 어떻게 측정할 것인지

(ii) 아동이 목표를 달성하기 위해 진행 중인 진전에 대한 정기적 보고를 제공할 시기, 분기별 또는 기타 정기적 보고를 통해, 통지표 발급과 동시에 제공할 것인지 (34 CFR § 300.320[a][3][I,ii])

멈추고 생각하기!

특히 영어, 수학, 과학, 사회와 같은 내용 영역에서 학생이 학교에서 성공하기 위해서는 학업 영어 능력이 필수적이다.

• 영어 학습자ELL를 위한 언어 능력(영어 및 모국어)의 진전을 평가하는 것이 중요한 이유는 무엇인가?

팀은 IDEA의 법적 요건을 충족하기 위해 학생의 진전을 언제 어떻게 측정할 것인지뿐만 아니라 명시된 IEP 목표를 달성하기 위해 학생이 얼마나 잘 또는 어떤 구체적인 기준에 따라 수행해야 하는지도 고려해야 한다(일부 아동의 경우, 벤치마크 또는 목표, 제6장 참조). 진전도를 보고할 때, 교사, 부모 또는 IEP 팀의 다른 구성원이 학생이 적절한 진전을 하고 있지 않다는 것을 알게 되면 서비스에 어떤 변화가 일어날 것인지를 안내하는 것이 중요하다. 때때로 학생의 문화적 및/또는 언어적 특성을 설명하는 교수적 접근을 변경하거나, 중재를 수정함으로써 부족한 진전을 다룰 수 있다. 만약 그렇지 않다면, 서비스를 추가하거나 대폭 변경하기 전에 추가적인 평가를 완료해야 한다. IEP 팀은 학생의 교육 프로그램을 조정하고 학생이 양질의 교육을 받도록 보장하기 위해 부족한 진전도에 관련한 문제를 다룰 책임이 있다.

IDEA'의 핵심 요소

• **무상의 적절한 공교육**FAPE. 학생은 공교육 기관에서 무상으로 자신의 교육적 요구를 충족하는 방식으로 교육받아야 한다.

  • **거부 금지**Zero Reject. 학교는 아동 요구의 심각성 때문에 교육을 거부할 수 없다.

• **최소 제한 환경**LRE. 학생은 전형적인 또래들과 가장 유사한 방식으로 교육을 받는다.

• **절차적 안전장치**(정당한 절차due process). 가족은 자녀의 배치, 서비스, 교육 계획에 동의하지 않을 권리가 있고 학군을 법정에 세울 수 있다.

• **부모 참여**(공유된 의사결정). 부모는 자녀 교육팀의 일원으로 참여할 권리가 있다.

- **비차별적 평가.** 학교는 타당하고, 신뢰할 수 있고, 문화적으로 관련성이 있고, 언어적으로 적절한 조치를 사용하여 장애의 모든 의심스러운 영역에서 학생을 평가하기 위해 팀 접근방식을 사용해야 한다.
- **개별화 교육 프로그램**IEP. IEP 팀은 현재의 평가 정보를 평가하고 각 장애학생의 고유한 교육적 요구를 충족하도록 설계한 서면 문서를 작성한다.

IDEA와 ESSA가 교사에게 IEP 목표 달성에 대한 책임을 묻기 때문에 진전도 점검의 중요성이 더 커졌다. 진전도 점검의 특징 중 하나는 학생이 IEP 목표를 향해 적절한 진전을 이루고 있는지 판단하기 위해 정기적, 일반적으로 매달 학생을 평가하는 것이다. 다문화(CLD) 학생은 한 유형의 수행평가를 통해 한 기술을 시연하고 다른 유형의 수행평가를 통해 다른 기술을 시연하는 경우가 많다. 따라서 교사가 정확한 결과를 기록하고 있는지 확인하기 위해 다양한 진전도 점검 방식을 고려하는 것이 중요하다. 만약 학생이 예상한 대로 진전을 보이지 않는다면, 교사는 학생의 IEP 목표 달성을 보장하기 위해 개인의 필요에 따라 수업을 조정하거나 변경할 수 있다. 교사가 작성한 평가뿐만 아니라 상업적 진전도 점검 평가도 이용할 수 있다. 효과적인 진전도 점검 평가는 IEP 목표의 초점을 정확하게 측정하고 신속하고 관리하기 쉬워야 하며, 수집된 정보(즉, 자료)의 분석이 쉬워서 학생이 교육에 효과적으로 반응하고 있는지 판단할 수 있어야 한다. 이러한 유형의 평가는 교수적 의사결정에 유용한 정보를 제공할 뿐만 아니라 IEP 목표를 달성하는 데 있어 학생의 진전도를 정기적으로 보고할 수 있게 한다.

2. 진전도 점검 평가

진전도 측정 및 보고와 관련하여 IDEA에 요약된 요건은 학생이 연간 목표를 향해 적절한 진전을 이루지 못하고 있을 때를 판별하고 실패가 두드러지기 전에 필요한 변화를 실행하기 위해 규정되어 있다. 이를 통해 교사는 학생을 적절히 지원하기 위해 교수를 수정하고 조정할 수 있다. IEP를 가진 모든 학생의 진전도를 연중 점검하여 벤치마크를 충족할 수 있도록 하는 것이 중요하다. 진전을 이루지 못하는 학생이나 발전하지 못할 위험이 있는 학생은 간단하게 더 자주 점검하고, 필요에 따라 교육을 조정한다. 필수적인 진전도 보고 정보는 선택된 1개 또는 몇 개가 아니라 각 IEP 목표 및/또는 단기목표에 대한 학생 진전도를 문서화해야 한다. 보고서에 제공한 정보는 가능한 한 공정해야 하며 수치화한 자료를 포함해야 한다. 또한 목표 및/또는 단기목표에 대해 설정한 기준을 포함해야 한다. 진전도 보고서에 작성한 정보는 구체적이고 설명적이어야 한다. '최소한의 진전' 또는 '진전하지 않음'과 같은 일반적인 정보는 물론 목표 및 단기목표와 관련이 없는 세부 정보는 피하도록 한다.

학생의 진전(또는 부족한 진전)과 관련하여 수집한 자료 사용의 함의에서 가장 중요한 것은 보통의 사람들은 매일 자료를 기반으로 의사결정을 하지만 교사와 관리자는 종종 의견과 직관을 바탕으로 의사결정을 한다는 점이다. 학생의 진전도 측정과 보고의 근본적인 전제는 자료에 기반하여 교육적 중재, 지원 서비스 및 전문화된 교육을 변화시킨다면 시간이 지남에 따라 학생 학습이 증가하리라는 것이다. 자료는 교사와 IEP 팀 구성원들에게 학생이 할 수 있는 것과 어려움이 있는 영역에 대한 이해를 도울 수 있다. 자료에 대한 효과적인 해석과 자료에 기반한 의사결정은 학생의 성과에 긍정적인 영향을 미칠 것이다. 장애학생 교육 및 서비스 개선과 관련하여 중요한 것은 자료의 양이나 질뿐만 아니라 교육 결정에 영향을 미치도록 정보를 사용하는 방법이다.

진전도 점검은 교수적 결정에 영향을 미치기 때문에 지속적인 증거 수집은 교육의 효과를 평가하는 데에도 사용할 수 있다. 언어는 IEP 목표와 단기목표를 달성하는 데 있어 다문화(CLD) 학생의 진전도에 영향을 미치기 때문에 진전도 점검에 지원과 관련된 언어 발달과 문화적 반영성을 포함하는 것이 중요하다. 따라서 IEP 목표 달성에 대한 학생의 성장을 정확하게 평가하기 위해서는 여러 가지 진전도 점검 방법과 실제가 필요한 경우가 많다. IDEA에서 요구하는 진전도의 공식적 측정 및 보고와 점검 활동 간의 주요한 차이는 빈도이다.

✋ **멈추고 생각하기!**

한 유형의 진전도 점검 방법과 실제를 사용한다고 해서 항상 IEP 목표에 대한 학생의 진전도에 대한 정확한 평가를 얻을 수 있는 것은 아니다.

• 문화적 및/또는 언어적으로 다양한 배경을 가진 학생에게 다중적 진전도 점검 평가와 실제를 사용하는 것이 왜 필수적인가?

---

1) 진전도 점검의 이점

효과적으로 실행되는 진전도 점검의 이점은 다음과 같다.

• 가장 적절한 교육으로 이루어지는 목표와 단기목표를 향한 학생의 추가적 진전
• 학업 및 기능수행 정보에 입각한 교수적 결정

- 학생 진전도 문서화를 통한 가족과 소통 및 IDEA 규정 법적 요건 준수
- 학생의 요구에 대한 다른 교사들과의 의사소통 강화
- 적시에 목표, 단기목표 및 기준 달성 가능성 향상

과제 시나리오

다음은 시나리오에서 논의되는 진전도 점검 평가에 대한 설명이다.

- **메이즈**^{Maze}: 이 평가는 상업적으로 이용할 수 있고, 교사가 작성할 수도 있다. 미로 평가는 학생이 2.5분 동안 조용히 글을 읽도록 요구한다. 일곱 번째 단어는 모두 해당 지문에서 삭제되며 세 가지 선택지를 제공한다. 학생은 지문에서 구절이나 문장의 의미에 가장 잘 맞는 단어에 동그라미를 친다. 학생이 정확하게 대체한 개수가 학생의 점수이다.
- **구술 읽기 유창성**^{Oral reading fluency}: 이 평가는 상업적으로 이용할 수 있고, 교사가 만들 수도 있다. 학생은 1분 동안 큰 소리로 단락을 읽는다. 학생이 지문을 읽을 때, 시험관은 오류를 기록한다. 읽기 유창성은 지정한 시간제한 읽기 시도 내에서 시도한 총 단어 수를 먼저 확인한 다음 해당 총 단어 수에서 잘못 읽은 단어 수를 차감하여 계산한다.
- **또래 지원 학습 전략**^{Peer-Assisted Learning Strategies}(PALS): 학생이 읽기와 수학을 함께 공부하는 구조화된 또래 튜터링 프로그램이다. 자세한 내용은 웹 사이트에서 확인할 수 있다.
  https://ies.ed.gov/ncee/wwc/Docs/InterventionReports/wwc_pals_060512.pdf

다음 시나리오에서는 공립 초등학교의 중재 전문가 로렌스^{Lawrence}와 그녀의 동료 교사들이 마리아^{Maria}라는 4학년 학생을 위한 진전도 점검 자료를 발표하고 있다. 그들은 두 명의 일반교사, 즉 영어 교사와 사회 교사를 만나 마리아의 IEP 목표에 대한 진전도를 논의하고 있다. 시나리오에 자세히 설명한 상호작용을 검토하시오.

로렌스: 모두가 아시다시피, 마리아는 올해 초에 보편적 선별에서 기준 이하의 점수를 받았습니다. 저는 계속해서 마리아의 구술 읽기 빈도에 대한 진전도 점검 자료를 수집해 왔습니다. 6주 동안 매주 자료점을 기록하고, 마리아는 매일 35분간 유창성 초점의 읽기 중재를 받으면서 상당한 진전을 보였어요. 저는 여러분의 수업에서도 마리아의 읽기가 비슷한 진전을 보이길 바라고 있어요.

영어 교사: 저는 여전히 마리아의 읽기 능력이 매우 걱정됩니다. 물론, 마리아가 유창

할지도 모르지만, 퀴즈와 시험에서 여전히 낙제점을 받고 있고, 학습과 숙제의 점수는 향상되지 않고 있어요.

사회 교사: 마리아는 읽기에 자신감이 있는 것처럼 보이지만, 사실은 거기까지예요. 저는 마리아가 자신이 읽는 것, 특히 사회와 같은 내용 교과를 많이 이해하지 못하는 것 같아요. 저는 우리가 왜 유창성만 점검하는지 궁금했어요.

로렌스: 유창성과 이해력 사이에는 연관성이 있어요. 학생이 유창할수록 더 많은 것을 이해할 가능성이 있어요. 하지만 우리가 마리아에 대한 초점을 다시 맞춰야 할 것 같네요.

영어 교사: 네, 저도 그렇게 생각해요. 마리아의 IEP 목표와 단기목표는 문자로 된 추론적인 질문을 읽고 이해하고 대답하는 것과 관련되기 때문에, 저는 그 부분에 대한 구체적인 중재와 진전도 점검이 훨씬 더 도움이 되리라고 생각해요.

로렌스: 좋은 의견이예요. 이해력 중재를 위해 우리가 선택할 수 있는 방법은 PALS의 단락 축소와 예측 릴레이 요소예요. 마리아는 이미 다른 과목에서 PALS에 참여하고 있어서 이러한 전략에 익숙해야 해요. 저는 이렇게 같은 전략을 사용해서 여러 내용 교과에서 체계적인 교육을 포함하도록 중재 세션을 재설계할 수 있어요. 그럼 매주 미로 평가를 통해 진전도를 관찰할 수 있겠네요. 미로는 문장 이해력을 측정하는 좋은 척도이지, 반드시 지문 이해력을 측정하는 것은 아니에요. 하지만 두 분이 말씀하신 어려움을 바탕으로 보면, 문장 이해는 마리아에게 좋은 시작 지점이 될 것 같아요.

사회 교사: 그거 멋진데요. 저도 마리아에게 매주 대답해야 할 짧은 내용의 지문과 세 개의 이해 질문을 줄 수 있어요. 미로 평가만큼 타당하지는 않겠지만, 미로에서의 진전이 내용 읽기로 이어지는지 보는 것은 흥미로울 것 같아요.

영어 교사: 매주 지문을 주시면 제가 질문을 만들어 드릴 수 있어요. 이 계획들이 마리아에게 이해의 초점과 점검 기회가 될 거라고 생각해요. 최적의 이해를 위해서는 지문이 마리아에게 문화적으로 적합한지 확인하는 것도 중요할 거예요.

시나리오 성찰

과제 시나리오를 기반으로 다음 질문에 관한 생각을 기록하고 토론하시오.

- IEP 목표와 관련하여 진전도를 측정하고 보고하는 목적은 무엇이고, 왜 중요한가?
- 진전도 점검을 통해 수집된 자료의 의미는 무엇인가?

- 진전도 점검 자료는 어떻게 처리해야 하며, 누가 이러한 조치를 해야 하는가?
- IEP 목표 및 단기목표와 관련하여 학생의 진전도를 측정하고 전달하는 것과 관련된 도전은 무엇인가?

교사 간의 상호작용을 바탕으로 과제 시나리오와 관련된 최종 질문을 성찰해 보자. 진전도 점검 또는 자료 수집 계획을 수정하기 위해 교사가 논의해야 할 고려사항은 무엇인가?

3. 자료 수집

진전도 점검은 여러 가지 이점이 있고 학생들에게 개선된 결과를 가져오는 것이 입증되었지만, 진전도 점검에 가장 적합한 도구를 선택하는 것과 관련된 문제가 있다. 진전도 점검 도구는 선별 및 진단적 평가와 구별하는 것이 중요하다.

1) 선별 평가

보편적인 선별 평가는 대상 학생, 일부 지원이 필요한 학생, 집중 지원이 필요한 학생 등을 조기에 파악하기 위해 활용된다. 선별 평가는 학년 수준의 기술을 검사하고, 길이가 짧으며, 장애학생과 비장애학생들에게 시행하도록 설계되었다.

2) 진단적 평가

진단적 평가는 학생의 특정 강점과 장애에 대한 보다 심층적인 정보를 제공한다. 전형적으로 선별 평가에서 기준/학년 수준 이하로 확인된 학생이나 교수에 잘 반응하지 못하는 학생들만 진단평가에 참여한다. 종종 적절한 중재나 지원을 결정하는 데 그 결과를 사용한다. 다문화(CLD) 및 영어학습자(ELL) 학생의 경우, 특별히 사용한 평가 도구의 결과에 학생의 영어 능력 수준이 어떤 영향을 미치는지를 고려해야 한다. 진단적 평가도구는 종종 다문화(CLD) 인구에 대한 타당도와 신뢰도가 부족하여 점수가 더 낮고 결과가 부정확하다.

3) 진전도 점검 도구

선별검사나 진단적 평가와 달리 진전도 점검 도구는 지속적이며 교사, 학생, 부모와 관련인에게 지속적인 피드백을 제공하는 목적으로 사용한다. 이는 개별 학생을 위한 교수를 수정하는 데 필요한 형성적 정보를 제공한다. 목표 및 단기목표 및/또는 학년 수준 기준에 대한 학생의 진전도를 결정하는 데 진전도 점검 도구를 사용한다. 효과적인 진전도 점검 자료는 교수적 결정에 크게 영향을 미친다.

다문화(CLD)와 영어학습자(ELL) 학생은 타당도와 신뢰도 문제를 완화하기 위해 다양한 진전도 점검 도구가 필요하다. 다양한 진전도 점검 도구를 사용하면 다문화(CLD)와 영어학습자(ELL) 학생의 학업 및 기능 수준을 더 정확하게 파악할 수 있다.

공식적 · 비공식적 평가는 진전도를 측정하고 보고하는 데 사용할 수 있지만, 지속하는 진전도 점검의 경우 다음과 같은 평가가 교수적 의사결정에 필요한 형성적 자료를 가장 적절하게 제공한다.

- 교육과정 중심 측정
- 학급 진단평가(상업적 도구 및 교사 제작 도구)
- 적응적 진단평가(평가의 이전 항목에 대한 개인 수행에 따라 특별히 맞춤화한 평가)
- 개인 및 집단의 성장을 점검하고자 연중 사용하는 대규모 진단평가
- 모국어 및 영어로 된 언어 예시(구두 및 서면)

진전도 점검 도구는 교수와 지원에 의도적으로 더 초점을 맞추는 방법으로 IEP 팀의 모든 구성원이 사용해야 한다. 자료 수집의 책임은 수집하는 정보에 따라 다를 수 있지만, 특정 개인에게 있는 것이 아니라 다수의 팀 구성원에게 또는 여러 방법에 걸쳐 다양한 정도의 빈도로 있다. 그러나 영어학습자인 다문화(CLD) 학생에게는 이중언어 교육 및/또는 영어 분야의 전문가를 제2언어로 포함하는 것이 중요하다. 이러한 전문가들이 진전도 점검 도구의 선택과 결과 해석을 추가할 것이다. 앞서 언급한 바와 같이 증거 수집 시기도 목적과 의도에 따라 다르다. 구체적인 행동 목표와 단기목표를 가진 학생에게, 이 분야의 진진도를 측정하고 보고하는 것은 똑같이 중요하다. 학생의 IEP가 여러 내용 영역, 기능수행 및/또는 행동 목표와 단기목표를 포함하는 경우, 진전도를 측정하고 보고하기 위한 증거 수집 관련 조항이 다양해야 하며 목표와 단기목표의 범위를 반영하는 여러 방법을 포함해야 한다.

멈추고 생각하기!

공유된 의사소통을 위해서는 사회적 언어 능력이 필요하고, 학급 내 다양한 내용 영역에서 사용하는 언어는 학업적 언어 능력이 필요하다(제2장 참조).
- 이러한 두 가지 다른(사회적 및 학업적) 언어 능력 수준을 고려할 때, ELL 학생의 영어와 모국어 능력 수준을 점검하는 것이 왜 중요한가?

진전도 점검 도구는 상업적 도구를 구입하거나 교사가 만들어 다양한 충실도로 실행할 수 있다. 이러한 방법의 신뢰도와 타당도 역시 다양하다. 특성은 약간 다를 수 있지만, 진전도 점검을 위한 많은 상업적 도구와 교사가 만든 방법이 다루는 측정 영역은 다음과 같다.

- 수학 계산
- 수학 개념 및 응용 프로그램
- 초기 수
- 언어 능력
- 양 변별
- 구술 읽기 유창성
- 문자 이름
- 음성 유창성
- 음소 분절
- 단어 판별
- 단어 사용
- 독해력
- 적절한 사회적-정서적 상호작용
- 기능적 기술

4) 학생 진전도 측정 및 도표 작성

지속적인 진전도 점검의 정보를 제공하기 위해 학생 진전도를 측정하고 차트화하는 단계에는 다양한 자료 수집 결정과 시간 경과에 따른 자료 수집이 필요하다. 지속적인 자료 수집에 앞서 기초선과 조준선aim line을 설정하고 차트화해야 한다. 먼저 기초선 자료를 얻는 것이 중요하다. 이 초기 자료를 수집하기 위해 측정할 기술을 보여 주는 프로브probe를 집행하고 학생의 현재 수행 수준을 결정한다. 기초선 자료 외에도 교사는 수용 가능한 수행 수준, 즉 교육의 결과로 예상되는 수행 수준을 파악해야 한다. 다음으로, 교사는 목표의 형태로 학생의 현재 수행과 기대하는 수행 간의 불일치를 확인하게 된다. 학생이 양질의 교육을 받게 하려면 기대하는 수행은 반드시 합리적으로 견고해야 한다. 기초선 자료와 목표를 연결하면 조준선이 설정된다. 그래프에서 조준선은 지정된 기간에 걸쳐 첫 번째 자료점(기초선 자료를 나타냄)에서 최종 목표(예상 또는 기대하는 수행 수준을 나타냄)까지 도달해야 한다. 조준선은 시간이 지나면서 학생의 수행을 객관적으로 점검하여 만족스러운 진전이 이루어지고 있는지 또는 성과를 개선하기 위해 교육적 중재를 수정하거나 추가해야 할지를 결정할 수 있다는 점에서 매우 중요하다.

진전도 점검 도구를 선택하는 첫 번째 단계는 IEP 목표를 향한 학생의 진전도를 보여 주기 위해 사용할 측정 유형을 선택하는 것이다. 목표 진술문을 잘 작성하면, 교사는 교수적 경험을 설계할 수 있을 뿐만 아니라 목표 달성에 대한 학생의 진전도를 보고할 수 있다. IEP 목표를 향한 학생의 진전을 평가하기 위한 척도를 선택하면, 다음 단계는 그래프를 구성하는 것이다. 상업적으로 사용할 수 있는 몇 가지 그래프 옵션이 있지만, 교사는 자신의 그래프를 만들고 학생이 자신의 진전도를 기록하고 점검하도록 할 수 있다. [그림 7.1]은 학생이 자신의 성장을 관찰하는 데 사용할 수 있는 교사가 개발한 차트의 한 예시이다.

[그림 7.1]이 학생이 진전도를 그래프를 나타낼 기회를 제공하지만, 그래프를 정기적으로 분석하여 학생이 IEP 목표를 달성하기에 충분한 진전을 보이고 있는지를 확인하는 것도 중요하다. 이 정기적인 분석을 통해 학생이 IEP에 명시된 시간 내에 목표를 달성할 수 있도록 필요한 중재를 조정하는 것이 가능하다. 목표선goal line이라고도 하는 조준선aim line을 설정하는 것은 학생이 IEP 목표를 달성하기 위해 목표 지점에 도달했는지를 확인하는 효과적인 방법이다. 저자들은 선을 따라 있는 점들이 목표와 단기목표에 대한 목표 지점을 나타내기 때문에 조준선이라는 용어를 사용하는 것을 선호한다. 따라서 조준선은 교사와 부모에게 IEP에 명시된 날짜까지 학생이 목표 또는 단기목표를 달성하는 데 필요한 진전을 이루고 있는지를 확인할 수 있는 참조를 제공한다. 기초선 자료를 반드시 수집하고 평균화하여 조준선을 설정해야 한다. 기초선 자료는 중재 이전의 학업적, 행동적 또는 기능적 수행이다. 자료는 일반적으로 3~7일 동안 수집하고, 평균 점수를 확인한다. 그림 7.2에서 중재 전 마리오의 에세이 중 5편을 검토하여 3학년 단어의 철자가 정확한 비율을 확인하여 기준 19%를 계산했다(20%+22%+18%+14%+21%=95%/5=19%). 조준선은 마리오가 IEP 목표를 성취하기 위해 1학기 말까지 달성해야 하는 목표를 나타낸다. 2학기 동안, 조준선은 IEP에 명시된 100% 기준을 반영하기 위해 증가할 것이다. 조준선은 아동이 IEP 목표에 도달하기 위해 매주 어느 정도의 진전을 이루어야 하는지에 대한 정보를 제공한다.

나의 IEP 목표 추적

이름: ＿＿＿＿＿＿＿＿＿　학년: ＿＿＿＿＿＿＿＿＿　분기/학기: ＿＿＿＿＿＿＿＿＿＿＿
IEP 목표: ＿＿＿＿＿＿＿＿＿＿＿＿＿＿＿＿＿＿＿＿＿＿＿＿＿＿＿＿＿＿＿＿＿＿＿＿＿
IEP 목적: ＿＿＿＿＿＿＿＿＿＿＿＿＿＿＿＿＿＿＿＿＿＿＿＿＿＿＿＿＿＿＿＿＿＿＿＿＿

나의 학습은?

백분율

100%
90%
80%
70%
60%
50%
40%
30%
20%
10%
0%

교수 주차

[그림 7.1] 진전도 점검 차트

일단 중재 전 평균 자료점(즉, 기초선)과 조준선을 설정하고 그래프에 기록하면, 중재 중 학생의 수행을 정기적으로 표시하여 부모와 교사는 학생이 IEP 목표를 달성하기에 충분한 진전을 이루고 있는지를 판단할 수 있다. [그림 7.3]은 마리오의 주간 수행의 예를 보여 준다.

IEP 목표를 향한 적절한 진전의 일반적인 규칙은 학생의 자료점이 조준선을 따르는 것이다. 학생 자료점의 약 70%는 조준선 이상이어야 한다. 만약 학생이 적절한 진전을 이루지 못한다면, 새로운 중재를 시행해야 한다. [그림 7.3]에서 마리오는 조준선을 향해 충분한 진전을 보이고 있다는 것을 보여 주는 조준선 위의 82%를 득점했으며, 같은 성장률을 지속한다면 IEP에 표시된 날짜까지 IEP 목표를 달성할 수 있을 것이다. 마리오가 조준선을 향해 나아가지 못했다면, 또 다른 중재가 필요하다. [그림 7.4]는 학생이 조준선을 향해 나아가지 않을 때 두 번째 중재로 그래프를 그리는 방법의 예시를 보여 준다. [그림 7.4]에서 마지막 3개의 자료점(9주, 10주, 11주)이 조준선 아래에 있으며, 평균 점수 24점도 조준선 아래에 있다. 이 점수들은 마리오가 조준선을 향해 적절한 진전을 이루지 못하고 있는 것을 보여 준다. 따라서 다른 중재가 필요하다. 동일한 그래프에서 진한 실선을 사용하여 두 번째 중재가 실행된 시점을 지정한다. 마지막 3개의 프로브(14주, 15주, 16주)가 조준선 위에 있고 평균 점수 55점도 조준선 위에 있으므로 현재 마리오는 조준선을 맞추는 데 충분한 진전을 보인다. [그림 7.4]의 시나리오에서, 지난 3주(14, 15, 16주) 동안 나타난 성장은 효과적인 중재(중재 2)가 올바른 3학년 맞춤법으로 에세이를 쓰는 마리오의 학업적 요구를 지원하는 데 효과적이었다는 것을 보여 준다. 1학기를 마치면, 마리오가 IEP에 기록된 연간 날짜까지 IEP 목표를 달성하도록 조준선을 100으로 한 2학기 진전도 점검 그래프가 필요하다.

나의 IEP 목표 추적

이름: 마리오   학년: 3   분기/학기: 1학기

IEP 목표: 마리오는 다음 연간 평가에서 편집 장치를 사용하여 에세이 쓰기를 요청할 때, 교사 일화 기록으로 측정하는 3회 연속 시도에서 3학년 모든 단어의 철자를 정확하게(100%) 쓸 것이다.

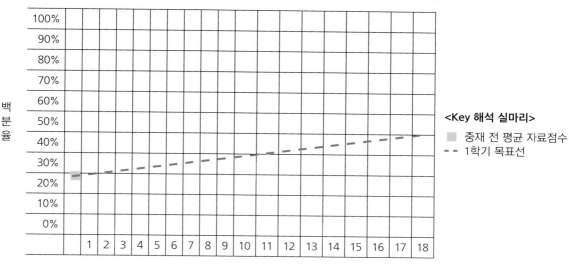

[그림 7.2] 목표선 그래프

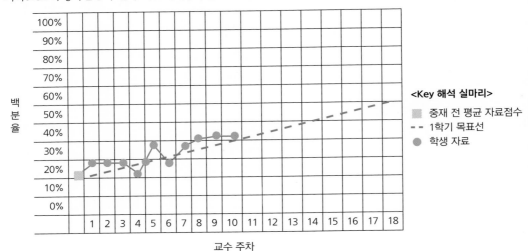

나의 IEP 목표 추적

이름: 마리오   학년: 3   분기/학기: 1학기

IEP 목표: 마리오는 다음 연간 평가에서 편집 장치를 사용하여 에세이 쓰기를 요청할 때, 교사 일화 기록으로 측정하는 3회 연속 시도에서 3학년 모든 단어의 철자를 정확하게(100%) 쓸 것이다.

[그림 7.3] 학생의 수행 그래프

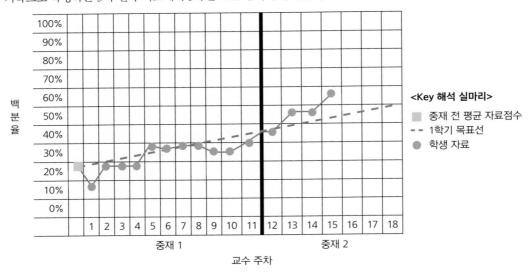

나의 IEP 목표 추적

이름: 마리오   학년: 3   분기/학기: 1학기

IEP 목표: 마리오는 다음 연간 평가에서 편집 장치를 사용하여 에세이 쓰기를 요청할 때, 교사 일화 기록으로 측정하는 3회 연속 시도에서 3학년 모든 단어의 철자를 정확하게(100%) 쓸 것이다.

[그림 7.4] 다른 중재가 필요한 학생의 수행 그래프

학생들의 진전도를 측정하고 도표로 작성할 때 중요한 고려사항은 다음과 같다.

- 적절한 출력본 또는 디지털 그래프를 찾거나 만들고, 적절한 온라인 차트나 그래프 생성기를 사용하여 그래프를 만든다.
- 학생의 기술 결손 또는 점검이 필요한 기술을 나타내는 기술에 대한 기초선을 설정한다.
- 현재 및 예상 또는 기대하는 수행 수준을 검토하여 목표를 설정한다. 수행 수준은 상당히 확고해야 한다.
- 결정된 목표(자료점)에 기초선(자료점)을 연결하여 조준선을 그린다. 조준선은 때때로 목표선이라고도 한다.
- 시간 경과에 따라 최소 6개의 자료점을 나타내도록 자료를 수집하고 차트화하여 학생의 수행을 표시한다(자료 분석).
- 자료를 분석하고 교수 및 중재 결정이나 변경을 위해 미리 계획한 결정 규칙을 적용한다.

의사결정 규칙에는 정량적 자료 창 및/또는 설명적일 수 있고, 경향선의 기울기 또는 경향선과 목표 및/또는 추세선과 조준선 사이의 불일치에 대한 검토를 포함한다.

자료 기반 교수적 결정은 자료의 체계적인 수집 및 분석을 기반으로 한다. 이러한 자료 수집에는 학생의 학업 및/또는 기능 수준에 대한 양적 및/또는 질적 정보를 포함할 수 있다. 조준선으로 그래프 자료를 표시하면 교사는 학생이 IEP 목표를 달성하는 궤도에 있는지를 측정할 수 있다. 자료가 학생이 IEP 목표를 달성하기 위해 궤도에 오른 것을 나타내지 않는 패턴이나 경향을 보인다면, 교수적 변경이 정당화될 수 있다.

진전도 점검 최선의 실제

- 학생이 IEP 목표를 달성하는 데 점검할 영역/기술을 선택한다.
- IEP 목표를 달성하기 위한 학생의 진전도를 직접 평가하는 평가 척도를 선택한다.
- 기초선이라고도 하는 학생의 현재 수행 수준을 결정한다.
- IEP 목표를 향한 학생의 진전도를 시각적으로 표현(예: 그래프)한다.
- 목표선을 설정하여 학생이 IEP 목표를 달성할 수 있는 궤도에 진입했는지 확인한다.
- 자료 수집 및 결과 기록 일정을 미리 결정한다.
- 정기적으로 자료를 수집, 분석 및 검토하여 학생이 IEP 목표와 중재의 효과를 달성할 수 있는 경로에 있는지 확인하고, 필요에 따라 중재를 조정한다.
- 학생의 진전도를 정기적으로 부모 및 기타 중재 전문가에게 보고한다.

4. 진전도 보고

IDEA 2004는 "통지표 발행과 동시에 분기별 또는 기타 정기적 보고의 사용을 통해 아동이 연간 목표를 달성하기 위해 수행하는 진전에 대한 정기적 보고"를 요구한다(34 CFR § 300.320[a][3][I,ii]). 이러한 보고서의 목적은 IEP 목표를 향한 학생의 진전도를 추적하고 필요에 따라 중재를 세분화하여 학생이 연간 목표를 달성하기 위해 충분한 진전을 하고 있는지 확인하는 것이다. IEP 팀은 학생의 진전도를 추적하는 방법과 부모에게 어떻게 전달할 것인지를 파악하는 것을 담당한다. 진전도 점검이 증거 기반 전략이지만, 실제로 일부 교사들은 IEP 목표를 향한 학생의 성장을 효과적으로 전달하거나 자료를 사용하여 교수적 결정을 내리는 것을 못한다(Winterman & Rosas, 2016). 따라서 IEP 팀이 진전도 점검을 위한 틀을 확인한 후에는 IEP를 실행해야 하는 교사와 지원 전문가들이 부모에게 쉽게 전달할 수 있는 의미 있는 자료 수집과 분석을 할 수 있는 체계적인 접근방식을 선택해야 한다. 이를 위해, 목표선과 학생 수행의 체계적인 차트가 나타난 그래프는 IEP 목표를 충족하도록 하는 교수적 결정을 내리는 데 빠르고 명확하게 사용할 수 있는 학생의 진전도에 대한 시각적 묘사를 제시한다. 이러한 유형의 그래프를 사용하면 부모가 자녀의 진전에 대한 아무런 맥락 없이 점수 목록만 받는 것이 아니라 실제로 자녀의 진전도를 보고 확인할 수 있다. IEP 목표 달성에 대한 학생의 진전도를 보고할 때, 보고서는 의미 있어야 하고 모든 것을 포괄해야 한다. [그림 7.5]의 체크리스트는 진전도 점검 보고서에 포함해야 하는 주요 영역을 제시한다.

5. 요약

이 장에서는 IEP의 목표 및 단기목표와 관련하여 학생의 진전도를 측정하고 보고하고, 교수적 결정을 내리는 자료로 사용하고, 학업적 및 행동적 목표를 위한 자료를 수집하는 실제에 초점을 맞췄다. 진전도 점검을 계획하고 자료를 사용하여 교수적 결정을 내리는 과정은 학생의 성공을 보장하는 데 중요하다. 진전도 점검의 목적이 다양하므로 적절한 진전도 점검 도구도 다양하다. 자료 수집, 보고의 빈도, 수집 과정에 대한 다중적 방법 및 시기 사용에 대한 책임은 한 사람에게만 있는 것이 아니라 IEP 팀의 모든 구성원이 공유한다. 이 장의 정보는 학급과 학교의 실제로 전환하는 데 이용할 수 있는 다양한 유형의 진전도 점검 도구를 제공한다. [그림 7.6]의 점검표는 IEP 회의를 준비하는 데 사용할 수 있다.

핵심 영역 진전도 점검 보고서는 다음의 주요 영역을 포함해야 함	제공하는 정보 보고서에 주요 영역 정보가 포함되었는지 확인하는 칸에 체크함
IEP 목표: 보고서에 포함된 IEP 목표	☐ 예 ☐ 아니요
IEP 목표 충족을 보여 주는 진전도 보고서: 보고서는 학생이 IEP 목표(들)의 달성을 전부, 일부, 또는 전혀 못했음을 나타냈는가?	☐ 모든 IEP 목표 달성 ☐ IEP 목표 중 일부 달성 ☐ IEP 목표를 하나도 달성하지 못함
성장을 보여 주는 진전 보고서: 보고서는 학생이 IEP 목표(들)에 대한 진전이 전부, 일부, 또는 전혀 없음을 나타냈는가?	☐ 모든 IEP 목표에 대한 진전을 이룸 ☐ IEP 목표 중 일부에 대한 진전을 이룸 ☐ IEP 목표를 향한 어떠한 진전도 없음
IEP 목표 달성 또는 진전을 지지하는 자료: 학생이 IEP 목표를 달성하거나 진전을 이루도록 지원하는 자료(예: 차트, 그래프, 테스트 점수) 목록. 사용 가능한 정보/자료가 없는 경우 제공된 자료 없음을 명시하여 표시	☐ 차트 ☐ 그래프 ☐ 내러티브 ☐ 백분율 ☐ 검사 점수 ☐ 제공된 자료 없음 ☐ 기타 _____
자료 수집자: 자료 수집에 관여한 개인을 선택한다.	☐ 상담가 ☐ 교육조교 ☐ 일반교사 ☐ 통역사 ☐ 간호사 ☐ 직업치료사 ☐ 부모 ☐ 심리학자 ☐ 물리치료사 ☐ 특수교사 ☐ 학생 ☐ 언어병리학자 ☐ 기타 _____
IEP 자료는 얼마나 자주 수집되었는가?	☐ 매일 ☐ 매주 ☐ 매월 ☐ 매 분기 ☐ 기타 _____
용어 정의: 학생의 진도 순위를 매기는 데 사용되는 용어나 약어에 대한 정의를 진전 보고서에 제공하였는가(예: AP: 적절한 진도, LP: 제한적 진도)?	☐ 예 ☐ 아니요
변경한 교수적 전략: 진전 보고서에 학생의 진전이나 진전의 부족으로 인해 교수적 전략을 변경하였다는 내용이 있는가?	☐ 예 ☐ 아니요
특별한 중재 또는 조정: 원래 IEP에 포함된 특별한 중재 또는 조정 목록	☐ 설명(통역사, 오디오도서, 시각적 단서) ☐ 응답(필경사, 음성-텍스트 변환, 보조공학) ☐ 환경(우선적 좌석 배정, 분리된 공간) ☐ 시간(쉬는 시간 연장)
특별한 중재에서의 진전: 진전 보고서는 학생이 이러한 특별한 중재에서 어떻게 진전하고 있는지를 나타내었는가?	☐ 예 ☐ 아니요
특별한 중재 자료: 이러한 특별한 중재에서의 진전 또는 진전 부족을 뒷받침하는 자료(예: 차트, 그래프) 목록	☐ 차트 ☐ 그래프 ☐ 내러티브 ☐ 백분율 ☐ 검사 점수 ☐ 기타 _____
진전 보고서의 빈도: 학생 진전 보고서에서 부모에게 정보를 제공한 빈도를 선택한다.	☐ 매일 ☐ 매주 ☐ 매월 ☐ 매분기 ☐ 임시적 ☐ 매년 ☐ 기타 _____
진전 보고서 전달: 보고서의 형식 또는 전달 방법을 선택한다.	☐ 대면 회의 ☐ 가정으로 우편 배송 ☐ 전자 메일 ☐ 자녀를 통해 가정에 전달 ☐ 학교 방문 전달 ☐ 기타 _____

[그림 7.5] 진전도 점검 보고 체크리스트

IEP 회의 준비:
진전도 점검

회의 이전

☐ 진전도 점검 조치가 학생의 요구에 문화적, 언어적으로 반영적이며, 유효하고 정확한 결과를 제공할 수 있도록 한다.

☐ 영어 학습자인 학생을 위한 진전도 점검의 하나로 모국어 및 영어 능력 향상을 포함한다.

☐ [그림 7.5]의 진전도 점검 보고 체크리스트를 완료한다.

☐ IEP 목표를 향한 학생의 진전도를 기록하고 차트화/그래프화하였는지 확인한다. 최선의 실제에는 IEP 회의 전에 연초, 연중 및 연말의 기준 자료를 포함한다.

☐ 학생의 진전도 점검 자료를 IEP 개요 내용과 같은 빈도와 전달 방식으로 부모와 소통하였는지 확인한다.

☐ 서비스를 담당하는 다른 직원과 진전도 점검 자료를 공유한다.

☐ 자료를 정리하고 학생의 진전도 점검 자료를 활용하여 교육 실제 및 일상적인 수업을 어떻게 알렸는지 공유할 준비를 한다.

회의 동안

☐ IEP 팀과 진전도 점검 자료를 공유하고 이 자료가 교육 실제를 알리는 방법을 설명한다.

☐ 각 IEP 목표에 대해 점검할 영역을 포함한다.

☐ 통역사를 사용한다면, 반드시 적절한 통역 에티켓을 사용하도록 한다(제2장 참조).

회의 이후

☐ 부모를 포함한 모든 팀원과 회의의 효과에 대해 요약한다.

☐ 부모에게 통역사의 사용과 회의의 주요 요점을 이해했는지 확인한다.

[그림 7.6] IEP 회의 준비: 진전도 점검

6. IEP 체크리스트: 진전도 측정 및 보고

다음 체크리스트는 IEP의 목표와 단기목표의 진전도를 측정하고 보고하는 것이 IDEA 규정을 충족하는지 확인하기 위한 목록으로 사용될 수 있다.

핵심 영역(IEP 영역): 진전도 측정 및 보고		기준 충족	
		예	아니요
M1: 학생이 연간 목표를 달성하기 위한 학생의 진전도를 측정할 방법을 설명하는 진술을 포함하고 있다. (아래에서 확인된 모든 조치를 선택하시오.)			
☐ 교육과정 중심 평가 ☐ 관찰 ☐ 일화 기록 ☐ 실행 기록 ☐ 단기 평가 ☐ 수행평가	☐ 포트폴리오 ☐ 루브릭 ☐ 체크리스트 ☐ 목록 ☐ 과제 샘플 ☐ 기타		
M2: 학생의 부모에게 정기적인 보고서를 언제, 어떻게 제공할 것인지에 대한 진술을 포함하고 있다. (아래에서 확인된 모든 조치를 선택하시오.)			
☐ 서면 보고서 ☐ 저널(일기) ☐ 이메일 ☐ 전화 통화 ☐ 기타:	☐ 통지표 발급 시마다 ☐ ____ 주마다 보고함 ☐ 기타:		
M3: 보고서는 일반교육에서 학생들이 통지표를 받는 만큼 자주 발행한다는 것을 알리는 진술을 포함하고 있다.			

7. 활동

이 활동은 본 장의 내용을 더 깊이 이해하도록 돕기 위한 것이다. 본 장의 활동은 다음과 같다.

- 활동 7.1. 자료 수집 및 문서화
- 활동 7.2. 진전도 측정 및 도표 작성
- 활동 7.3. 진전도의 질적 측정 및 보고 작성

활동 7.1. 자료 수집 및 문서화

지원 장: 제7장(진전도 측정 및 보고)

목적: 이 활동의 목적은 지침을 안내하고 진행 상황을 측정하며 궁극적으로 IEP 정보를 알리는 데 사용할 수 있는 자료를 수집하고 문서화하는 연습을 하는 것이다.

지시사항: 구술 읽기 유창성과 수학 계산에서 학생 자료를 수집하고 문서화하는 연습에 진전도 점검 지식을 적용하시오.

1부: 구술 읽기 유창성 진전도 점검 자료 수집

학생의 읽기 수준을 설정하고 초기 기준 유창성 자료를 문서화한 후, 학생이 일주일에 한 구절씩 읽고 몇 주 동안 연습하도록 한다. 주의 첫 번째 날에 첫 번째 지문 읽기('콜드' 리딩'cold' read 4))에 대한 유창성 점수를 그래프로 표시하고, 가능하면 학생이 이를 수행하도록 한다. 간단한 막대그래프가 적절하며, 학생이 읽은 분당 단어 수까지 상자를 채운다. 합창 읽기, 녹음된 보조읽기, 파트너 읽기, 메아리 읽기, 반복 읽기와 같은 유창성 전략을 사용하여 동일 지문으로 일주일 내내 연습을 쉽게 한다. 한 주가 끝날 때 학생에게 동일 지문을 읽도록 지시한다('핫' 리딩'hot' read 5)). 유창성 점수도 그래프에 기록하거나, 가능한 경우 학생에게 이를 수행하도록 지시한다. 콜드 및 핫 리딩은 별도의 그래프에 기록한다(다음 예시 그래프 참조). 콜드 리딩과 핫 리딩의 단순한 차이점은 콜드 리딩은 학생이 한 번도 읽지 않은 지문이고, 핫 리딩은 일주일 내내 여러 번 연습한 지문이라는 것이다. 지문에 대한 학생의 경험과 관련된 정보를 제공하기 때문에 이를 그래프로 나타내는 것이 중요하다.

---

4) (역자 주) 콜드 리딩(cold reading): 전혀 정보가 없는 상태에서 상대의 언어적, 비언어적 신호만을 보고 상대의 마음속을 읽는 기술을 말한다. 멘탈 마술 계열에서 마인드 리딩, 즉 독심술에 포함되는 기술로 본문에서는 비유적인 개념으로 적용한 것으로 볼 수 있다.

5) (역자 주) 핫 리딩(hot reading): 뒷조사를 하거나 대화를 엿들어 상대가 의식하지 못하게 언어적 정보를 축적하는 독심술 기술로 본문에서는 비유적인 개념으로 적용한 것으로 볼 수 있다.

구술 읽기 유창성 그래프

이름: _____   파트너/교사: _____

	월	화	수	목	금		월	화	수	목	금		월	화	수	목	금		월	화	수	목	금
130																							
125																							
120																							
115																							
110																							
105																							
100																							
95																							
90																							
85																							
80																							
75																							
70																							
65																							
60																							
55																							
50																							
45																							
40																							
35																							
30																							
25																							
20																							
15																							
10																							
5																							
0																							
	월	화	수	목	금		월	화	수	목	금		월	화	수	목	금		월	화	수	목	금
	날짜:						날짜:						날짜:						날짜:				

2부: 수학 계산 진전도 점검 자료 수집

학생이 개선해야 할 계산 문제 유형을 하나 이상 선택한다. 해당 문제 유형 세트를 지침으로 사용하여 여러 수업에 걸쳐 사용할 유사한 항목으로 표준화된 여러 문제 세트를 찾거나 만든다. 학생에게 정답지와 함께 이전에 만든 수학 계산 세트 중 하나를 제공한다. 학생이 진전도 점검 차트를 참조하고 기준 점수 또는 최근 진전도 점검 점수를 기록하도록 한다. 평가 세션이 시작되면 학생에게 가능한 한 많은 문제를 풀 수 있도록 미리 선택한 분량의 시간을 준다. 학생에게 할당된 시간을 설정하고 타이머가 울릴 때까지 계산하도록 한다. 그런 다음 학생에게 필요한 경우 지원을 받아 정답지를 사용하여 작업을 확인하도록 지시한다. 진전도 점검 차트에 학생의 계산 유창성 점수를 기록하거나(다음 예시 차트 참조), 가능한 경우 학생에게 이를 수행하도록 요청한다. 한 주 동안의 수업은 동일한 유형의 문제를 대상으로 하며, 매주 동일 절차를 사용하여 새 자료점수를 수집한다.

진전도 점검			
	Title		
	학생		
	학년		
	교사		
	벤치마크		
	목표		
	날짜	**정반응 수**	**오류**
1			
2			
3			
4			
5			
6			

참고:
1. **날짜**와 총 **정반응 수**를 입력하는 것이 중요하다.
2. 오류를 입력하고 그래프로 표시할 수 있다. **오류**가 있는 차트는 오류를 그래프로 표시한다.

정반응 수	오류

■ 활동 7.2. 진전도 측정 및 도표 작성

지원 장: 제7장(진전도 측정 및 보고)

목적: 이 활동의 목적은 진전도를 측정하기 위해 자료를 차트로 작성하는 연습을 하는 것이다. 그런 다음 이 자료를 사용하여 수업을 안내하고, 적절한 중재를 계획하고, 중재를 수정하고, 궁극적으로 IEP 정보를 알릴 수 있다.

지시사항: 학생 자료 차트 작성에 대한 지식을 적용하여 조준선aim line을 만들고, 가상의 학생을 위한 자료점을 도표화하고, 표시된 자료를 검토하시오.

학생 배경 정보

딜런Dillon은 윌로우크레스트Willowcrest 초등학교의 2학년 학생이다. 딜런의 교사는 보편적인 선별검사를 시행했고, 딜런의 점수는 기준에 미치지 못했다. 이 때문에, 교사는 다음 8주 동안 딜런의 읽기 진전도를 점검하기 시작했다. 이 기간이 끝날 무렵 딜런의 교사들과 지원 직원들은 자료를 논의하기 위해 만났다. 그는 교육 2단계Tier2에 추천되었다. 딜런이 2단계 교육을 시작한 지 8주가 지났다.

딜런의 단기목표는 16주차에 분당 50단어이다. 이 정보를 사용하여 목표선goal line을 만든다. (목표선은 1단계 자료점을 사용하여 설정한다.) 이 단계는 일반적으로 이상치 자료점을 설명하고 수행 패턴을 수립하기 위한 세 번째 자료점이 수집된 후에 완료된다.

그런 다음, 출력본, 디지털 형식이나 차트 또는 그래프 프로그램을 사용하여 [그림 7.7]과 유사한 그래프를 만든다. 2단계에서 딜런의 8개 자료점을 표시하시오.

9주	36
10주	38
11주	40
12주	42
13주	44
14주	47
15주	48
16주	49

조준선 및 지정된 목표와 관련한 경향선의 위치를 포함한 자료를 그래프에 그리고 검토한 후, 질문들을 브레인스토밍하여 다음 회의에서 딜런의 진전도와 관련해 교사들이 논의할 결정을 제안하시오.

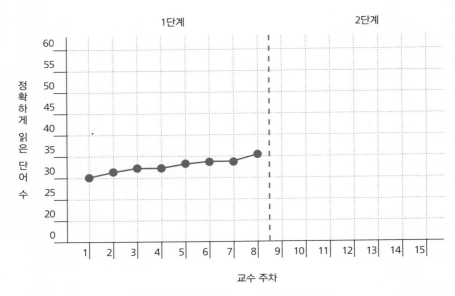

[그림 7.7] 단계형 교수 예시 그래프

활동 7.3. 진전도의 질적 측정 및 보고 작성

지원 장: 제7장(진전도 측정 및 보고)

목적: 이 활동의 목적은 IEP의 목표와 단기목표를 달성하는 진전도를 보고하기 위한 측정의 질적인 문서를 작성하는 것이다.

지시사항: IEP를 사용하여 진전도의 측정 및 보고의 목록을 작성하고 제공된 정보의 질적 수준을 표시한다. 그런 다음 진전도 측정 및 보고의 질적 수준 점수를 매기고 이를 뒷받침할 증거를 제공한다. 제공된 공간에서 4점 이하의 평가를 받은 IEP의 목표와 단기목표를 달성하는 과정을 보고하기 위한 측정 문서는 기준(4점)을 초과하도록 다시 작성하시오.

루브릭 척도: 다음 척도를 사용하여 검토된 IEP 영역의 점수를 가장 잘 나타내는 숫자에 동그라미를 치시오.

1=기준 미달	2=부분적 기준 충족	3=기준 충족	4=기준 초과
• IDEA 2004 요건을 충족하는 증거를 보이지 못함 • IDEA 2004 요건을 다루지 않음	• IDEA 2004 요건을 부분적으로 충족함 • IDEA 2004 일부 요건을 다룸	• 대부분/모든 IDEA 2004 요건을 충족함 • 대부분/모든 IDEA 2004 요건을 다룸	• 모든 IDEA 2004 요건을 초과함 • 모든 지표를 다루며 기준을 넘어섬

핵심 영역(IEP 영역): 측정 및 진전도 보고	점수	점수 결정 근거
M1: 연간 목표를 달성하기 위한 학생의 진전도를 어떻게 측정할 것인지를 설명하는 문장을 포함하고 있다. (아래에서 확인된 모든 조치를 선택하시오.) ☐ 교육과정 중심 평가　　☐ 포트폴리오 ☐ 관찰　　　　　　　　☐ 루브릭 ☐ 일화 기록　　　　　　☐ 체크리스트 ☐ 실행 기록　　　　　　☐ 목록 ☐ 단기 평가　　　　　　☐ 과제 샘플 ☐ 수행평가　　　　　　☐ 기타	1 2 3 4	

M2: 학생의 부모에게 정기적인 보고서를 언제, 어떻게 제공할 것인지에 대한 문장을 포함하고 있다. (아래에서 확인된 모든 조치를 선택하시오.) ☐ 서면 보고서　　　　　☐ 통지표 발급 시마다 ☐ 저널(일기)　　　　　☐ ＿＿ 주마다 보고함 ☐ 이메일　　　　　　　☐ 기타: ☐ 전화 통화 ☐ 기타:	1 2 3 4
M3: 일반교육에서 학생들이 통지표를 받는 만큼 자주 보고서가 발행한다는 것을 알리는 문장을 포함하고 있다.	1 2 3 4

제**3**부

IEP 개발을 지원하는 개념

제8장

최소 제한 환경

클라리사 E. 로자스, 로라 클라크, 캐슬린 G. 윈터맨, 멜리사 M. 존스
Clarissa E. Rosas, Laura Clarke, Kathleen G. Winterman, and Melissa M. Jones

초점 학습 내용

- 최소 제한 환경(LRE)의 중요성
- 특수한 대상을 위해 고려해야 할 추가적 지원과 서비스
- 최소 제한 환경(LRE)에 관한 의사결정 요인
- 다문화 학생의 장애 및 언어적 요구를 다루는 데 필요한 지원

    IEP 팀은 장애학생들에 대한 최소 제한 환경(LRE) 지침과 중재의 기회를 제공하도록 보장하는 역할을 담당한다(Yell et al., 2020). 최소 제한 환경(LRE)은 장애학생이 비장애 또래 학생들과 함께 적절한 범위 안에서 교육의 혜택을 받을 수 있도록 교육과 중재가 이루어지는 환경을 말한다. 이 조항에서, IEP 팀은 학생이 전형적 발달 또래들과 함께 어느 정도까지 교육받을 것인지 결정한다. 학생의 최소 제한 환경(LRE)을 결정하는 것은 교육적 문제나 법적인 문제일 뿐 아니라 사회적 정의의 문제이기도 하다(Sapon-Shevin, 2003; Wright & Wright, 2011). 학교는 사회의 축소판으로서 사회 전체의 태도와 인식을 모방하고 창조하는 것을 돕는다. 이처럼, 교육팀이 최소 제한 환경(LRE) 결정에 대해 논의할 때, 그들의 태도는 사회에 널리 퍼져 있는 태도를 유지하거나 그에 도전하는 것을 보여 준다. 이러한 현실을 고려할 때, IEP 팀은 능력, 배제 및 분리와 관련된 선입견과 전통에 대해 논쟁하고 가능성과 인식에 대한 의미 있는 논의를 나눌 수 있는 잠재력을 갖는다. 2004년 장애인교육개선법(IDEA,

PL108-446)은 이러한 논의의 원동력이며, 최소 제한 환경(LRE)에 대한 논의는 그러한 중요한 문제를 다룰 수 있는 여지를 제공한다.

1. 법적 관점의 이해

　1973년 재활법 504조(PL93-112)와 IDEA에 따르면, 학군은 장애학생에게 무상의 적절한 공교육(FAPE)을 제공해야 하며, 제공하는 교육은 최소 제한 환경(LRE)에서 이루어져야 한다. 무상의 적절한 공교육(FAPE)은 학군이 아동에게 제공하는 교육에 대해 가족에게 비용을 부과할 수 없으며(무상의), 교육은 학생의 요구와 능력에 맞아야 하고(적절한), 지역 학교 시스템은 무상의 적절한 공교육을 제공해야 연방과 국가의 돈을 받을 수 있다(공교육). 이 법의 중요한 구성요소는 무상의 적절한 공교육(FAPE)을 학생에게 가장 덜 제한적이고 비장애 또래들이 배우는 환경과 가장 유사하게 제공하는 것이다. 특히 IDEA 2004는 최소 제한 환경(LRE)을 다음과 같이 설명한다.

> (i) 공공 또는 민간 기관 또는 기타 돌봄 시설에 있는 아동을 포함한 장애아동은 비장애아동과 함께 교육을 받는다.
> (ii) 장애아동의 특수학급, 분리 교육 또는 그 밖의 장애아동의 정규교육환경으로부터의 제외는 장애의 성격이나 심각성이 일반학급에서 추가적 지원과 서비스를 이용한 교육이 만족스럽게 이루어질 수 없는 경우에만 이루어진다. (§ 300.114[a])

IDEA'의 핵심 요소

- **무상의 적절한 공교육**^FAPE^. 학생은 공교육 기관에서 무상으로 자신의 교육적 요구를 충족하는 방식으로 교육받아야 한다.
  - 거부 금지*Zero Reject.* 학교는 아동 요구의 심각성 때문에 교육을 거부할 수 없다.
- **최소 제한 환경**^LRE^. 학생은 전형적인 또래들과 가장 유사한 방식으로 교육을 받는다.
- **절차적 안전장치**(정당한 절차*due process*). 가족은 자녀의 배치, 서비스, 교육 계획에 동의하지 않을 권리가 있고 학군을 법정에 세울 수 있다.
- **부모 참여**(공유된 의사결정). 부모는 자녀 교육팀의 일원으로 참여할 권리가 있다.
- **비차별적 평가**. 학교는 타당하고, 신뢰할 수 있고, 문화적으로 관련성이 있고, 언어적으로 적절한 조치를 사용하여 장애의 모든 의심스러운 영역에서 학생을 평가하기 위해 팀 접근방식을 사용해야 한다.

> • **개별화 교육 프로그램**IEP. IEP 팀은 현재의 평가 정보를 평가하고 각 장애학생의 고유한 교육적 요구를 충족하도록 설계한 서면 문서를 작성한다.

최소 제한 환경(LRE)은 장애아동이 교육과정과 특정한 IEP 목표에 대한 진전이 이루어질 수 있는 환경으로 비장애 아동의 환경과 최대한 유사하다. 역사적으로 법원 판결은 1) 학군과 IEP 팀 구성원에게 장애학생이 분리된 학급에서 교육받도록 결론을 내리기 전에 먼저 일반학급에서 추가적 지원과 서비스 사용을 고려하도록 요구하고(Greer v. Rome City School District, 1992; Oberti v. Clementon School District, 1993); 2) 학군 및 IEP 팀이 학생이 일반교육 환경에 포함될 때의 혜택을 결정하기 위해 고려해야 할 요인을 설정하며(Oberti v. Board of Education of the Borough of Clementon School District, 1993; Sacramento City Unified School District v. Holland, 1994); 3) 장애학생의 다양한 사회적 및 교육적 목표를 다루는 수단으로 학생의 IEP에 비교과 활동을 추가함으로써(Daniel R.R. v. State Board of Education, 1989) 최소 제한 환경(LRE)을 더욱 명확히 했다. 다문화 학생들에게, 최소 제한 환경(LRE)이 영어 능력 개발을 위한 기회, 영어 능력과 문화적 경험이 유사한 또래들과 상호작용할 기회를 제공하는 것이 중요하다. 학생이 교육 서비스를 받을 가장 적절한 환경을 결정하는 것은 IEP 팀 수준에서 이루어지며, 각 팀원은 참여하여 논의에 기여해야 한다.

✋ **멈추고 생각해 보기!**

우리는 일반적으로 사회적 정의를 개인과 집단에 공평한 대우와 사회의 이익에 대한 공평한 몫을 제공하는 것으로 간주한다.

• 사회적 정의가 명확하지 않은 상황을 목격한 적이 있는가?

• 사폰-쉐빈Sapon-Shevin(2003)이 "한 개인이 억압받는다면 아무도 자유롭지 않다."(p.24)고 썼던 것은 무엇을 의미하는가?

• 당신이 부당한 대우를 받았다고 느낀 상황을 생각해 보자. 기분이 어땠는가? 어떤 조처를 할 수 있었는가?

• 만약 오늘 당신의 지인에게 당신이 생각했던 상황이 일어난다면, 당신은 어떤 반응을 보일 것인가?

2. 2004년 장애인교육개선법과 최소 제한 환경

　최소 제한 환경(LRE)의 법적 요건은 세 가지 기본 요소로 요약된다. 1) 장애학생은 일반교육과정에 접근하고 참여해야 한다. 2) 장애학생은 비장애 또래들과 함께 교육받아야 한다. 3) 개별 학생의 요구를 충족하기 위해 환경과 서비스의 연속체를 제공해야 한다(DeMonte, 2010; Karger & Hitchcock, 2004; McLeskey et al., 2010; Sze & Cowden, 2012).

　최소 제한 환경(LRE)은 적절한 지원을 제공하여 학생이 성공할 수 있다면, 비장애학생의 환경과 가장 유사한 환경에서 교육받을 권리를 보장한다(Burstein et al., 2004; Friend & Bursuck, 2011; Carger & Hitchcock, 2004; Palley, 2006). 실제로 이 법은 특수교육 서비스를 제공할 장소를 논의할 때 IEP 팀이 일반학급을 우선적으로 고려하도록 하고 있으며, 특수학급, 분리된 학교 또는 일반학급 환경으로부터 분리된 다른 형태의 교육은 학생이 추가적 지원과 서비스를 사용하더라도 일반교육 환경에서 성공할 수 없다는 증거가 있을 때만 사용하도록 했다. 일반학급 또는 특수교육 환경에서 사용하는 자료는 학생의 문화적 배경을 반영해야 하며 사용하는 전략은 학생의 고유한 요구를 충족하는 증거 기반의 실제evidence-based practices여야 한다. 그러한 서비스에는 수정되거나 대체된 일련의 자료 또는 교육과정, 준전문가 또는 중재 전문가의 지원, 조정된 장비나 테크놀로지를 포함할 수 있다(Friend & Bursuck, 2011). 학생에게 더 제한적인 환경을 결정하는 것은 심각한 문제이며 IEP 팀은 더 제한적인 환경의 필요성을 입증하는 검토된 증거를 문서에 기록해야 한다.

✋ **멈추고 생각해 보기!**

미국 교육부 특수교육국(2015)은 IEP 개발이 "아동의 일반교육과정 접근을 보장한다."(p.2)는 진술을 포함하여 무상의 적절한 공교육을 보장한다는 것을 확인하는 **친애하는 동료에게 편지**Dear Colleague Letter 2)를 주(州) 및 지역 교육기관에 발행했다.

- IEP 팀은 어떻게 학업적 언어 능력이 부족한 영어 학습자의 일반교육과정 접근을 보장할 수 있는가?
- 학생의 문화적 배경과 요구를 반영하는 학급 자료와 서비스 제공을 보장하기 위해 IEP에 반드시 포함되어야 하는 최소 제한 환경(LRE) 조항은 무엇인가?

---

6) (역자 주) '친애하는 동료에게 편지(Dear Colleague Letter)'는 미국 하원 또는 상원의 의원, 위원회 또는 임원이 보낸 공식 서신으로, 다른 의회 사무실에 대량으로 배포된다. 이는 내부 우편을 통해 종이 형식으로 배포되거나, 회의실에 배포되거나, 전자적으로 전송될 수 있다. 일반적인 '친애하는 동료에게 편

최소 제한 환경(LRE)을 고려할 때, IEP 팀은 일반교육 환경과 어떤 추가적 지원 및 서비스를 제공할 수 있는지 먼저 살펴봐야 한다. IEP 팀이 대독이나 대필자의 필요성과 같은 문제에 집중할 때 이러한 논의는 더 쉬워 보이지만, 때로 IEP 팀이 행동 지원을 고려할 때 적절한 추가적 지원과 서비스의 결정에서는 어려움을 겪을 수 있다. 일부 IEP 팀은 역사적으로 일반학급에서 학생을 지원하기 위해 사용할 수 있는 추가적 지원과 서비스를 충분히 고려하지 않고 위험군 학생과 다문화 학생에게 더 제한적인 환경을 선택했다(Yell et al., 2020). IEP 팀은 현재 사용 가능한 증거 기반 중재를 충분하게 검토하고, 모든 학생을 위한 교사의 학문적, 행동적, 사회적 지원의 통합과 개발을 돕는 온라인 자료인 종합적, 통합적, 3단계 예방 모델Comprehensive, Integrated, Three-Tiered Model of Prevention의 실행 체크리스트와 같은 도구를 사용하는 것이 중요하다. IEP 팀이 고려해야 할 주요 질문은 다음과 같다.

- 같은 문화적 배경을 가진 비장애 또래 학생들과는 어떤 다른 행동을 보이는가?
- 학생은 언제 이런 행동을 가장 많이 보이는가?
- 이 행동의 기능은 무엇인가?
- 어떤 기술이나 전략 결함이 학생이 더 적절한 행동 수행 능력을 방해하는가?
- 어떤 교수나 중재가 학생의 더 적절한 행동 개발에 도움이 되는가?
- 어떤 지원으로 학생이 일반학급 교육에 참여하도록 행동을 바꾸거나 통제하거나 수정하는 것을 도울 수 있는가?
- 일반학급에서 이러한 기술과 전략을 가르칠 수 있는가?
- 학생이 일반학급 내 교수를 인내하도록 도울 지원을 제공할 수 있는가? (Kentucky Department of Education, 2019)

과제 시나리오

다음은 IEP 회의에서 이루어진 대화이다. 회의에는 제임스 데이비스, 그의 어머니, 중재 전문가 앳킨스, 일반교사 보너, 그리고 로페즈 교감이 참석했다.

앳킨스(전문가): 이제 제임스의 목표와 필요한 서비스를 결정했으니, 이 서비스를 어디에

지'는 직원들이 작성하고, 의원의 중요한 정치적 의사소통을 나타내기 때문에 입법부의 승인을 받으며, 보통 500단어 이하로 짧다(출처: https://en.wikipedia.org/wiki/Dear_Colleague_letter).

서 제공할 것인지 논의해 보겠습니다. 제임스의 목표에 대한 진전을 위해서 최소 제한 환경에 대해 논의할 때, 각각의 목표를 개별적으로 고려해 주시면 좋겠습니다.

제임스(학생): 올해는 특수학급에 가고 싶지 않아요.

어머니: 제임스, 일반학급에서 가능한 한 많은 시간을 보내는 걸 바라는 듯한데, 그것도 목표이기는 해. 우리는 네가 각 수업에서 확실하게 성공할 수 있도록 하고 싶으니, 앳킨스 선생님의 제안을 들어보자꾸나.

제임스: 난 그냥 그 교실에 가고 싶지 않다는 거예요.

어머니: 알겠어. 하지만 앳킨스 선생님이 하시는 말씀을 기다려 보자.

앳킨스: 제임스, 아무도 네가 원치 않는 걸 하게 하지 않을 거야. 우리는 단지 제임스가 모든 수업에서 성공하기를 바라고 있어. 모든 선택사항을 살펴보고 제임스를 어떻게 지원할 수 있는지 알아볼게. 우리가 결정한 첫 번째 목표는 제임스의 청각적 처리를 돕는 것이었는데요. 그것이 중요하다고 제임스가 말해 주어서 다음과 같은 목표를 만들었죠. "제임스는 한 단계의 새로운 과제를 지시하면, 10번의 기회 중 8번에서 그 지시를 스스로 시작하고 정확하게 완료할 것이다." 우리는 제임스가 이 목표의 달성하도록 돕기로 했어요. 저는 제임스의 선생님들이 수업에서 내줄 과제를 확인하고, 제임스가 수업에서 요구하는 지시를 더 잘 이해하도록 가르쳐주는 특정한 지시 단어들을 생각해 내도록 도와드릴 거예요.

제임스: 네, 기억해요.

앳킨스: 그 후에 제임스와 제가 이 단어들을 일주일에 두 번 10분씩 연습하기로 했죠. 아마 일반학급에서도 그렇게 할 수 있을 것 같은데요. 그렇죠? 이것을 어떤 수업에서 하는 것이 가장 좋을지를 알아보고 일정을 짜야 할 거예요. 하지만 저는 왜 일주일에 몇 분을 수업 중 제임스의 자리나 교실 뒤편에서 하지 못했는지 모르겠어요. 어떻게 생각하세요, 어머님?

어머니: 저는 그게 괜찮을 것 같아요. 제임스는 어떻게 생각하니?

제임스: 네, 다른 아이들이 하는 걸 놓치지 않는다면, 그건 잘될 것 같아요.

보너(일반교사): 수업 방식 때문에 영어 시간에는 어려울 것 같아요. 하지만 아마도 수학이나 과학에서는 효과가 있을 거예요. 그 두 수업 모두, 선생님들이 교실에 처음 들어왔을 때 학생들이 연습할 문제지나 오늘의 질문으로 대부분의 수업을 시작하시거든요. 앳킨스 선생님과 제임스가 청각 처리와 지시 단어를 연습하기에 좋은 시간일 수 있어요. 제임스는 주요 지시를 놓치지 않을 거고, 여전히 주중에 적어도 세 번은 오프닝 활동에 참여할 수 있을 거예요.

앳킨스: 그거 좋은 생각인데요! 제가 그 과목 담당 선생님들과 이야기를 나눠볼게요. 거기서부터 시작하면 되겠어요. 제임스, 어떻게 생각하니?

제임스: 저도 좋아요. 제가 다른 것보다 수학을 잘하기 때문에 수학 시간이 더 좋을 수 있을 것 같아요.

어머니: 동의해요.

앳킨스: 좋아요, 그럼 먼저 수학 선생님과 이야기를 하고 나서 수학 시간이 어려우면 과학 선생님과 이야기해 볼게요. 자, 다음 목표로 넘어가죠. 이건 제임스의 독해력에 대한 것이네요. 이게 좀 더 까다로울 것 같은데요. 제임스가 독서를 더 즐기고 정보와 즐거움을 모두 얻는 독서를 할 수 있도록 제임스의 독서 향상을 돕고 싶어요.

제임스: 잘되길 바랄게요!

로페즈(교감): 기억해요, 제임스, 네가 이 목표를 위해 우리를 돕기로 동의했었지.

제임스: 네, 알아요. 하지만 그렇다고 그걸 좋아할 거라는 건 아니에요.

앳킨스: 좋아요. 제임스의 IEP에 이렇게 썼어요. "제임스는 6학년 수준으로 작성된 여가 자료를 읽을 때, 분당 평균 127단어 비율의 유창성으로 읽을 것이다." 이 목표를 달성하기 위해, 우리는 네가 더 많이 읽고, 자신의 발전을 도표화하는 것 말고도, 플래시 카드 훈련과 몇 가지 다른 중재가 필요하다고 얘기했어. 그리고 이것을 매일 해야 할 필요가 있다고 결정했지. 여가를 사용할 자료로 보았기 때문에, 다른 수업이 진행될 때 일반학급에서 그렇게 할 수 있을지 모르겠지만, 어쨌든 시나리오를 살펴보죠. 좋아요. 그럼 제임스는 수업에 참여하고, 선생님은 설명을 하거나 지시를 할 거예요. 제가 교실에 들어가면, 제임스와 저는 책을 읽고 다양한 독서 중재를 하기 위해 교실 뒤쪽이나 복도로 나갈 거예요. 이에 대해 모두 적절하다고 생각하시나요?

어머니: 이걸 영어 시간에 하는 건 어떨까요. 그 수업에서는 학생들이 매일 책을 읽지 않나요?

로페즈: 좋은 질문이네요. 학생들이 책을 읽는다는 것을 알지만, 대부분의 독서는 숙제로 하고, 수업 시간에는 읽은 것을 토론하죠. 또 교사는 학생들이 읽은 내용을 더 잘 이해할 수 있도록 읽기 숙제에 앞서 학생들에게 선행조직자를 제공하지만, 학생들이 실제로 수업 시간에 독서는 하지 않는 것 같아요. 제임스, 내 말이 맞니?

제임스: 네, 작년에 그렇게 했어요. 그리고 내년에는 책이 더 어렵다는 것을 빼면 더 그렇다고 들었어요. 이야기와 보고서도 써야 해요.

로페즈: 저도 그렇게 생각해서 영어 시간은 제임스의 읽기 연습을 할 수 있는 시간은 아닌 것 같아요. 보너 선생님, 동의하시나요?

보너: 제가 그 수업에 대해 이해한 바로는 두 분 말씀이 다 맞는 것 같아요.

제임스: 저는 다른 아이들이 제가 잘 읽지 못하는 걸 보지 않았으면 좋겠어요.

앳킨스: 제임스, 이 목표는 특수학급에서 하는 건 어떨까?

제임스: 괜찮을 것 같아요. 하지만 온종일 거기에 있고 싶지는 않아요.

앳킨스: 그렇지 않을 거야. 왜냐하면 우리가 매일 10분 정도만 할 거라고 동의했으니까. 처음 10분 동안은 담임선생님 대신 내 방으로 와서 함께 독해 유창성 연습을 하고 종이 울리면 다음 수업으로 가면 어떠니?

제임스: 딱 10분만, 맞죠?

앳킨스: 그래 맞아. 우리가 매일 연습한다면, 10분이 필요한 전부라고 생각해.

제임스: 전 좋아요.

앳킨스: 좋아요. 이제 한 가지 더 이야기할 목표가 있는데요. 이것은 독해에 대한 것입니다. 우리가 이렇게 썼습니다. "제임스는 그래픽 조직자를 사용하여 내용 읽기 자료에서 최소 10개의 핵심 용어를 10개 중 7개 사례를 올바른 정의와 연결할 것이다." 저는 이 목표가 모든 과목에서 정기적으로 사용하는 내용 어휘를 다루기 때문에 일반학급에서 이루어지는 것에 적합하다고 생각해요. 제임스, 어떤 수업에서 가장 어려움이 크니?

제임스: 글쎄요. 저는 내년에 배울 역사와 과학이 약간 걱정돼요. 수학은 괜찮지만, 항상 역사와 과학 수업에서는 선생님들이 외국어로 말하는 것처럼 들려요. 저는 수업의 절반은 무슨 얘기를 하는 건지 전혀 모르겠어요.

어머니: 두 수업 모두 도움이 필요할 것 같네.

제임스: 네, 아마도요.

보너: 일반교사가 앳킨스 선생님과 협력해서 제임스가 알아야 할 주요 단어를 식별하는 건 상당히 쉬울 것이고, 제임스가 내용 어휘를 배우도록 몇 가지 인지 학습 전략을 가르치는 것은 교수를 진행할 때 이루어질 수 있을 듯합니다. 만약 우리가 일반교사들에게 그래픽 조직자를 사용하는 아이디어를 소개한다면, 선생님들은 그것을 내용 향상으로 만들면서 모든 수업에 사용하고 싶어 하실 거예요. 그러면, 여러분은 그래픽 조직자는 제임스에게만 특화된 수정이 필요한 것이 아니라, 오

히려 선생님들과 모든 학생에게 도움이 될 겁니다. 저는 제임스만 어려운 어휘로 인해 혼란스러운 게 아니라고 확신해요.

제임스: 네, 그 수업에서는 모두 머리가 멍해요!

앳킨스: 그렇다면, 모두는 역사나 과학 시간에 이 목표를 달성할 수 있다고 동의하세요?

어머니: 저는 이해가 안 돼요. 선생님만 괜찮으시면 어느 수업이든 상관없을 것 같은데요.

앳킨스: 제가 잠정적인 일정으로 진행해 보고 어떤 것이 가장 좋을지 알아보겠습니다. 도움이 된다고 생각하신다면, 제가 각 수업에서 일주일에 10분씩 해 볼 수도 있고요.

어머니: 그건 확실히 나쁠 것은 없을 것 같네요.

앳킨스: 좋습니다. 그럼, 저는 교사들과 이야기해서 어떻게 진행하는 것이 제임스에게 가장 좋을지 알아보겠습니다.

시나리오 성찰

과제 시나리오를 기반으로 다음 질문에 대해 생각을 기록하고 토론하시오.

- 제임스의 시나리오에서, 팀은 최소 제한 환경(LRE)에 대한 결정을 내리기 위해 어떤 정보를 사용했는가?
- 회의 진행자인 앳킨스는 모든 팀원에게 어떻게 의견을 구했는가? 모두가 참여할 기회가 있었나?
- IEP의 의사결정에 제임스를 어떻게 포함하였는가? IEP의 의사결정 측면에 학생을 포함시키는 것이 중요한 이유는 무엇인가?
- 또래들 앞에서 당황했던 때나 경험을 떠올릴 수 있는가? 당혹감의 핵심은 무엇이었나? 장애학생들이 분리된 학급 환경에서 서비스를 받기를 부끄러워하는 이유는 무엇인가?
- 장애학생을 일반학급에 포함하는 것을 의무화하는 법을 만들고 승인한 이유가 무엇이라고 생각하는가?
- 우리가 종종 학습 공동체에 모든 사람을 통합시킨다는 개념에 어려움을 겪는 이유는 무엇인가?

3. 교수적 결정에 대한 함의

장애학생들이 일반교육과정에 참여하고 비장애 또래들과 상호작용하고 학습하는 것에 초점을 맞추고 있어서, 교사들은 장애학생에게 필요한 지원과 교수를 제공하기 위해 협력적이고 창의적으로 일해야만 한다. IEP 팀은 더 제한적인 배치를 고려하기 전에 학생을 지원하기 위해 할 수 있는 모든 가능한 추가적 지원과 서비스를 고려하는 것으로 논의를 시작해야 한다. 일부 학생들의 최소 제한 환경(LRE)은 꼭 전통적인 교실과 같은 물리적인 환경을 의미하는 것이 아니라 온라인 학습과 같은 가상 환경을 의미할 수 있다(Sze & Cowden, 2012).

1) 최소 제한 환경과 의사결정 과정

최소 제한 환경(LRE)은 실제적인 장소가 아니라 IEP 팀의 의사 결정 과정을 안내하는 원칙이다(Bowe, 2005; Yell et al., 2020). 특정 학생에 대한 최소 제한 환경(LRE)을 결정할 때, IEP 팀은 학생의 개인적인 비전과 목표, 학생의 관심사, 강점과 요구, 학생이 교육적 진전을 이루는 데 필요한 서비스와 조정, 교육과정과 다양한 환경 선택에 대한 정보를 고려해야 한다. 학생의 최소 제한 환경(LRE)을 결정하는 것은 학생의 비전, 현재 학업성취도와 기능 수행 수준, 목표(필요한 경우 단기목표), 평가 준거, 필요한 서비스를 확인한 후 IEP 팀의 최종 논의 주제가 되어야 한다. 이러한 정보를 바탕으로 최소 제한 환경(LRE)을 논의하는 것은 팀이 학업적 요구에 따라 학생을 위해 그리고 학생과 함께 가장 적절한 결정을 내리는 데 도움이 된다.

학생을 위한 최소 제한 환경(LRE)을 논의할 때 각 목표를 고려해야 하며, 각 목표를 가장 잘 다루는 부분에 초점을 맞추어 결정해야 한다. 예를 들어, 역사 수업에서 읽기 목표는 학생들에게 다양한 자료에 접근하고 정보를 발견하기 위해 자주 읽도록 하는 것이 가장 좋다. 쓰기 목표는 학생들이 정기적으로 실험을 수행하고 실험 보고서를 작성해야 하는 생물 수업에서 가장 잘 다룰 수 있다. 의사소통 목표는 학생들이 소집단으로 작업하며 이야기를 만드는 쓰기 수업에서 가장 잘 달성될 수 있다. 최소 제한 환경(LRE) 결정은 실제 수업 내용 자체가 아니라 다른 사람들과의 상호작용 유형과 학생의 목표에 가장 적합한 내용을 기반으로 한다.

장애학생을 위한 교육 환경 결정의 유형은 다양할 것이고, 사례마다 결정해야 한다. 최소 제한 환경(LRE)의 두 가지 주요 지침은 환경이 적절하고 개별화되어 있는지 확인하는 것으로, IEP 팀이 학생을 대신하고 학생과 함께 가장 유익한 결정을 내리기 위해 학생, 교육과정 및 학습 환경의 다양한 속성을 고려할 것을 요구한다. 최소 제한 환경(LRE) 결정을 내릴 때 장애 명칭이 요소가 되어서는 안 된다. 장애학생 간의 요구와 관심사의 방대한 차이를 고려할 때, 다양한 학습의 차이를 가진 모든 학생에게 최소 제한 환경(LRE)이 무엇인지에 대한 단일한 정의는 없다.

제임스와 같은 경도 학습장애 학생들만 일반학급에 통합될 수 있는 것은 아니다. 모든 학생을 위한 통합적 환경을 고려하는 것은 해당 학군 교직원의 법적ㆍ윤리적 의무이다. 학군은 지적장애 학생뿐만 아니라 중대한 행동 문제를 가진 학생들을 위한 교육적 환경도 고려해야 한다.

멈추고 생각하기!

긍정적 행동지원은 가치관과 경험적 연구를 바탕으로 아동의 도전적 행동을 이해하고 해결하기 위한 과정이다(Fox & Duda, 2015). 이 접근법은 세 단계로 구성되어 있다.

1. 관련이 있고, 지식이 풍부한 사람들을 팀으로 구성한다.
2. 기능적 행동 평가를 수행한다. 기능적 행동 평가는 다양한 환경에서 수집된 자료를 포함해야 하며 적절한 중재 계획을 개발할 수 있도록 학생 행동의 기능을 결정하는 데 중점을 두어야 한다. 평가는 일반적으로 관찰과 행동의 빈도 또는 ABC(선행사전–행동–후속결과) 자료 수집을 포함한다. 행동이 학생에게 어떤 기능을 하는지 결정하기 위해 자료를 분석해야 하며, 평가는 학교 환경에 더 적합하도록 행동을 수정하는 데 도움이 될 수 있는 가능한 중재에 대한 권장 사항을 포함해야 한다.
3. 다음을 포함하는 행동중재계획을 수립한다.
   1) 도전적 행동의 발생을 방지하기 위한 교육과정, 환경, 활동 또는 상호작용을 수정하는 전략
   2) 도전적 행동 대신 사용할 새로운 기술을 가르치는 절차
   3) 새로운 기술을 학습하고 인정하며 도전적 행동이 지속되지 않도록 하는 전략

행동 문제는 학생들이 일반교육 환경에서 일상적으로 배제되는 주된 이유이며, 이는 정신 건강과 관련된 문제를 가진 학생들에 대한 편견과 낮은 가치를 보여 준다(Howard, 2013). 모든 만성적 정신 질환의 절반은 14세 전에 시작되지만, 이 학생들의 절반만 지원을 받을 것이다. 특수교육을 받는 정신건강 상태를 가진 14세 이상 학생들의 50% 이상이 학교를 떠나고 있으며, 이는 모든 장애 집단 중 가장 높은 중도 탈락률이다(National Alliance on Mental Disease, 2013). 최소 제한 환경(LRE)에서 행동 문제를 가진 학생들을 지원하는 방법을 고려할 때, IEP 팀은 모든 범위의 추가적 지원과 서비스를 고려하고, 전체 학교 교직원이 모든 시간과 환경에 걸쳐 충실하게 추가적 지원과 서비스를 구현하는 방법에 대해 교육받도록 하는 것이 중요하다.

IEP 팀은 행동 문제가 있는 학생들을 지원하기 위해 이 학생들이 또래들과 긍정적으로 상호작용할 수 있도록 돕는 서비스와 전략을 고려하여 이들이 교육과정에 접근하는 데 필요

한 구조와 강화를 제공하는 포괄적인 긍정적 행동 지원 계획을 개발해야 한다. 팀은 학생이 새롭게 개발하는 기술을 연습할 수 있는 일반학급 환경 내에서 구조화된 상황을 만들어 중재의 성공 가능성을 높이고 있다. 그러나 현재 학생이 일반교육 환경에 참여할 수 없다면, 팀은 중재와 최소 제한 환경(LRE)을 매년 검토하여 덜 제한적인 상황에서 학생의 참여를 늘릴 기회를 지속해서 모색해야 한다(예를 들어, 2010년 기준으로 미국 교육부는 미국에 10,000개 이상의 대안학교가 있다고 추정했다).

발달 지체 및/또는 지적장애학생들 역시 장애학생과 비장애학생 간의 능력 격차가 너무 크다는 잘못된 인식으로 인해 일반교육 환경에서 종종 제외되는데, 특히 나이가 많은 학생들이 그렇다. 그러나 학생이 일반교육 환경에 통합되기 위해 학년 수준의 내용을 완료할 능력이 필요한 것은 아니다. 학생이 환경에 참여함으로써 받게 될 궁극적인 이점이 IEP 팀의 주요 고려사항이어야 한다. 학생에게 교육과정이 어려울 수 있지만, 단점보다 이점이 훨씬 클 수 있다. 연령에 적합한 표현 언어 기술, 독립성 및 자조 기술을 가진 학생들로 둘러싸인 더 심한 장애학생들은 일반적으로 비장애 또래들과 함께 기술을 개발하기 시작하고, 일반학급에서 또래들이 보여 주는 더 정교한 기술을 모델링한다(Sugai et al., 2010a). 또래 모델링의 도움을 받으려면 장애학생은 교실 공동체의 구성원으로서 반응하고 상호작용하며 또래들과 가까이 있어야 한다.

✋ 멈추고 생각하기!

특정한 학업적 또는 행동적 기술이 더 제한적인 것보다 자연스러운 환경에서 더 잘 학습될 수 있는 최소한 세 가지 다른 시나리오를 고려해 보라. 시나리오에 대해 논의한 후에는 한 걸음 물러서서 이러한 결정을 내리는 데 사용한 기준을 나열한다.

교육 이력의 한 시점에 학생의 최소 제한 환경(LRE)으로 여겨진 것이 다른 시점에서는 학생의 최소 제한 환경(LRE)이 아닐 수도 있다. 모든 개인은 자신이 지원받는 시간, 장소와 유형에서 변화가 필요하다. 예를 들어, 운전을 처음 배울 때, 성인이 그냥 운전을 배우는 개인을 차에 태우고, 자동차 열쇠를 주고는 "한 시간 후에 돌아와."라고 말하고 가버리는 것은 적절하지 않다. 새로운 운전자는 여러 가지 촉진, 다양한 수준의 강화, 그리고 혼자 운전하기 전에 연습할 시간을 포함하는 직접적인 교육이 필요하다. 처음에, 운전을 위한 개인의 최소 제한 환경(LRE)은 그 개인이 한동안 운전을 한 이후보다 훨씬 더 제한적일 수 있다.

이것은 모든 기술을 더 제한적인 환경에서 소개할 필요성을 제안하는 것은 아니다. 일부 기술들은 화학 실험실과 같은 자연적 환경에서 배우는 것이 전적으로 적절할 수 있다. 예를 들어, 학교 시간 동안 긍정적인 또래 관계를 유지하기 위해 고군분투하는 학생을 상상해 보자. 모든 IEP 팀 구성원들은 이 학생이 구조화된 사회적 기술 훈련 세션이 정기적으로 계획되면 도움이 될 것이라고 동의한다. 비록 사회적 기술 훈련은 특수학급 환경에서 발생할 수 있지만, 다른 학생들과 함께 콩트와 역할극의 형태로 일반학급에서 연습한다면 더욱 효과적일 수 있다. 사회적 기술 개발을 위한 구조화된 교육으로 단순하게 한 명의 학생만 도움을 받는 것은 아니므로, 일주일에 한 번 역할극을 연습하는 담임교사 시간을 갖는 것은 모두에게 유익하고 매력적일 수 있다. 자연적 환경이 더 많은 역할 모델을 제공할 뿐만 아니라, 관련된 사람들은 역시 수업과 역할놀이 계획을 도울 수 있고, 고차원적 사고 기술을 촉진하며 다른 학생들의 리더십을 함양할 수 있다.

최소 제한 환경(LRE)은 비장애학생들의 환경과 가장 유사하며, 장애학생들이 학업적으로나 행동적으로 성공할 수 있는 환경이다. 통합의 교육적 이익을 고려할 때, IEP 팀은 학생에게 부여된 적격성 판단을 무시하고 대신 학생의 개별적 특성과 학습 방법에 초점을 맞춰야 한다(Falvey, 1995). 또한 팀은 협력교수가 이루어지는 일반학급에 통합하는 것을 포함한 덜 제한적인 서비스 전달 방식이 관련된 모든 학생의 긍정적인 결과에 기여하는 것으로 나타났다는 점을 알아야 한다(Friend & Bursuck, 2011).

2) 최소 제한 환경을 위한 자기 점검 실행

법원의 판결은 학생의 최소 제한 환경(LRE)의 적절성을 확인하는 데 사용할 수 있는 몇 가지 테스트로 귀결되었다. **대니얼 대 주교육위원회**Daniel R.R. v. State Education Board(1989) 판례에서는 최소 제한 환경(LRE) 요건의 충족 여부를 판단하는 데 도움이 되는 두 가지 질문을 고안하였다. 1) 추가적 지원과 서비스 사용으로 일반학급에서 적절한 교육을 만족스럽게 달성할 수 있는가? 2) 학생이 더 제한적인 환경에 놓여 있다면, 그 학생은 '적절한 최대 범위'까지 통합되는가? 이 두 번째 질문은 병원, 특수학교 및 판결을 받은 청소년을 위한 프로그램과 같은 분리된 학교 환경에 도전을 준다. 이러한 환경의 IEP 팀은 IDEA를 준수하는지 확인하기 위해 주기적으로 제한적 환경의 적절성을 재평가하고 그 환경에 지속해서 배치할 때의 긍정적인 결과와 부정적인 결과를 따져봐야 한다.

새크라멘토시 통합학군 대 홀랜드 Sacramento City Unified School District v. Holland 판례(1994)에서는 최소 제한 환경(LRE) 결정의 적절성을 평가하기 위한 추가적이면서, 더 필수적일 수 있는 다음과 같은 4개의 질문이 만들었다. 1) 이 학생에게 통합환경과 특수학급 환경의 교육적 이점은 무엇인가? 2) 비교과적 유익은 무엇인가? 3) 장애학생은 교사와 또래들에게 어떤 영향을 미치는가? 4) 학생이 통합환경에 머무르기 위한 추가적 지원과 서비스 비용은 얼마인가? 이러한 질문들은 팀이 관련된 모든 학생의 교육적·사회적 이점과 학군의 국가 재정적 책무성 간의 균형을 탐색하는 데 도움이 된다. 결과적으로, 장애학생들에게 비장애학생들이 학교에서 일상적으로 받는 교육적·사회적 이점을 적절한 형태로 제공해야 한다. IEP 팀이 이러한 질문을 어떻게 다룰 수 있는지 다음 내용에서 좀 더 자세히 설명한다.

3) 이 학생에게 통합환경 대 특수학급 환경의 교육적 이점은 무엇인가?

학생이 주어진 상황에서 무엇을 얻을 것인지 또는 얻지 못할 것인지 결정하는 것은 어려우므로, 학생이 배울 수 있다는 것이 안전한 가정이다. 읽지 못하는 학생으로 분류되었지만, 도서관 목록을 보고 '과학'이라는 단어를 발견한 3학년 학생의 예를 생각해 보자. 상당한 인지적 학습 차이로 인해 말하는 것은 어려웠지만 '생분해성'이라는 용어의 의미를 배운 학생도 생각해 보자. 교사가 할 수 있는 일은 증거 기반의 교수적 실제를 활용하고 가능한 한 가장 접근 가능한 수단을 통해 정보를 제시하며, 여러 번 연습할 기회를 제공한 다음 학생의 성과에 따라 문제를 해결하는 것뿐이다. 장애학생에 대한 최소 위험 가정은 그들이 내용의 일부 측면을 배울 수 있다는 것이고, 일부 측면을 아는 것이 전혀 소개하지 않는 것보다 낫다는 것이다. 지식은 특정 집단의 사람들을 제외하는 것이 아니라 누구든지, 모든 사람에게 기꺼이 제공되어야 한다.

ELL 장애학생을 고려할 때 언어 계획에 대한 특별한 고려는 필수적이다. 통합환경은 특수학급 환경보다 영어 역할 모델의 이점과 학업적 언어 능력 개발에 더 많은 기회를 제공한다. 그러나 IEP 팀은 IEP를 계획할 때 반드시 학생이 영어로만 하는 수업에서의 이익을 위해 필요한 지원뿐만 아니라 모국어와 영어 능력 수준을 고려하는 특별한 고려를 해야 한다.

(1) 비학업적 유익은 무엇인가?

이 질문의 핵심은 장애에 대한 제한적인 정의를 넘어 전체 학생을 고려하는 팀의 능력이다. 팀은 학생이 가질 수 있는 학업적 문제를 넘어, 학생이 정기적으로 동년배 비장애 또래들과 교류하는 것이 사회적 학습에 미치는 영향도 고려해야 한다. 팀은 학생이 일반학급에 있음으로써 얻을 수 있는 것뿐만 아니라 이러한 기회를 제공하지 않았을 때 미칠 수 있는 영향도 고려해야 한다. 학생은 어디에서 새로운 사회적 기술을 배울 것인가? 학생은 누구를 모델로 할 것인가? 일반학급에서 사회적 기술을 배울 수 있는 상황과 시나리오 설정이 가능한가? IEP 팀원들이 최소 제한 환경(LRE) 결정을 고려할 때 다른 질문들과 더불어 이러한 질문들에 대한 대답을 찾아야 한다.

시간 대부분을 비장애 또래들과 함께 보내는 학생들은 사회에 기여하는 구성원으로서 좀 더 연령에 적절한 사회적 기술을 발달시키고, 스스로에 대해 더 연령에 적절한 기대를 유지한다. 특수교육 서비스를 받는 ELL 학생은 영어를 배울 뿐만 아니라 학교의 문화와 주류문화를 배우므로, 비장애 또래들과 교류할 기회를 얻는 것이 중요하다. 장애학생들은 자기 개발 기술뿐만 아니라 강한 자아의식을 형성하는 경험을 얻도록, 비장애학생들과 친구가 되고 학습할 기회를 가질 필요가 있다. 카츠와 미렌다^{Katz & Mirenda}(2002)는 전형적 또래들과의 사회적 상호작용과 중도 장애학생들의 IEP 목표 달성 간의 명확한 관련성을 발견했다.

(2) 장애학생이 교사와 또래에게 미치는 영향은 무엇인가?

불행하게도, 많은 IEP 팀이 장애학생이 수업에 미칠 수 있는 부정적인 영향을 다룬다. 예를 들어, 수업의 속도를 늦추거나 반복적인 방해, 또는 행동 문제나 지원 인력과 서비스로 인해 방해하는 것들이 있다. 하지만 IEP 팀이 이 질문을 완전히 해결하기 위해서는 반드시 장애학생 통합에 대한 좀 더 광범위하고 긍정적인 사회적 영향도 고려해야 한다. 이 학생이 수업에 참여하는 것이 사회적 정의와 시민권에 대한 고차원적 사고와 토론을 위한 잠재적 촉매제가 될 수 있는가? 이 경험으로부터 비장애학생들이 얻을 수 있는 것은 무엇인가? 또한 팀은 한두 명의 학생들을 위해 수행되는 수업 전략이 사실 다른 학생들에게도 도움이 될 수 있다는 것도 고려해야 한다. 예를 들어, 자폐성 장애학생에게 시각적 일정표를 제공하는 것은 다른 학생들에게도 그날의 개요를 보도록 하여 도움이 될 수 있다. 우리는 전형적으로 차이를 불편해한다. 차이에 대한 노출이 제한적이라는 것을 고려하면, 이러한 불편함은 변화의 기회가 거의 없고, 종종 소수집단에 대한 고립과 포기는 더 심해진다(Falvey, 1995; Sapon-Shevin, 2003). 많은 경우, 최소 제한 환경(LRE) 결정을 내릴 때, 통합에 대한 긍정적인 문화적 영향은 멀리까지 미치며 고려할 가치가 있다. (이러한 함의는 이 장의 마지막에서 더 자세히 논의하였다.)

(3) 학생이 통합환경에 머물기 위한 추가적 지원과 서비스 비용은 얼마인가?

이 마지막 질문은 아마도 통합의 이념과 최소 제한 환경(LRE)의 법적 실제를 구분하는 것일 것이다. 의회는 한 학군이 심한 장애학생 교육을 위한 재정적인 부담을 인정했다. 그러므로 한 학생을 일반학급에 통합하기로 한 결정이 그 학군에 추가적으로 부당한 스트레스를 주어서는 안 된다. 하지만 꽤 자주, 일반학급에서 장애학생을 지원하기 위한 상담 서비스와 협력교수의 실행은, 그 자체로 엄청난 비용이 들 수 있는 대안적인 분리교육만큼의 비용이 들어 상당한 재정적 책임이 있다. 참고로, 분리교육을 통해 장애학생을 교육하는 것은 일반학급에서 전형적 발달 학생의 교육에 비해 평균 2~4배의 비용이 들 수 있다(Hurt, 2012).

4. 최소 제한 환경 연속체

최소 제한 환경(LRE)을 결정할 때, IEP 팀은 일반학급 환경을 고려하고 학생의 목표를 어떻게 달성할 수 있는지, 그 환경에서 서비스를 어떻게 제공할 것인지에 대해 논의해야 한다. 목표는 장애학생이 전형적 발달 또래들과 최대한 함께 참여하도록 하는 것이다. ELL 장애학생을 고려할 때, IEP 팀은 언어 능력 지도는 일반교육 영역에 속하지만, 장애는 일반적으로 특수교육을 통해 다룬다는 것을 인식할 필요가 있다. 입법 및 소송에서 ELL 학생을 학교 활동에서 배제하지 않을 것을 요구하기 때문에, 학생들의 언어적 요구는 다음 프로그램 중 하나 또는 그 이상에서 다룬다.

- 이중언어 특수교육
- 이중언어 교육
- 제2언어로서의 영어(ESL) 교육

ELL은 이중언어 특수교육 및 이중언어 교육 교사가 부족하므로 일반적으로 ESL 분리교육 프로그램에서 제공한다. IEP 팀은 특수교사가 언어 능력을 다루는 ESL 및 이중언어 교사와 같은 훈련 또는 자격을 가지고 있지 않다는 것을 알 필요가 있다. 따라서 학생의 장애와 언어 능력 요구를 다루기 위해 최소 제한 환경(LRE)의 조정된 서비스가 필요하다.

필요한 지원 수준이 학생의 학습이나 일반학급 다른 학생들의 학습을 방해할 정도로 심각하다고 판단한 경우, 팀은 더 제한적인 환경을 고려할 수 있다. 그렇지 않으면 학생은 일반교육 환경에서 이러한 서비스를 받아야 한다([그림 8.1] 참조).

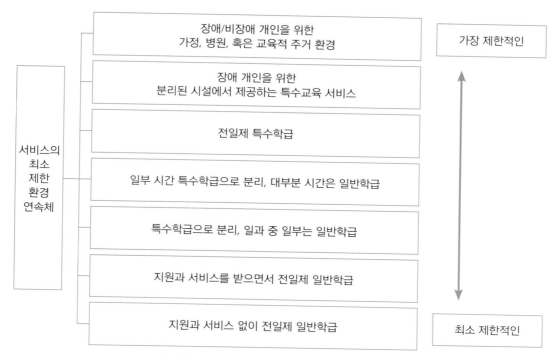

[그림 8.1] 서비스의 최소 제한 환경 연속체

5. 최소 제한 환경 테크놀로지 지원

테크놀로지의 사용은 최소한의 인력지원으로 학생의 독립성과 일반교육과정에 더 완전하게 참여할 수 있는 능력에 중요한 차이를 만들 수 있는 지원의 하나이다. 테크놀로지는 학생의 능력 수준 이상의 글에 대한 온라인 리더 또는 학생의 능력 수준 이상의 방정식에 대한 그래픽 계산기와 가상 학습 도구 같은 학문적 결손 영역을 지원하는 데 사용할 수 있다.

게다가, 교사들은 스크린캐스팅screencasting 테크놀로지(대부분 무료로 이용 가능)를 사용하여 중요한 내용, 학습 목표, 어휘, 풀이한 문제 예시 등을 학습하는 하루 동안 학생이 여러 번 접근하게 할 수 있다. 종종 학생들이 특수교사와 대면 수업 시간이 제한될 수 있지만, 테크놀로지와 녹화 수업으로 학습 시간을 기하급수적으로 늘릴 수 있다.

또한 테크놀로지는 주의력 결핍/과잉행동장애 학생들이나 제한된 작업 기억력으로 어려움을 겪는 학생들에게 매우 유용한 마감일과 필요한 자료를 상기시켜 주는 온라인 일정표와 달력부터 외상, 자폐성 장애나 행동 문제를 가진 학생들의 진정 요구를 지원할 수 있는 마음챙김 및 성장 마인드셋 비디오와 앱에 이르는 행동 지원으로 사용할 수 있다.

Proquoko2go와 Speak for Yourself 같은 광범위한 의사소통 테크놀로지와 앱들은 자폐성 장애, 행위상실증 및 기타 의사소통장애 학생들이 독립적으로 또는 성인의 지원 없이 자신이 원하는 것, 요구와 생각을 전달할 수 있게 해 준다. 또한 테크놀로지는 번역기 앱과 그림 사전을 통해 영어를 배우는 학생들에게 사용할 수도 있다.

IEP 팀이 테크놀로지 유형을 결정할 때 고려할 수 있는 몇 가지 주요 질문은 다음과 같다.

- 어떤 테크놀로지를 통해 학생이 학년이나 연령에 적절한 학습 활동에 참여하는 데 필요한 기술 습득을 지원할 수 있는가?
- 어떤 테크놀로지가 학생의 생각, 원하는 것, 요구를 전달하도록 지원할 수 있는가?
- 어떤 테크놀로지가 학생이 주요 어휘를 검색하거나 모국어로 대체 단어를 찾도록 지원할 수 있는가?
- 어떤 테크놀로지 지원으로 학생이 수업을 방해하지 않고 스스로 진정하거나 도움을 요청할 수 있는가(예: 학교 상담사, 간호사 또는 특수교사에 이메일 발송)?
- 어떤 테크놀로지로 학생 능력 수준 이상의 글을 읽거나 생각을 쓰도록 지원할 수 있는가?
- 어떤 테크놀로지 지원으로 학생이 핵심 개념을 이해하거나 분석하는 데 도움이 될 기록된 교수를 제공할 수 있는가?

6. IEP에 최소 제한 환경 진술 포함하기

최소 제한 환경(LRE)을 둘러싼 논의는 항상 일반교육 환경과 교육과정으로 시작하는 [그림 8.1]의 연속체를 따라야 한다. 팀이 학생의 목표를 향해 진전하는 데 필요한 서비스가 일반교육 환경에서 제공될 수 있다고 생각하지 않으면 대안을 논의할 수 있다. 그러나 장애학생을 일반교육 환경에서 제외하기로 할 때 일반교육 환경에서 학생이 제외된 정도를 설명하는 진술을 IEP에 추가해야 한다.

IDEA의 목적은 공교육을 위한 공평한 가치 체계를 지원하는 것이었다. 일반교육 환경에서 최소 제한 환경(LRE) 논의를 시작하고 학생들이 일반학급에 통합되지 않을 때 IEP 팀이 정당화하도록 요구하는 것은 최소 제한 환경(LRE)을 통해 통합적 실제의 지향을 보여 준다. 이 과정은 학교에서 완전통합 대 배제의 철학을 보여줌에 따라 우리의 신념, 성향, 그리고 궁극적 실제의 변화를 도울 수 있다.

7. 완전통합과 주류화

'주류화'와 '완전통합'이라는 용어는 특수교육계에서 인기가 있지만, IDEA에서 발견되지 않는다. 사실, 이 용어들은 법을 해석하기 위한 시도로 교육자들이 만들었다. 비록 이 두 용어가 자주 상호 교환적으로 사용되지만, 각각은 매우 다른 철학적 패러다임을 나타내며, 종종 학생의 최소 제한 환경(LRE)에 관해 근본적으로 다른 결정으로 이어진다. 이 두 용어의 차이점을 아는 것은 최소 제한 환경(LRE) 의사결정 과정에 참여하는 것과 마찬가지이다.

주류화*Mainstreaming*는 장애학생들을 하나 이상의 일반학급에 선택적으로 배치하는 것이다. 주류화는 학생들이 일반학급에 통합되기 시작했을 때 처음 시행된 더 오래된 모델이다.

이러한 철학적 틀 아래에서 학생들은 일반학급에 참여하기 위해 최소한의 지원이 필요하다고 인식될 때 일반학급 수업에 참여할 수 있는 권리를 얻는다(Rogers, 2006). 학생들에게 전형적으로 허용되는 과정은 일반적으로 점심 시간, 쉬는 시간, 홈룸, 스터디 홀, 생활 기술 과정(예: 소비자 과학, 컴퓨터 기초, 워드 프로세스, 목공 수업)과 같은 비교과 과정, 음악, 미술, 체육과 같이 핵심 교과가 아닌 것으로 보는 수업, 사회, 과학과 같이 학습자의 장애와 관련 없는 것으로 간주하는 과정을 포함한다.

이러한 결정의 전제는 학생이 이러한 다양한 과목에서는 장애가 없으므로 최소한의 지원으로 참여할 수 있다는 것이다. 예를 들어, 글쓰기 능력에 부정적인 영향을 받는 학습장애 학생은 사회 시간에는 장애가 없다. 그러므로 IEP 팀은 주류화 철학에 따라서 학생이 영어 시간에는 특수학급 지원이 필요하지만, 사회 시간의 엄격함은 조율할 수 있다고 결정한다. 그러나 이러한 생각의 결함은 사회 시간에도 글쓰기 능력이 필요하다는 것이다. 보고서 작성하기, 논술 시험 보기, 포스터와 컴퓨터 발표 자료 만들기, 노트 작성하기 모두 학생의 글쓰기 능력을 요구한다.

학생이 비교과적인 것으로 간주하는 과정에서 이러한 기술을 사용하지 않는다고 가정하는 것은 이러한 과정에 존재하는 엄격함을 평가절하한다. 학생들에게 이러한 과정에서 글을 쓰도록 요구할 수 있을 뿐만 아니라, 글쓰기 능력에 부정적인 영향을 미치는 학생의 인지 처리 차이도 학생의 그림 그리기, 다차원적인 이미지 만들기, 신체 움직임 조정이나 악보를 베껴 쓰는 능력에 부정적인 영향을 미칠 수 있다.

불행히도, 이 모델은 일부 더 심한 장애학생들에게 여전히 발생하고 있다. 팀이 주류화 철학에 기반하여 운영될 때, 학생의 장애 정도가 최소 제한 환경(LRE) 의사결정 과정에 영향을 미친다. 일반교육 수업에 참여하는 것은 비교과 과정이 아닌 한, 어려움이 심한 학생들에게 적합하다고 여겨지는 경우는 거의 없다.

　　완전통합*Inclusion*은 장애가 없는 경우 다닐 학교와 교실에서 각 아동을 교육하겠다는 약속을 의미한다. 완전통합은 일반학급에서 학생에게 서비스와 지원을 제공하며, 학생이 일반학급에 참여하는 이점이 확인되어야 한다(Rogers, 2006). 팀은 명칭에 초점을 맞추는 대신 목표, 단기목표(적절한 경우)와 서비스를 조사하고 목표를 다루며 서비스를 제공할 수 있는 가장 자연스럽게 발생하는 기회를 결정한다. 학생이 비구조화되거나 비공식적인 환경에서 또래와 상호작용을 시작하는 것이 목표라면 최소 제한 환경(LRE)은 점심시간, 자습실 또는 쉬는 시간 중일 수 있다. 아니면 최소 제한 환경(LRE)은 생물 실험실이나 연극 수업 중일 수 있다. 팀은 원하는 기술로 어떤 환경이 수업에 가장 도움이 되는지 결정하고 해당 환경에서 지원을 제공한다. 잠재적 학습 환경을 아는 것은 학생의 최소 제한 환경(LRE)과 관련한 결정을 내릴 때 매우 중요하다. 이는 일반교사들이 IEP 회의에 참석하는 것이 매우 중요한 이유 중 하나이다.

　　주류화와 완전통합의 차이는 학생의 책상이 위치한 장소에 대한 것이 아니라, 각 학생에게 적합한 교육 환경을 결정하는 결정의 기초가 되는 이유에 관한 것이다. 교사, 학년별 팀, 학교, 학군의 운영 여부를 주류화 또는 통합적 철학으로 판단하려면, IEP 회의의 최소 제한 환경(LRE) 논의 중에 IEP 팀이 나눈 대화를 들어보아야 한다. "에이미는 아직 수 인지와 숫자 값을 공부하고 있으므로 우리 반에 있을 수 없어요."라고 말하는 수학 교사는 주류화된 시각으로 수업을 운영하고 있다. 하지만 "학생들이 계산할 대수 방정식을 줄 때 에이미가 활동지에서 3을 모두 찾고 동그라미를 칠 수 있을 거예요."라고 제안하는 수학 교사는 통합적 관점으로 수업을 설계하고 있다.

1) 이점과 낙인

　　일반학급에서 학생들을 통합하는 결정은 종종 주류화 철학의 낙인^{label}에 기초한다. 예를 들어, 만약 어떤 학생이 글쓰기에 학습장애가 있다면, IEP 팀은 학생이 과학 시간에 글을 쓸 수 있다는 가능성을 무시하고, 과학 수업이 그 학생을 통합하기에 적절한 환경으로 결정할 수 있다. 그 팀은 학생이 일반교육과정과/또는 교실 환경에 참여함으로써 어떻게 이익을 얻을 수 있는지 대신 특수교육 적격성에 대한 특정한 다원적 평가지표에 초점을 맞추고 있다.

　　통합적 입장을 가진 교사들은 그것이 학업적, 행동적 또는 사회적 이점인지를 먼저 고려해야 한다. 장애 명칭 대신 학생의 학습 특성, 강점 및 관심사에 초점을 맞춘 논의에는 낙인이 설 자리가 없다. 비록 법의 장황함이 주류화나 완전통합 중 하나를 언급하는 데는 부족하지만, 가능한 일반학급에서 장애학생에게 서비스와 지원을 제공하는 것에 대한 초점으로 완전통합이 최소 제한 환경(LRE) 요건의 핵심이라는 것을 알 수 있다(Kilanowski-Press et al.,

2010). [그림 8.2]는 IEP 회의를 준비하는 방법에 대한 제안사항 체크리스트를 제공한다.

 멈추고 생각하기!

2001년 아동낙오방지법(PL 107-110)과 2015년 모든학생성공법(ESSA, PL 114-95)은 모든 학군이 영어 능력이 제한된 학생, 장애학생, 경제적으로 불리하다고 간주하는 학생, 소수 인종 학생을 포함한 모든 아동에 대해 동일하게 높은 학업 성취 기준을 유지할 것을 요구한다(Part A, [C][v]).

- 학생의 최소 제한 환경(LRE)에 관한 IEP 팀의 결정에 이 요건은 어떤 영향을 미칠 수 있는가?
- 제안된 학생 배치가 최소 제한 환경(LRE)에 관한 법률의 정신이나 문구에 부합하지 않는다고 생각하는 상황에 어떻게 접근할 수 있는지 동료와 논의하시오. 이 문제를 어떻게 팀에 알릴 것인가? 팀이 학생을 돕기 위해 앞으로 나아가는 데 어떤 장벽에 직면할 수 있고, 어떤 지원이 필요한가?

8. 요약

이 장에서는 장애학생이 최소 제한 환경(LRE)에서 교수와 중재를 받는 기회를 보장하기 위해 IEP 팀이 수행하는 중요한 역할에 대해 자세히 설명했다.

특수교육은 배치가 아닌 서비스이기 때문에 최소 제한 환경(LRE)은 장애학생이 교육의 혜택을 받기 위해 교수와 중재가 발생하는 환경을 말한다. IDEA 2004는 장애학생이 '적절한 최대 범위'까지 비장애 또래들과 함께 교육받아야 한다고 명시함으로써 통합적 환경을 보장한다(§ 300.114[a]). IEP 팀은 학생이 일반교육 환경에서 제외되는 시간의 비율과 장애가 일반교육 환경에서 비장애 또래들과 참여하는 것이 학생에게 어떤 영향을 미치는지에 대한 이론적 근거를 명시적으로 문서화함으로써 학생의 최소 제한 환경(LRE)을 보호하는 책임이 있다. 최소 제한 환경(LRE)에서의 교수와 중재를 결정하는 것은 최소 제한에서 가장 제한적 배치의 연속체와 윤리적 및 법적 영향을 포함하여 신중한 고려가 필요한 과정이자 절차이다.

IEP 회의 준비:
최소 제한 환경(LRE)

회의 이전

☐ 진전도 점검 자료를 검토하여 학생이 IEP 목표 달성을 위해 충분한 진전을 이루고 있는지 확인하고 필요에 따라 교수를 조정한다.

☐ 비장애 또래들과 함께 교육받는 것이 연간 IEP 목표와 그에 상응하는 단기목표를 달성하는 데 효과적이었는지 판단한다. 그렇지 않은 경우, 학생이 일반교육 환경에 최대한 통합되는 데 필요한 추가적 지원, 서비스 및 지원이 무엇인지 결정한다.

☐ 다문화(CLD) 학생을 위해 언어 능력 향상 점검 자료와 언어 발달 및 유사한 문화·언어 경험을 가진 또래들과의 상호작용 기회를 검토한다.

회의 동안

☐ 서비스 연속체를 고려하고 논의하여 적절한 서비스 전달을 결정한다.

☐ 제안된 배치에 대한 진술과 배치가 제안된 이유에 대한 설명을 포함한다.

☐ CLD 학생의 경우, 유사한 문화·언어 경험을 가진 또래와의 상호작용을 통합한다.

☐ 학급 자료가 학생의 문화를 반영하는지 확인한다.

☐ 통역사를 사용한다면, 적절한 통역사 에티켓을 사용해야 한다(제2장 참조).

회의 이후

☐ 부모를 포함한 모든 팀원들에게 회의의 효과에 대해 설명한다.

☐ 부모님과 함께 통역사의 사용과 회의 및 주요 요점을 이해했는지 확인한다.

[그림 8.2] IEP 회의 준비: 최소 제한 환경

9. IEP 체크리스트: 최소 제한 환경

다음 체크리스트는 IEP의 최소 제한 환경(LRE) 영역이 IDEA 규정을 충족하는지 확인하기 위한 목록으로 사용할 수 있다.

핵심 영역(IEP 영역): 최소제한환경(LRE)	기준 충족	
	예	아니요
L1: 학생이 일반교육과정에 접근할 수 있다는 진술을 포함하고 있다.		
L2: 아동이 일반교육과정에 참여하지 않는 이유를 설명하고 근거를 제시하는 내용을 포함하고 있다.		

10. 활동

이 활동은 본 장의 내용을 더 깊이 이해하도록 돕기 위한 것이다. 본 장의 활동은 다음과 같다.

- 활동 8.1. 최소 제한 환경 결정 사례 연구
- 활동 8.2. 질적인 최소 제한 환경 판별 영역
- 활동 8.3. 문화 반영적 환경 목록

활동 8.1. 최소 제한 환경 결정 사례 연구

지원장: 제8장(최소 제한 환경)

목적: 이 활동의 목적은 학습자가 최소 제한 환경(LRE)을 고려하는 것을 연습하는 것이다.

지시사항: 다음 사례 연구를 읽은 후 마지막에 나온 질문을 고려하여 동료와 함께 답변을 논의한다. 알바로Alvarro는 4학년 학생으로, 노래에 재능이 있지만 읽기 학습장애로 읽기 유창성과 읽기 이해력에 어려움이 있다. 다른 4학년 학생들이 그리스 신화를 공부하는 동안 알바로는 일반학급을 떠나 특수학급으로 가서 강도 높은 읽기 중재를 받는다. 특수학급 환경에서 알바로는 음소와 형태소를 검토하는 컴퓨터 프로그램으로 공부한다. 그리고 나서 읽기 능력이 낮은 다른 학생들로 구성된 읽기 집단에 합류하여 교대로 소리 내어 읽고 이야기에 관련된 어휘들을 토론한다. 현재, 학생들은 미래의 아이들에 관한 3학년 수준의 책을 읽고 있다.

토론 질문

1. 이 장의 제임스의 과제 시나리오를 생각해 보자. 알바로의 교육적 배치는 제임스의 교육적 배치와 어떤 차이가 있는가?

_____

_____

_____

2. 알바로의 상황에서 최소 제한 환경(LRE)의 결정의 근거는 무엇이었나?

_____

_____

_____

3. 알바로는 어떻게 일반학급에 통합되어 읽기와 독해력 향상을 위한 지원을 받을 수 있었는가?

_____

_____

활동 8.2. 질적인 최소 제한 환경 판별 영역

지원장: 제8장(최소 제한 환경)

목적: 이 활동의 목적은 최소 제한 환경(LRE)을 반영하는 진술 작성 기술을 연습하는 것이다.

지시사항: IEP를 사용하여 최소 제한 환경(LRE) 영역 목록을 작성하고 제공한 정보의 질적 수준을 표시한다. 그런 다음 영역의 순위를 매기고 순위를 뒷받침할 근거를 제시한다.

루브릭 척도: 다음 척도를 사용하여 검토한 IEP 영역의 순위를 가장 잘 나타내는 숫자에 동그라미를 치시오.

1=기준 미달	2=부분적 기준 충족	3=기준 충족	4=기준 초과
• IDEA 2004 요건을 충족하는 증거를 보이지 못함 • IDEA 2004 요건을 다루지 않음	• IDEA 2004 요건을 부분적으로 충족함 • IDEA 2004 일부 요건을 다룸	• 대부분/모든 IDEA 2004 요건을 충족함 • 대부분/모든 IDEA 2004 요건을 다룸	• 모든 IDEA 2004 요건을 초과함 • 모든 지표를 다루며 기준을 넘어섬

핵심 영역(IEP 영역): 최소 제한 환경(LRE)	점수	점수 결정 근거
L1: 학생이 일반교육과정에 접근할 수 있다는 진술을 포함하고 있다.	1 2 3 4	
L2: 아동이 일반교육과정에 참여하지 않는 이유를 설명하고 근거를 제시하는 내용을 포함하고 있다.	1 2 3 4	

최소 제한 환경(LRE) 재진술문

_____

_____

_____

_____

_____

_____

활동 8.3. 문화 반영적 환경 목록

지원장: 제8장(최소 제한 환경)

목적: 이 활동은 문화적, 언어적으로 다양한 배경을 가진 장애학생을 지원하는 가장 최소 제한 환경(LRE)에 초점을 맞추는 기회를 제공한다.

지시사항: 이 활동에는 세 부분이 있는데, 첫째는 다문화 장애학생을 판별한다. 다음으로는, 체크리스트를 사용하여 학생이 매일 참여하는 학교와 학급 환경, 자료와 상호작용을 조사한다. 마지막으로, 최소 제한 환경(LRE)에서 문화 및 언어를 반영하는 교육을 보장하는 데 필요한 모든 조정을 고려한다.

기준	예/아니요	최소 제한 환경(LRE)에서 문화 및 언어를 반영하는 교수 확정을 위한 조정
1. 학교에서 학생과 같은 문화와 언어를 반영하는 항목(예: 게시판, 포스터, 표지판)이나 이미지를 전시하고 있는가?		
2. 학교 집회와 다른 대규모 모임은 학생의 문화와 언어를 반영하는가?		
3. 아동의 부모나 보호자가 학교 활동에 참여하고 있는가?		
4. 학교에서 학생의 모국어로 된 서면 의사소통(예: 웹사이트, 정책, 뉴스레터)을 제공하는가?		
5. 학교와 학급 도서관은 학생의 문화와 언어를 반영하는 책과 관점을 포함하고 있는가?		
6. 학생이 참여하는 환경(즉, 일반 및 특수학급)에 학생의 문화와 언어를 반영하는 항목(예: 게시판, 포스터, 표지판)이 표시되는가?		
7. 교과서와 학교의 다른 자료들은 학생의 문화와 언어를 반영하는 이미지와 정보를 포함하고 있는가?		
8. 교과서와 다른 교재들은 학생의 문화를 포함해 다양한 문화를 포함하는 관점을 제공하는가?		
9. 교직원과 서비스 제공자는 문화 및 언어적으로 반영하는 방식의 교육 및/또는 치료를 제공하고 있는가?		
10. 학생과 같은 문화 및 언어적 배경을 가진 비장애 또래들과 교류할 기회가 있는가?		
11. 영어 학습자의 경우, 학생은 이중언어 및/또는 제2언어 프로그램에 참여하는가?		

제9장

조정과 수정

캐슬린 G. 윈터맨

Kathleen G. Winterman

초점 학습 내용

- 조정과 수정의 차이
- 학생에게 의미 있는 조정과 수정의 구성
- 의미 있는 통합교육 지원 방식

차별화된 교육과정은 모든 아동들의 요구를 충족하기 위해 고안되었지만, 이것은 학생이 장애를 가지고 있고 개별화된 교육이 필요할 때 혼란스러울 수 있다. 일부 장애학생들은 교과 과정에 적응해야 한다. **적응**은 조정과 수정을 모두 포함하는 가장 중요한 용어이다 (Prater, 2018). 종종 오해를 받아온 IEP 구성요소 중 하나는 주 시험 환경과 관련된 결정이 어떻게 이루어지고 이것이 교실 환경에 어떻게 적용되는지이다. 교사들은 종종 '조정'이라는 단어를 듣지만, 실제로 이것은 무엇을 의미하는가? 많은 사람들이 조정과 **수정**의 차이를 제대로 이해하지 못하고 있다. 따라서 이러한 용어들은 종종 혼동되고 서로 교환되는데, 이는 학습 상황의 역학을 변화시키는 실수이다. 조정 절차에 대한 논의를 시작하기 전에 먼저 조정과 수정의 차이를 명확히 하는 것이 중요하다.

조정은 학습 내용에 변경 사항이 없다. 조정은 단순히 장애학생이 또래들과 같은 학습 기준을 충족하지만 서면 응답 대신 구두 응답을 하는 것과 같은 다른 방법을 허용한다. 많이 사용하는 조정에는 시간 연장, 우선 좌석 허용, 수업 노트 사본 제공 등이 있다. 이러한 조정은 학생이 장애를 극복할 수 있게 한다.

　그러나 수정은 학생이 배우고 있는 내용의 실제적인 변경이 필요하고, 조정만으로는 학생을 지원하기에 충분하지 않을 때 사용한다. 2학년 학급에서 곱셈을 시작할 때 장애아동은 덧셈을 배우는 시나리오를 예로 들 수 있다. 이는 교육과정을 수정하였고, 학생의 요구에 맞게 내용을 변경한 것을 의미한다. 조정과 수정 이면의 중요한 개념은 장애아동이 학교에서 성공하기 위해 필요한 지원을 받는다는 것이다(Searle & Swartz, 2020).

IDEA'의 핵심 요소

- **무상의 적절한 공교육**FAPE. 학생은 공교육 기관에서 무상으로 자신의 교육적 요구를 충족하는 방식으로 교육받아야 한다.
  - **거부 금지**Zero Reject. 학교는 아동 요구의 심각성 때문에 교육을 거부할 수 없다.
- **최소 제한 환경**LRE. 학생은 전형적인 또래들과 가장 유사한 방식으로 교육을 받는다.
- **절차적 안전장치(정당한 절차**due process). 가족은 자녀의 배치, 서비스, 교육 계획에 동의하지 않을 권리가 있고 학군을 법정에 세울 수 있다.
- **부모 참여(공유된 의사결정).** 부모는 자녀 교육팀의 일원으로 참여할 권리가 있다.
- **비차별적 평가.** 학교는 타당하고, 신뢰할 수 있고, 문화적으로 관련성이 있고, 언어적으로 적절한 조치를 사용하여 장애의 모든 의심스러운 영역에서 학생을 평가하기 위해 팀 접근방식을 사용해야 한다.
- **개별화 교육 프로그램**IEP. IEP 팀은 현재의 평가 정보를 평가하고 각 장애학생의 고유한 교육적 요구를 충족하도록 설계한 서면 문서를 작성한다.

---

1. 법적 관점의 이해

　장애학생들이 학교에서 성공하기 위해 필요한 지원은 종종 조정 및/또는 수정을 포함하는 특별히 설계한 교육을 요구한다. 2004년 장애인교육개선법(IDEA, PL 108-446)은 특별히 설계한 교육을 다음과 같이 정의했다.

　　(3) 본 절에 따른 적격 아동의 요구에 교육의 내용, 방법 또는 전달 방식을 적절하게 조정하여
　　　(i) 아동의 장애로 인해 발생하는 아동의 고유한 요구를 다루고
　　　(ii) 모든 아동에게 적용되는 공공기관의 관할구역 내에서 아동이 교육목표를 충족

할 수 있도록 일반교육과정에 대한 접근을 보장한다. (§ 300.39[b][3])

그러므로 전문화된 교수는 교육과정, 내용 및 교수적 전달 방식을 조정해야 한다. 이는 학생의 목표와 단기목표에 기초한 조정 또는 수정의 형태로 나타날 수 있다. 학생의 학습 프로그램에 적용할 수 있는 조정의 예는 다음과 같다.

- **분량**Size: 학생이 학습/완료할 것으로 기대하는 항목 수
- **시간**Time: 학습, 과제 완료 또는 시험에서 학생에게 할당하는 시간
- **지원 수준**Level of Support: 학생이 받는 지원 유형(예: 또래지원, 교사지원, 그룹보조)
- **제시 방법**Input: 학생에게 교수를 전달하는 방식
- **반응 방법**Output: 학생이 교수에 반응하는 방식
- **난이도**Difficulty: 학생들의 학습 수준(예: 기술 수준, 문제 유형, 형식)
- **참여 방법**Participation: 학생이 참여할 것으로 기대하는 방식(예: 개별적 참여, 그룹 참여, 적극적 경청, 물리적 존재)
- **대안 목표**Alternate goals: 학생 능력에 맞도록 변경한 학생의 목표(예: 지도에서 주 위치 찾기 vs 주도 기억하기)
- **대체 교육과정**Substitute curriculum: 학생 개개인의 목표에 맞는 다양한 교육 및 자료의 제공

학생의 학업 및 기능적 요구가 일반교육과정에 접근하기 위해서는 조정이 필요하지만, 내용 기준을 변경하지는 않는다.

일반학급에 장애학생의 통합이 증가함에 따라, 이러한 학생들이 의무화된 주 성취 기준을 충족하도록 보장하는 데 필요한 조정도 증가하고 있으며, 이로 인해 2015년 모든학생성공법(ESSA, 114-95), 2001년 아동낙오방지법(NCLB) 및 IDEA에서 의무화한 고부담 시험high-stakes testing에 더 많은 학생이 참여하게 되었다. 장애학생이 일반교육과정에 성공적으로 참여하는 동시에 고부담 시험에서 입증된 실행 가능한 교육 성과를 도출할 수 있는 방식으로 이러한 개별 요구를 충족시키는 것은 IEP 팀이 직면한 과제가 된다. Salend(2008)는 "많은 장애학생들이 고부담 시험에 참여하기 위해 조정이 필요하다는 것을 인식하여 IDEA는 학생들의 개별화 교육 프로그램(IEP)에서 주, 학군 및 교사가 제작한 시험에 대한 조정을 설명할 것을 요구한다."(p. 14)고 언급했다.

> 보편적 학습 설계(UDL)는 모든 학생이 접근할 수 있고 도전적인 학습 환경과 교수 설계를 안내하는 틀이다(Center for Applied Special Technology [CAST], 2018).

보편적 학습 설계(UDL)의 원리를 시험 과정에 통합하면 다양한 학습자의 요구를 충족시킬 수 있는 시험 자료의 방식을 만들 수 있다(CAST, 2018). 그러나 효과적인 교육 수단이 되기 위해 이러한 원칙을 학생의 일상적 학습에 적용해야 한다. 일단 IEP 팀이 학생의 학업적 요구를 결정하면, 학생의 하루 동안 필요한 전략을 사용하여 성공과 학습 향상에 대한 희망을 준다. 그 실행이 충실하지 않다면 교사, 부모, 학생은 어떤 전략이 효과적이고 어떤 전략이 수정을 필요로 하는지 확실하게 알 수 없게 된다.

IDEA의 법적 요건은 모든 학생이 자신의 성장과 교육적 노력으로 얻는 이익을 결정하기 위해 학업 평가에 참여하는 것이며, 이는 학생의 학습을 결정하고 측정하는 기반을 마련한다. IEP에 대한 법적 영향을 이해하려면 IDEA가 명시하는 내용을 정확하게 아는 것이 유용하다. IDEA(612[a][16])의 이 구성요소에 대한 요건은 문자 그대로 장애학생이 모든 일반, 주 및 학군 시험에 참여해야 한다고 명시한다.

> (A) 일반적으로, 모든 장애아동은 1965년 초·중등교육법(ESEA) 제1111조에 설명한 평가를 포함하여 모든 일반 주 및 학군 평가에 참여해야 하며, 필요한 경우 각 개별화 교육 프로그램에 명시된 것과 같이 적절한 조정 및 대안적 평가를 제공한다.
>   i) 법 제612조(a)(16)에 따라 주 및 학군 평가에 대한 아동의 학업성취도 및 기능적 수행을 측정하는 데 필요한 개별적인 적절한 조정에 대한 진술
> (6)
>   (ii) IEP 팀이 아동이 학생 성취도에 대한 특정한 정기적인 주 또는 학군 평가 대신에 대안적 평가를 받아야 한다고 결정하는 경우, 다음 내용에 대한 이유를 명시해야 한다.
>   (A) 이 아동은 정기적 평가에 참여할 수 없는 이유
>   (B) 선택한 특정 대안적 평가가 아동에게 적합한 이유
> (7) 본 조의 (a)(4)에 서술한 서비스 및 수정의 예상 시작 날짜, 예상 빈도, 배치, 해당 서비스와 수정 적용 기간은
>   (x) ESEA의 1111(b) 및 6111에 따라 장애아동의 성과를 평가하기 위해, 장애아동을 위한 적절한 조정을 개발 및 제공하거나 유효하고 신뢰할 수 있는 대안적 평가를 개발하여 제공하도록 지원하기 위한 것이다. (§ 300.704)

법은 1965년 초중등교육법(PL89-10)에 따라 학생의 교육 성과에 대한 유효하고 신뢰할 수 있는 평가를 제공하기 위해 장애아동을 위한 조정을 포함해야 한다고 명시하고 있다. 이 권한의 중요성은 아무리 강조해도 지나치지 않다. 이 법령은 법률 내 여러 곳에서 언급되며, NCLB와 ESSA 및 **앤드류 F. 대 더글러스 카운티 학군**Endrew F. v. Douglas County School District 판례에서도 재진술할 정도로 아동 복지와 매우 관련이 있다. 다음의 과제 시나리오에서는 모든 학생의 요구를 충족시키는 관점을 통해 형평성의 핵심 쟁점을 논의하고 검토한다.

과제 시나리오

4학년 교사 듀건Dugan은 교실 문밖에서 이야기하는 몇 명의 학생들의 말을 엿듣는다. 학생들은 지미가 수학 시험을 보기 위해 추가 시간을 갖는 것이 공평한지에 대해 논의하고 있다. 만약 지미가 시간을 더 받을 수 있다면, 왜 자신들은 그렇게 할 수 없는가? 듀건은 경험이 풍부한 교사로서 학생들에게 이 문제를 논의하기 위해 접근하는 대신에, 수업이 모든 학생의 요구를 충족시키는 것에 대해 토론하고 가르칠 수 있는 순간을 기다렸다. 다음날, 오전 학급 회의 동안, 교사는 공정성과 그것이 무엇을 의미하는지에 관한 토론을 시작했다. 듀건은 서로 다른 요구를 가진 7명의 자녀를 둔 엄마의 이야기를 들려준다. 엄마는 아이들에게 불공평한 행동을 하고 싶지 않았기 때문에, 그들은 모두 탭댄스를 배워야 했고, 수영팀에 참가해야 했다. 아이들은 모두 천식 흡입기를 사용해야 했고, 이들 모두는 안경을 써야 했다. 이들은 모두 농구를 봐야 했으며, 모두 논픽션을 읽으면 안 됐다. 이야기가 끝날 무렵, 학생들은 터무니없는 이야기에 웃고 있었다.

바로 이때 듀건은 공정성과 모든 학생의 요구를 충족시키거나 모든 사람에게 공정한 것에 대한 진정한 논의를 시작했다. 예를 들어, 듀건은 학생들에게 농구 경기 중에 팔이 부러진 학생이 학교 수업 중에 어떤 추가적 도움이 필요할지에 대해 생각해 보라고 했다. 이러한 지원과 서비스는 학생들의 학습 요구를 충족시키기 위해 제공된다. 만약 한 학생의 장애에 근거한 조정이 교육적으로 필요하다면, 같은 지원을 제공한다. 듀건은 이러한 예시로 시험 시간을 연장할 수 있지만, 교사가 학생들을 돕기 위해 할 수 있는 다른 많은 것이 있다는 것을 공유했다. 학생들은 공정성의 의미를 이해하기 시작했고, 교사가 자신의 교육적 요구를 충족시키기 위해서도 똑같이 할 것이라는 안도감을 느낀 것으로 보였다.

2. 조정

조정은 504조나 IEP를 가진 학생들뿐만 아니라 모든 학생에게 제공할 수 있다. 조정은 학습 환경을 바꾸는 수단이지 학습할 내용이 아니다. 예를 들어, 다른 학생들이 1학년이나

2학년의 덧셈 시험과 같이 특정 시간 내에 시험을 완료해야 할 때, 학생은 다른 시간에 시험을 볼 수 있다. 이 예는 처리 문제나 난필증^{dysgraphia}과 같은 쓰기 문제가 있는 학생을 지원하는 수단이 될 수 있다. 서면 계획 없이 팔을 다친 학생도 동일한 조정을 받을 수 있다. 다른 방법은 학생에게 구두로 평가에 응답하는 선택을 제공하는 것일 수 있다. 학생에게 가장 적합한 조정을 결정하기 위한 구체적 전략은 다음과 같다.

> ✋ **멈추고 생각하기!**
>
> 과제 시나리오에서 듀건 교사가 학생들과 함께한 일종의 공개 토론은 사회적으로 구성된 장애의 본질에 대한 학생들의 오해를 보여 준다. 조정이 단순히 편리함이 아닌 진정한 필요성을 증명하기 위해 어떻게 학업적 과제의 성격과 개인적 기술이 병합되며 요구를 형성하는지에 초점을 둔다. 당신이 학교에 다닐 때 공정함이 무엇을 의미했는지 검토해 보라. 당신은 여전히 어린아이 같은 관점에 동의하는가? 왜 그런가? 혹은 왜 아닌가?

1) 조정의 결정

필요한 서비스를 결정할 때, 팀은 연방 및 주 규정과 조정이 이러한 기준을 준수하는지를 염두에 두어야 한다. 조정을 결정할 때는 서비스의 빈도, 배치 및 기간 등을 모두 고려해야 한다. 조정이 얼마나 자주 이루어지는지, 모든 수업에서 시행할 것인지 또는 특정 과목에서만 시행할 것인지를 포함할 수 있다. 배치에 대한 논의에는 학생에게 이 조정을 일반학급 또는 특수학급에서 제공할 것인지를 포함할 수 있다. 또한 IEP 팀은 누가 조정을 실행하는지, 실행 충실도를 어떻게 보장하고 점검할 것인지에 대해 논의해야 한다.

2) 조정의 유형

조정은 일반적으로 내용, 과정, 결과의 세 가지 범주로 나뉜다.

(1) 내용

내용 조정에는 학생이 배울 내용이 포함된다. 학생은 또래들과 같은 학업적 목표를 가지고 있지만, 교사는 내용을 가르치는 방법을 다양하게 한다. 변형은 학습 가이드나 루브릭을 제공하여 과제를 조정하거나, 지원 수준을 변경하거나(예: 단어 은행 제공), 학생이 교사에게 정보를 다시 보고하는 방법을 변경하는 것을 포함할 수 있다. 예를 들어, 어려운 수학 계산 영역에서 특정 학습장애 학생이 수학 계산에 어려움을 겪는 경우, 새로운 개념을 도입할 때 구체물이나 조작물을 조정으로 활용한다.

(2) 과정

과정 조정은 학생들에게 동일한 학업 내용에 대한 접근을 제공하지만, 학생이 내용을 접하는 방식을 변경할 가능성을 제공한다. 학생이 또래나 교사의 지원을 받아 프로젝트 일부를 완료하도록 허용하거나, 컴퓨터 맞춤법 검사 기능을 사용하여 과제를 확인하기, 오디오북을 듣고 읽기 과제를 완료하는 것을 포함할 수 있다(Zascavage & Winterman, 2009). 가장 쉬운 조정은 여러 번의 휴식 허용, 주어진 시간 내에 완료할 과제 양에 대한 제한 시간 설정, 적절할 때 시험 보기와 같이 시간 조정에 중점을 둔다. 학생들이 이용할 수 있는 광범위한 전자 지원을 배제해서는 안 된다. IEP 팀은 이러한 학습 과제의 수행 방법을 결정하기 위해 학습 활동의 의도를 검토해야 한다. 학습 과정을 바꿈으로써, 학생들은 자기 장애를 가늠할 필요 없이 그들의 지식을 보여 줄 수 있다. 예를 들어, 학생이 책을 읽는 온라인 교과서에 접근하도록 허용한다면, 읽기에 영향을 미치는 난독증 영역에서 특정 장애의 영향을 제거한다.

(3) 결과

결과 조정은 교사가 학생의 결과를 조정할 수 있게 한다. 학생이 파트너와 함께 과제의 일부를 완료하도록 하는 것뿐 아니라, 학생이 완료할 문제의 수를 줄이거나 큰 과제를 작은 하위 과제로 나누는 변형도 포함할 수 있다. 추가적인 결과 조정은 학생이 음성-텍스트 소프트웨어를 사용하여 과제나 평가를 완료하도록 허용하기, 컴퓨터로 서면 과제 완료하기, 또는 문제의 응답 받아쓰기에 대필 프로그램 사용하기를 포함한다. 예를 들어, 난필증 영역의 특정 학습장애 학생에게 서면 질문에 구두 답변을 위한 조정으로 디지털 녹음기를 제공한다.

3) 시범 조정을 위한 특별한 고려사항

IEP 팀이 장애학생에게 조정을 제공할 때 직면하는 딜레마는 본질적으로 학생의 장애를 가늠하지 않고 내용에 대한 학생의 지식을 평가하는 방법과 그것이 학생의 지식 공유 수단에 미치는 영향이다. 프레이터[Prater](2018)에 따르면, IEP 팀은 학생이 시험 조정이 필요하다고 가정하는 대신, 학생의 강점과 학업 요구를 살펴 학생의 시험 프로토콜을 쉽게 하는 데 필요한 조항을 결정해야 한다. 이 문제를 해결하기 위해, IEP 팀은 시험 조정을 넘어 이러한 지원이 일상적으로 학생의 교육을 어떻게 강화하는지 확인해야 한다(Searle & Swartz, 2020). 이러한 전략을 학생의 교육 프로그램에서 실행 가능한 부분으로 제도화하지 않는다면, 시험을 볼 때 지원을 거의 제공하지 않을 것이다. 따라서 학생이 시험 상황에서 사용함으로써 유익을 얻기 위해서는 일관된 조정 실행이 필요하다. 학업 및 시험 조정을 포함한 학생의 교육 계획을 매일 실행하는 교육 계획과 병행해야 한다. IEP 회의에서 팀은 학업성취도와 기능적 수행의 정확한 측정이 가능하도록 필요한 조정을 결정한다.

3. 수정

조정으로 충분하지 않을 때, 학습 내용의 난이도를 조정하기 위해 교수적 수정이 필요하다. 과제나 시험은 축소하거나 변경해야 하며, 숙달할 목표의 수를 줄이거나, 목표 중 일부만 요구한다. 제6장에서 논의한 바와 같이, 교육과정 수정이 필요한 학생들은 전통적인 주 및 학군 시험 프로토콜 대신에 대안적 평가에 참여하는 경우가 많다. IEP 팀은 포함해야 할 내용 영역과 이러한 서비스를 수행할 배치를 포함하여 수정의 빈도를 결정해야 한다. 또한 IEP 팀은 학생이 일반학급 내에서 모든 서비스를 받아야 하는지, 아니면 최소 제한 환경(LRE)이 다른 곳에 있는지 질문해야 한다(제8장 참조). 또한 학생의 학습 목표와 목표를 달성하는 데 필요한 서비스 기간을 설정해야 한다. 이러한 수정은 IEP 팀이 결정한 대로 미리 정해진 일정에 따라 검토할 수 있으며, 기간은 축소하거나 전체 학년 동안 유지할 수 있다.

1) 대안적 평가

IDEA에 따르면, 일부 학생들은 표준화된 시험에 참여하는 것이 불가능할 정도로 중대한 교육과정 수정이 필요하다. 대안적 평가에 참여할 수 있는 학생의 수는 주 및 학군 교육기관 모두에서 시험 대상자의 1%로 제한한다. IDEA는 다음을 요구한다.

수정된 학업 성취 기준에 따라 대안적 평가에 참여할 자격이 있는 학생은 장애인교육개선법(IDEA) 제602조(3)에 따른 장애학생이어야 하며, IDEA에 열거된 장애 범주에 속할 수 있다. 학생의 부모를 포함한 학생 개별화 교육 계획 팀(IEP Team)은 학생이 주 및 학군 전체 평가에 어떻게 참여할지 결정한다. 국가가 수정된 학업 성취 기준을 개발하기로 한 경우, 국가는 IEP 팀이 하나 이상의 과목에서 수정된 학업 성취 기준을 기반으로 학생을 평가해야 하는지를 결정할 때 적용할 명확하고 적절한 기준을 설정해야 한다. 이러한 기준은 다음을 포함해야 하지만 이에 국한하지는 않는다.

1. 학생의 장애가 학년 수준의 능력 달성을 방해한다는 것을 입증하는 객관적인 증거가 있어야 한다. 그러한 증거에는 국가 평가 또는 학업 성취를 유효하게 문서화할 수 있는 다른 평가의 학생 성과를 포함할 수 있다.

2. 학생 개인적 요구를 다루기 위해 고안된 특수교육 및 관련 서비스를 포함한 적절한 교육에 대한 학생의 현재까지의 진행 상황은 상당한 성장이 이루어지더라도 IEP 팀이 학생이 해당 연도 내에 학년 수준의 능력 달성이 어려울 것이라고 합리적으로 확신한다. IEP 팀은 이러한 결정을 내릴 때 시간이 지남에 따라 학생의 진전에 대한 여러 가지 유효한 측정값을 사용해야 한다.

3. 학생의 IEP는 학년 수준의 학업 내용 기준에 기초한 목표를 포함해야 한다. 개별 학생에게 수정된 학업 성취 기준에 기초한 대안적 평가가 적절한지를 결정할 때 IEP 팀이 사용할 명확하고 적절한 지침을 수립하고, 실행을 점검하는 것은 국가의 책임이다. 이러한 지침은 학생들이 단지 장애 범주, 인종 또는 경제적 배경이나 적절한 교육의 부족 때문에 수정된 학업 성취 기준에 기초하여 평가되지 않도록 보장하기 위한 한계와 방향을 제공해야 한다. (U.S. Department of Education, 2007)

대안적 평가의 원래 목표는 과거에 '시험 응시 불가untestable'로 여겨졌던 학생들을 평가하는 수단을 마련하는 것이었다. 새로운 실제가 시험에 대한 대안을 추구하고 약속하지만, 특정 실제를 대안으로 규정하는 것이 기존 실제에서 의미 있는 이탈을 보장하지는 않는다 (Tan, 2013). ESSA에 따르면, 모든 장애학생은 학년이나 대안적 학업성취기준(AA-AAAS)에 따라 매년 표준화된 평가에 참여해야 한다. 일반적인 학년 수준 평가에 참여하는 학생들에게는 학생의 학업성취도를 평가하는 데 필요한 적절한 조정을 제공해야 한다. 가장 심한 장애학생만 ESSA가 모든 시험 대상 학생에 대해 1%로 상한선을 설정한 AA-AAAS에 참여할 수 있다. 1% 한도를 초과할 수 있는 주에서는 1년간 면제를 신청할 수 있다(U.S. Department of Education, 2016a).

4. 효과적인 통합의 실제

완전통합은 각 지역, 학군, 학교 및 학급마다 다르게 보일 수 있지만, 학생의 교육과정을 수정하거나 조정의 필요성을 줄일 수 있는 통합학급을 효과적으로 지원하는 특정 최선의 실제best practices가 있다. 이러한 최선의 실제 중 중재반응성(RTI)과 보편적 학습설계(UDL)는 여기서 간략하게 제시한다.

1) 중재반응성

중재반응성(RTI)은 다층적 지원체계(MTSS)의 한 유형이다. 이것은 특수교육 목적(예: 특정 학습장애 판정)으로 사용할 수 있지만 모든 학생에게 조기 중재와 지원을 제공하도록 설계되었다. RTI 또는 모든 다층적 지원체계(MTSS)는 일반학급에서 연구로 검증된 전략과 교육과정을 사용한 효과적인 교사 교육을 기반으로 한다. 학생들은 빈번한 교육과정중심 평가를 사용하여 특정 기술에 대해 점검받는다. 이러한 평가 결과는 이후 교수 지침으로 사용한다. RTI는 학생의 학습을 증가시키는 데 효과적이라고 입증된 교육과정과 교수 방법론을 사용한 자료기반의 교수이다.

중재반응성(RTI)은 일반적으로 만족스러운 학업적 또는 행동적 진전을 이루지 못하는 학생들을 위한 지원이나 중재를 증가시키는 3단계 프레임워크를 기반으로 한다. 이는 추가적 지원이 필요할 수 있는 학생들을 판별하는 보편적 선별, 핵심 교육과정 또는 행동 영역 평가로 시작한다. 이 학생들은 어려움을 겪고 있는 특정 기술을 기반으로 진행 상황을 점검한다. 1단계Tier 1 교수 동안 필요한 영역에서 이 학생들을 면밀하게 점검한다. 1단계에서 학생들은 연구로 검증된 교육과정과 방법을 사용하여 일반학급에서 효과적인 교수를 받는다. 정기적으로 학생들의 교육과정을 평가하고 진전도를 점검한다. 교수가 필요한 학생들에게 추가적 지원을 제공하기 위해 이러한 평가 결과에 기초하여 교육을 조정한다. 1단계와 모든 단계에는 효과적인 교수를 설계하고 검증된 방식으로 제공하고 있는지 확인하기 위한 충실도 검사나 교사 관찰도 포함한다. 일반교사들이 깊이 있는 지식을 갖고 다문화(CLD) 학생들에게 문화 반영적인 증거 기반 교수를 제공하는 것은 매우 중요하다. 교사들이 다문화(CLD) 학생들의 교육적 요구를 이해하지 못하면, 이는 종종 부적절하거나 비효율적인 교수로 이어진다. 또한 제2언어나 이중언어로서 영어를 통해 다문화(CLD) 학생들의 요구를 충족시키는 것은 (특별한 교육 요구가 아닌) 일반적인 교육 기능이다. 따라서 모든 아동에게 1단계 교수를 제공하는 것이 중요하다.

> 수업 충실도는 다문화 학생들에게 문화적, 언어적 반영이 이루어진 교수를 일관성 있게 제공하도록 보장하기 위해 매우 중요하다. 교수 실제에서의 이러한 교수나 충실도의 부족은 종종 다문화 인구의 학습을 지원하기보다는 학문적인 도전을 초래한다. 발전하는 학생의 영어 능력과 실제로 근본적인 장애를 구별하는 데 도움이 되는 자료 수집이 중요하다.

평가 결과 1단계에서 진전이 없는 것으로 나타난 학생은 2단계로 이동하여 특정 요구 영역을 대상으로 더욱 집중적인 중재를 제공한다. 이것은 학생들이 더 많은 교수, 더 작은 집단교수, 또는 다양한 교수적 조합을 받는다는 것을 의미할 수 있다. 일반적으로 이러한 더욱 집중적인 중재는 여전히 일반학급 내에서 제공한다. 교수의 유효성을 보장하기 위해 충실도 검사를 수행한다.

진행 상황은 계속 점검하며 평가 결과에 따라 교수적 결정을 내린다. 계속해서 어려움을 겪는 학생들은 일반적으로 2단계 교수를 받거나 3단계 중재로 넘어간다. 3단계는 일반적으로 특수교육 서비스에 대한 의뢰를 포함한다. RTI 과정의 평가 결과는 독립적으로 또는 표준화된 표준 참조 평가와 함께 특수교육 적격성을 결정하는 데 사용할 수 있다. 학교는 진전의 부족이 불충분한 교육, 문화 반영적인 교육, 그리고/또는 제2언어를 습득하는 전형적인 발달 과정에 대한 이해 부족이 아닌, 잠재적인 장애의 결과인지를 결정할 때 신중해야 한다.

RTI는 여러 가지 면에서 학교 시스템에 도움이 될 가능성이 있다. 효과적 교수에 대한 강조와 지원의 단계는 모든 학생에게 적절한 수업을 허용한다. 교사는 학생들의 학습 속도로 학생들에게 도전할 기회를 얻게 된다. 일반교사와 특수교사 간의 공유된 책임과 모든 학생의 학습에 대한 책임이 증가한다. RTI는 자료기반 교수 특성으로 인해 어려움이 발생할 때 더 일찍 중재할 수 있도록 한다. 효과적이고 올바르게 수행할 때 RTI는 장애학생을 포함한 모든 학생의 학습을 향상시킬 가능성이 있다.

2) 보편적 학습설계

보편적 학습설계(UDL)는 모든 학생이 완전히 참여하는 방식으로 교육을 설계하는 방법이다. UDL은 모든 사람이 다르게 배운다는 개념에 기초한 교수 틀이다. UDL은 다양한 참여 수단, 지식의 표현, 그리고 그 지식을 보여 주는 다양한 방법을 통해 학생들의 학습 접근성을 높이는 지침을 제공한다. 이는 교실, 교육과정, 자료 및 평가는 영재뿐만 아니라 전형적 발달 학생, 장애학생, 영어 학습자(ELL)를 포함한 모든 학생의 학습을 촉진하도록 설계되었다. ESSA는 또한 UDL을 교사들이 모든 학생을 위한 교육과정의 장벽을 제거하도록 촉구하는 틀로 사용했다(제4104절). CAST의 연구원들이 다양한 학습 양식이나 선호(시각, 청각, 운동감각 및 촉각)를 통해 학습하고 지식을 입증함으로써 학습에 대한 장벽을 제거하고 많은 학생의 요구를 충족시키는 방법으로 UDL을 개발하였다. UDL에 대한 간략한 개요는 CAST 웹사이트(www.cast.org)를 방문하여 볼 수 있다.

UDL은 다양한 설명 수단Multiple Means of Representation, 다양한 행동 및 표현 수단Multiple Means of Action and Expression, 다양한 참여 수단Multiple Means of Engagement의 세 가지 주요 원칙을 기반으로 한다. 다양한 설명 수단은 교사나 수업이 정보를 여러 형식으로 제시할 것을 요구하며, 학생들이 정보에 접근할 수 있는 대안적인 방법을 허용한다. 이는 수업 시작 전에 배경지식을 활성화하고 이해에 필요한 어휘와 정보를 제공하는 방법을 통합한다.

영어 학습자뿐만 아니라 장애학생들을 위해, 다양한 설명 수단의 개념은 이해 가능한 교수의 중요성을 지지한다. 즉, 학생의 배경지식(즉, 지식자원)을 활용하고 지원(예: 또래 대독자peer readers, 오디오북, 문장 언어 변환 등의 시각 및/또는 오디오)을 제공하는 것을 의미한다.

다양한 행동 및 표현 수단은 학생들이 다양한 방법으로 지식을 보여 주거나 그들의 학습을 보여 줄 수 있게 한다. 이것은 학생들이 질문이나 촉진에 반응하는 방식(예: 타자, 손글씨)에 대한 선택을 제공하고, 과제를 완료하는 방식(예: 에세이, 프로젝트, 발표)에 대한 선택을 허용한다. 다양한 참여 수단은 학습 활동에 대한 학생들의 흥미와 동기를 더 잘 자극하도록 설계되었다. 이는 활동의 합목적성과 진정성을 높이고(예: 돈을 사용하여 수학 가르치기, 문화 반영적 교수법), 더 큰 또래 협력과 의사소통을 가능하게 한다.

모든 학생은 개인적인 요구, 강점, 그리고 흥미를 갖고 있다. UDL의 장점은 교육과정 설계와 교수 과정 내에서 더 많은 유연성을 허용하고, 이것이 학생들이 가장 잘 배우는 방식으로 정보에 접근하도록 하는 것이다. UDL은 학생들이 개인적 요구와 학습 선호도에 따라 도전하고 학습의 질을 높인다.

UDL에 대한 자세한 내용은 CAST 웹사이트(www.cast.org)를 참조할 수 있다. UDL의 세 가지 주요 원칙에 대한 UDL 지침—교사 활동지와 해당 비디오를 볼 수 있다(https://udl guidelines. cast.org/?utm_source=castsite&utm_medium=web&utm_campaign=none&utm_content=footer).

5. 요약

이 장에서는 장애학생의 조정 과정에 대해 논의하였다. IEP 팀이 학생이 필요한 필수적 조정과 수정을 결정하면, 이러한 전략을 시행한다. 학생들이 교실과 시험 환경에서 성공하기 위해, IEP 팀은 학생들의 강점과 약점을 인식하고, 그들의 학습 요구를 충족시킬 수 있는 서비스 시스템을 개발해야 한다. 일부 학생들에게는 그 학생이 또래 학생들과 같은 교육과정 내용에 참여할 수 있도록 일련의 조정을 마련하는 것을 의미한다. 다른 학생들의 경우 수정이나 교육과정 변경을 결정해야 한다. 이러한 조정 및/또는 수정은 IEP 팀이 효과성을 평가할 수 있도록 일관성 있게 실행해야 한다. 충실한 실행 후, 팀은 학생의 성공뿐만 아니라 팀의 성공도 평가할 수 있다. IEP 팀의 모든 구성원이 학생들의 학업 요구를 가장 잘 충족할 방법을 결정하기 위해 진행 중인 대화에 적극적으로 참여할 때만 교실과 시험 상황 내에서 학생들이 성취할 수 있다. [그림 9.1]은 IEP 회의를 준비하는 방법에 대한 체크리스트 제안이다.

IEP 회의 준비:
조정과 수정

회의 이전

☐ 학생의 현재 학업 강점과 요구를 판별한다.

☐ 학생의 가정과 영어 능력 수준을 파악한다.

☐ 현재 IEP 목표, 단기목표 및 진행률 점검 자료를 검토한다.

☐ 학생의 지식을 전달하는 데 사용할 수 있는 강점 영역을 판별한다.

회의 동안

☐ 학생이 학년 수준 교육과정에 성공적으로 참여하기 위해 조정 필요 여부를 논의한다.

☐ 영어 학습자에게 필요한 언어 지원을 파악하여 교수 및 학급 자료를 이해할 수 있도록 한다.

☐ 필요한 조정의 유형과 시기를 탐색한다.

☐ 교육과정 수정의 필요 여부를 결정한다(내용을 변경함을 기억할 것).

☐ 학습을 지원하기 위한 교수를 위해 보편적 학습설계를 어떻게 사용할지에 대한 논의를 장려한다.

☐ 통역사를 사용한다면, 적절한 통역 에티켓을 사용하도록 한다(제2장 참조).

회의 이후

☐ 부모를 포함한 모든 팀원에게 회의 효과성을 설명한다.

☐ 학생과 함께 자기 옹호자로서 어떻게 했는지 검토하고, 개선 방법을 논의한다.

☐ 모든 참여자에게 회의 문서 사본을 발송한다.

☐ 다루지 않은 문제에 대해 후속 조치를 취한다.

[그림 9.1] IEP 회의 준비: 조정과 수정

6. IEP 체크리스트: 조정과 수정

다음 체크리스트는 IEP 팀이 학생 IEP 내의 조정과 수정을 논의하고 평가하는 데 도움이
될 수 있다.

핵심 영역(IEP 영역): 조정/학군 시험	기준 충족	
	예	아니요
A1: 학급의 정규 제공 서비스와 일치한다.		
A2: 학생의 요구(현재 학업성취도 및 기능수행 수준)에서 파생하였다.		
A3: 지역 및 국가 지침을 준수한다.		

7. 활동

이 활동은 본 장의 내용을 더 깊이 이해하도록 돕기 위한 것이다. 본 장의 활동은 다음과
같다.

- 활동 9.1. 팀 탐색
- 활동 9.2. 양질의 조정과 보편적 학습설계 비교
- 활동 9.3. 양질의 조정과 수정 판별
- 활동 9.4. 다문화 장애학생을 위한 교수적 조정

활동 9.1. 팀 탐색

지원 장: 제9장(학습자 요구 충족을 위한 조정 및 수정)
목적: 이 활동의 목적은 장애가 있는 학생들에게 필요할 수 있는 조정과 수정을 판별하는 기술과 지식을 개발하는 데 도움을 주는 것이다.
지시사항: 장애아동을 고려하여 다음 질문에 답하시오.

1. 모든 학생이 필요에 따라 접근할 수 있는 조정은 무엇인가?

_____

_____

_____

2. 시각장애 학생들을 위해 어떤 조정을 마련해 줄 수 있는가? 눈에 보이는 장애란 무심코 보는 사람이 볼 수 있는 장애를 말한다. 조정은 종종 눈에 보이는 장애를 가진 학생들에게 더 분명하다.

_____

_____

_____

3. 눈에 보이지 않는 장애를 가진 학생들을 위해 어떤 조정을 마련할 수 있는가? 눈에 보이지 않는 장애는 무심코 보는 사람이 쉽게 판단할 수 없다. 이러한 장애들은 종종 또래들에게 주목받지 못하기 때문에, 장애학생은 보통 추가적 지원의 필요성에 대해 더 조심스러워한다.

_____

_____

_____

4. 눈에 보이는 장애를 가진 학생들에게는 발생하지 않는 보이지 않는 장애를 가진 학생들에게 조정을 제공할 때 어떤 문제가 발생하는가? 왜 그런가?

_____

_____

_____

5. 학생의 보이지 않는 장애와 도전 행동 간에 존재할 수 있는 관계는 무엇인가?

_____

_____

_____

활동 9.2. 양질의 조정과 보편적 학습설계 비교

지원 장: 제9장(조정과 수정)

목적: 이 활동의 목적은 장애가 있는 학생들에게 필요할 수 있는 조정과 수정을 판별하는 기술과 지식을 개발하는 데 도움을 주는 것이다.

지시사항: 보편적 학습설계와 양질의 조정을 비교한다. 그것들은 어떻게 모든 학생의 학습을 지원하는가?

활동 9.3. 양질의 조정과 수정 판별

지원 장: 제9장(조정과 수정)

목적: 이 활동의 목적은 장애학생들에게 필요할 수 있는 조정과 수정을 판별하고 이러한 필요를 IEP에 문서화하는 기술과 지식을 개발하는 것이다.

지시사항: IEP를 사용하여 조정과 수정 영역의 목록을 작성하고, 제공한 정보의 질을 표시한다. 그런 다음 영역의 순위를 매기고 순위를 뒷받침할 근거를 제시한다.

루브릭 척도: 다음 척도를 사용하여 표에서 검토한 IEP 영역의 순위를 가장 잘 매기는 숫자에 동그라미를 치시오.

1=기준 미달	2=부분적 기준 충족	3=기준 충족	4=기준 초과
• IDEA 2004 요건을 충족하는 증거를 보이지 못함 • IDEA 2004 요건을 다루지 않음	• IDEA 2004 요건을 부분적으로 충족함 • IDEA 2004 일부 요건을 다룸	• 대부분/모든 IDEA 2004 요건을 충족함 • 대부분/모든 IDEA 2004 요건을 다룸	• 모든 IDEA 2004 요건을 초과함 • 모든 지표를 다루며 기준을 넘어섬

핵심 영역(IEP 영역): 조정/학군 시험	순위	순위 근거
A1: 학급의 정규 제공 서비스와 일치한다.	1 2 3 4	
A2: 학생의 요구(현재 학업성취도 및 기능 수행 수준)에서 파생하였다.	1 2 3 4	
A3: 지역 및 국가 지침을 준수한다.	1 2 3 4	

조정과 수정 재진술:

_____

_____

_____

_____

_____

활동 9.4. 다문화 장애학생을 위한 교수적 조정

지원 장: 제9장(조정과 수정)

목적: 이 활동의 목적은 다문화 장애학생의 언어 능력 요구를 충족시키는 교육을 계획하는 것이다.

지시사항: 다음 차트를 사용하여 다문화(CLD) 장애학생을 고려한다. 사용 가능한 언어 지원 및 조정을 나열하여 지침을 이해할 수 있도록 한다.

교수 범주	언어적 지원	조정
예시: 발표	예시: 수정된 영어(복잡한 문법 구조가 덜한 기본 어휘) 실제 상황(매일 사용하는 물체 및 자료를 사용하여 교수 전달 보조)	예시: 지시 반복하기, 문자 음성 변환
발표		
장비 및 재료		
반응		
환경		
시간/스케줄		

제10장

전환 팀 구성 - 중등이후 요구 충족하기

로라 클라크
Laura Clarke

초점 학습 내용

- 한 학교에서 다른 학교로 전환하는 학생의 전환 요구
- 14세 및/또는 8학년(우리나라 중3) 전환과 관련된 법률 및 최선의 실제
- 전환기 학생의 서비스 연속체(최소 제한 환경[LRE]) 판별

우리가 삶의 전환을 고려할 때, 우리는 삶의 한 부분에서 다른 부분으로의 변화에 대해 생각한다. 부모와 교사가 한 학교에서 다른 학교로 이동할 때 아동의 강점, 요구 영역 및 필요한 지원을 소통할 최선의 방법을 계획하기 때문에 장애아동과 장애학생의 전환에는 추가적 과제를 포함할 수 있다. 학교에서의 전환은 유아기(IDEA Part C 서비스)에서 유치원으로, 유치원에서 초등학교로, 초등학교에서 중학교로, 그리고 중학교에서 고등학교로 이루어진다. 초등교육을 마친 후, 학생은 고등학교에서 다음 단계의 학습, 진로 탐색이나 프로그램으로 전환한다. IEP를 가진 학생은 이른 시기(실제 행사의 몇 개월 또는 심지어 몇 년 이전)에 계획을 시작하는 것을 권장한다. 이는 두 교사 모두와 계획 회의를 하고, 아동이 새로운 학교에서 교사와 관련 서비스 제공자를 만날 수 있도록 하며, 특수한 장비와 시설의 물리적 변경을 포함하는 필요 조정 계획을 포함할 수 있다. 장애아동과 장애학생에게 최상의 성과를 보장하기 위해서 사려 깊은 계획 과정을 거칠 때 전환이 가장 잘 이루어진다.

IDEA'의 핵심 요소

- **무상의 적절한 공교육**FAPE. 학생은 공교육 기관에서 무상으로 자신의 교육적 요구를 충족하는 방식으로 교육받아야 한다.
  - 거부 금지*Zero Reject.* 학교는 아동 요구의 심각성 때문에 교육을 거부할 수 없다.
- **최소 제한 환경**LRE. 학생은 전형적인 또래들과 가장 유사한 방식으로 교육을 받는다.
- **절차적 안전장치**(정당한 절차*due process*). 가족은 자녀의 배치, 서비스, 교육 계획에 동의하지 않을 권리가 있고 학군을 법정에 세울 수 있다.
- **부모 참여**(공유된 의사결정). 부모는 자녀 교육팀의 일원으로 참여할 권리가 있다.
- **비차별적 평가**. 학교는 타당하고, 신뢰할 수 있고, 문화적으로 관련성이 있고, 언어적으로 적절한 조치를 사용하여 장애의 모든 의심스러운 영역에서 학생을 평가하기 위해 팀 접근방식을 사용해야 한다.
- **개별화 교육 프로그램**IEP. IEP 팀은 현재의 평가 정보를 평가하고 각 장애학생의 고유한 교육적 요구를 충족하도록 설계한 서면 문서를 작성한다.

1. 장애인교육법에 따른 전환

전환은 학생의 목표와 특별하게 설계된 교육이 그들의 특정한 강점과 요구에 고유하게 맞춘 교육을 설계하는 중요한 계획의 시기이다. 전환계획은 학생이 12년간의 학습 환경에서 벗어나 중등이후 교육, 직장, 지원고용 또는 성인 생활로 이동할 때 성공할 수 있도록 세심하게 설계해야 한다. 학생의 전환계획이 자신의 요구에 맞게 고유하게 맞춰지도록 보장하기 위해서는 교사들은 다양한 전환 중심의 대화를 하고, 학생과 그 가족이 직업과 일상생활의 활동(안전한 주택 찾기, 예산 계획, 친구들과의 관계, 공동체의 정치적, 사회적 시스템 참여, 신체적, 사회적, 정서적 건강 유지)을 위한 중등학교 이후의 선택을 탐색할 수 있도록 설계된 전환중심평가를 사용해야 한다.

IDEA는 교사들이 LRE에서 장애학생들을 위한 서비스를 제공할 것을 요구한다. 전환 서비스와 계획에서 여전히 LRE를 고려해야 하며, 일부 과정은 비슷하지만 중등이후의 세계에서는 그 성과가 다르다. 학생의 학교 교육 전반에 걸친 LRE 서비스의 연속체를 고려할 때, 먼저 일반학급을 살펴보고 학생이 성공하는 데 필요한 지원(추가적 지원과 서비스)이 무엇인지 고려한다. 전환계획을 수립하는 동안 학생 지원팀은 학생이 성인 생활의 각 영역에서 성공하는 데 필요한 지원을 고려한다. 팀은 학생이 어떤 영역(학업적 기술 및 기능적 기술)에 대한 추가 교육이나 지원이 필요한지 검토하고, 해당 영역을 중심으로 전환목표를 개발할 수 있다. 전환목표는 학생의 중등이후 계획에 따라 다르다. 예를 들어, 조쉬Josh는 매일 커뮤니티 칼리지로 가는 버스를 타야 할 것이다. 그래서 그의 전환목표 중 하나는 커뮤니티 칼리지로 가기 위해 성공적으로 버스를 갈아타기이다. 사라Sara는 졸업할 때 아파트로 이사할 것이고 스스로 세탁할 줄 모르기 때문에 세탁물을 분류하는 전환목표를 갖고 있다. 맥스Max는 지역사회 장애인 프로그램에 참여할 예정이며, 새로운 의사소통 기기로 좋아하는 간식을 요청한다. 그래서 그의 전환 의사소통 목표는 사람들에게 인사하기, 요청하기에 초점을 맞추고 있다. 이중언어 학생들은, 특정한 상황에서 사용하는 언어를 검토하는 것이 중요하다. 앞의 예에서 사라는 세탁물 분류를 위한 전환목표가 필요할 뿐만 아니라 지역사회 세탁소에서 거스름돈을 요구할 때 상대방의 언어로 요청한다는 목표가 필요하다.

IEP를 가진 학생들을 위해 고등학교 이후 다음 단계를 고려할 때 서비스 연속체를 다른 방식으로 보아야 한다. 최소 제한적 서비스 종료로, 일부 학생들은 1990년의 미국장애인법(ADA, PL 101-336)에서 요구하는 최소한의 조정을 갖춘 고등학교에서 대학으로 이동하게 된다. ADA는 공공 생활의 모든 영역에서 장애인에 대한 차별을 금지하는 민권법이다(ADA National Network, 2020). 직장에서의 조정에는 직무 과업 변경, 주차공간 제공, 작업 구역 접근성 수정, 유연한 작업 일정 허용, 직무 과업 완료 능력 향상을 위한 제품이나 서비스 제공 등을 포함할 수 있다. 대학 환경에서의 ADA 지원은 통역사나 강의실 환경에서의 물리적 지원과 같은 것을 포함할 수 있다.

전환기 학생의 LRE 연속체를 고려할 때, 일부 학생들은 직업 프로그램이나 성인 교육을 선택하고, 다른 학생들은 바로 직장으로 이동한다([그림 10.1] 참조). 많은 학생이 취업 전 전환 서비스pre-employment transition services(Pre-ETS라고도 함)를 받을 수 있다. Pre-ETS는 직업이나 취업 기회를 고려하는 학생들에게 종합적 직업 탐색 교육과정을 제공하여 지원한다. 게다가, 많은 학생이 직업 재활vocational rehabilitation(VR) 서비스를 이용할 것이다. VR 프로그램은 고등학교에서 취업 및 독립생활로 전환하는 학생을 지원하는 정부의 지원을 받는 기관이다. 이러한 성인 프로그램은 자신의 능력과 관심사에 부합하는 의미 있는 직업을 추구하는 학생들을 지원한다. VR 프로그램을 통해 서비스를 받으려면, 학생들은 반드시 "취업에 상당한 장애를 갖거나 초래하는 신체적 또는 정신적 장애를 가지고 있어야 하며, 취업 준비, 확보, 유지, 진전 또는 회복을 위해 VR 서비스가 필요하다"(Office of Special Education Programs [OSEP], 2017, p. 12). VR 서비스에 적격한 학생들은 직업탐색 상담, 직무기반 경험, 직장준비 훈련, 자기옹호, 개인중심계획 등 Pre-ETS 서비스를 요구할 수 있다(OSEP, 2017).

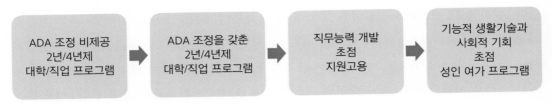

[그림 10.1] 중등이후 선택의 배치 연속체

(핵심: 1990년 미국장애인법 [ADA, PL101−336])

더 심한 장애학생들은 지원고용이나 주간 프로그램으로 이동할 수 있지만, 다른 성인들은 전환계획의 일부로 독립생활 지원이 필요할 수 있다. 16세부터 졸업까지 IEP를 가진 학생들에게 제공되는 성인 생활에 특화된 IDEA의 의무적 서비스를 일반적으로 **전환 서비스**transition services라고 한다.

특수교육등록서비스청Office of Special Education and Registration Service에 따르면, '전환 서비스'는 장애학생들을 위한 통합 활동 집합으로, 고등학교 졸업 후 학생이 성공하는 데 필요한 학업 성취도와 일상생활 능력 향상에 초점을 맞춘 '결과 지향적 과정results-oriented process'의 일환이다 (OSEP, 2017). 각 학생의 전환 서비스는 나머지 IEP와 마찬가지로 학생의 강점, 요구, 관심 및 미래에 대한 계획에 따라 개별화되어야 한다. IEP 서비스는 필요에 따라 특별히 설계된 교수를 포함해야 한다. 경우에 따라, 필요한 관련 서비스도 포함해야 한다. 이 장에서 읽은 바와 같이 과제 시나리오는 IEP를 가진 학생들을 위한 계획을 세우는 데 도움을 주는 안내자 역할을 한다.

전환 서비스와 목표를 개발하기 위해 팀은 IEP의 나머지 부분과 마찬가지로 자료에 기반한 결정을 내려야 한다. 이러한 이유로, IEP 팀은 학생의 전환계획을 위해 팀이 적절한 목표와 권고를 할 수 있도록 풍부하고 의미 있는 자료를 보유하는 것이 매우 중요하다. [그림 10.2]는 전환 자료에 포함해야 하는 정보를 강조한다.

✋ **멈추고 생각하기!**

IEP를 가진 16세의 각 학생이 전환 서비스가 필요하다면, IEP 팀은 어떻게 학생 개인의 강점과 요구를 충족시킬 수 있는가? 우리가 결정을 내리는 데 필요한 것은 무엇인가?

2. 법적 관점의 이해

IDEA는 IEP에서의 **전환**을 "아동이 16세에 시행하는 첫 IEP보다 늦지 않게 시작하며, 그 이후에 매년 업데이트되는"(20 USC Title 20, Section 1414) 시기로 구체적으로 정의한다. 일부 주에서는 전환 서비스를 "아동의 8학년 또는 아동이 14세가 될 때"(704 KAR 3:305) 시작할 것을 요구한다. 일부 장애가 더 심한 학생들에게는, 16세 이전에 계획을 시작하는 것이 최선의 실제이다. 예를 들어, 주 정부의 의료지원^{Medicaid} 서비스, 주택이나 성인 서비스의 대기 명단이 긴 지역에서는 가족이 조기에 계획을 시작할 수 있도록 정보를 제공하는 것이 중요하다. 중등교육보다 더 긴 시간이 필요한 학생들이 경쟁고용에 들어가기 위해 중요한 의사소통, 사회적 기술이나 행동 기술을 개발하기 위해, IEP 팀은 더 어린 나이에 이러한 분야의 전환목표에 집중하는 것을 고려할 필요도 있다. 추가적 개발 시간이 필요한 학업적 기술이나 기능적 기술이 있는 학생들은 16세 이전에 계획을 시작하는 것도 가능하다.

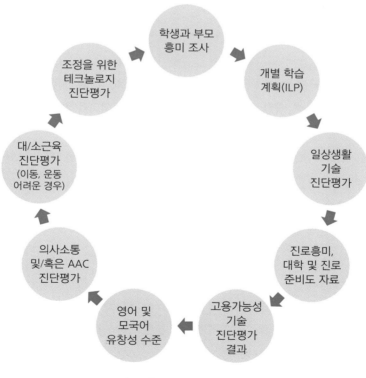

[그림 10.2] 전환 자료

출처: O'Brien and Pearpoint(1995).

(핵심: AAC, 보완대체의사소통)

IEP 팀은 다양한 무료 전환계획 도구를 사용할 수 있다. 국립전환기술원조센터The National Technical Assistance Center on Transition(2018)에는 전환 과정의 각 부분에 대한 적절한 평가 목록을 포함한 무료 연령별 전환평가 도구 키트 4.0이 있다. 인생 과정LifeCourse은 간병인과 교사를 지원하여 장애가 더 심한 학생들의 다음 단계를 계획하는 데 도움을 주도록 설계하였다(LifeCourse, 2020). 인생 과정의 핵심 신념은 "모든 사람은 살아가고, 사랑하고, 일하고, 놀고, 자신의 열망을 추구할 권리가 있다."(p.3)는 것이다. 인생 과정은 모든 학생에 대한 높은 기대에 초점을 맞추고 있으며, IEP 팀과 학생들이 고등학교 이후의 삶을 계획하기 시작할 때 사용할 수 있는 몇 가지 무료 계획 도구를 포함한다.

1) 전환 서비스 IEP 팀 필수 구성원

OSEP(2017)의 **장애학생 및 청소년을 위한 중등이후 교육 및 고용 전환 지침**에 따르면, IEP 전환 서비스 팀은 다음과 같은 구성원이 필요하다.

- 아동의 부모
- 일반교사 1인 이상(아동이 일반교육 환경에 참여하고 있는 경우)
- 특수교사 1인 이상
- 특수하게 설계한 교수를 제공(또는 감독)할 자격이 있고, 일반교육과정 및 지역교육청(LEA) 자원의 가용성에 대한 지식이 있는 공공기관(지역교육청local education agency[LEA])의 대표자
- 평가 결과를 교육적으로 해석할 수 있는 개인(이전 구성원 중 한 명일 수 있음)
- 통역사, 영어가 학생 및/또는 가족의 모국어/기본 언어가 아닌 경우
- 부모 또는 지역교육청(LEA)의 재량에 따라 아동에 관한 지식을 가진 다른 개인
- 장애아동(적절한 경우에는 언제든지)

과제 시나리오

다음의 과제 시나리오는 다양한 장애학생에게 필요한 전환 서비스를 더 잘 이해하기 위해 이 장의 전반에 걸쳐 사용할 것이다.

과제 시나리오 1: 마커스

마커스Marcus는 수학적 추론에 특정 학습장애를 가진 16세 학생이다. 마커스는 시각적 모델과 계산기로

2단계 선형방정식을 풀 수 있다. 마커스는 단어 문제와 이야기/실제 상황 응용 방정식을 푸는 데 상당한 비계가 필요하다. 마커스의 강점은 시각적 모델의 단계를 따르고 정확한 계산 순서를 확신하지 못할 때 도움을 요청하는 것이다. 마커스는 중학교 때 강력한 자기옹호 기술을 개발했고, 학교 노트북과 핸드폰의 계산기를 사용하여 수업에서 문제를 풀 수 있다. 마커스는 개별학습계획individual learning plan(ILP)을 통해 4년제 대학에 진학해 건설경영학 학위를 받고 지역 건설 회사에서 일하고 싶다고 말했다.

- 16세: 마커스는 대학 지원서를 주면, 교사가 만든 체크리스트로 측정한 4번의 기회 중 3번, 대학 지원서의 모든 영역 작성을 완료한다.
- 17세: 마커스는 월별 예산을 주면, 교사가 만든 루브릭으로 측정한 4번의 기회 중 3번, 은행 잔고를 주거비, 식비, 수업료 및 사교 모임 비용을 지불할 자금을 할당한다.

과제 시나리오 2: 엘리자베타

엘리자베타Elizabeta는 지적장애가 있고, 다운증후군 진단을 받은 17세 학생이다. 엘리자베타는 이중언어를 구사하며, 스페인어는 집에서 사용하는 언어이다. 엘리자베타의 사회적 표현 의사소통은 두 언어 모두 높은 평균 이해가능성(대부분의 사람이 그녀의 말을 이해할 수 있다는 뜻) 범위에 있다. 엘리자베타는 지역 백화점에서 옷과 장난감 판매하는 일을 하고 싶어 한다. 엘리자베타는 전화기에 버스 시간표 앱이 있고, 가장 좋아하는 식당과 가게를 독립적으로 오가며 지역 버스를 이용할 수 있다. 엘리자베타는 넥스트 달러 전략next-dollar strategy과 은행 앱을 사용하여 식당과 가게에서 물건을 구입할 수 있고, 그때 선생님, 어머니와 공유하는 목록 작성 앱을 사용할 수 있다. 엘리자베타의 은행 앱은 어머니의 추가 동의 없이 최대 25달러까지 물건을 구매할 수 있도록 설정되어 있다.

- 14세: 엘리자베타는 식당 메뉴나 상점 전단지를 주면, 교사가 만든 체크리스트로 측정한 4번의 기회 중 3번, 75%의 정확도로 넥스트 달러 전략을 사용하여 예산 내에서 품목을 구매할 것이다.
- 15세: 엘리자베타는 식당 메뉴를 주면, 교사가 만든 체크리스트로 측정한 4번의 기회 중 3번, 예산 내 비용의 점심메뉴를 선택할 것이다.
- 16세: 엘리자베타는 상점에서 공통적으로 사용하는 모르는 단어나 구절을 주면, 교사가 만든 체크리스트에 의해 측정된 4번의 기회 중 3번, 스페인어-영어 번역 앱을 사용하여 그 단어나 구절을 번역할 것이다.
- 17세: 엘리자베타는 버스 시간표와 출근 시간이나 약속 시간을 주면, 교사가 루브릭으로 측정한 4번의 기회 중 4번, 100% 정확하게 올바른 버스를 선택할 것이다.

과제 시나리오 3: 댄

댄Dan은 자폐증과 지적장애를 가진 20세로 뇌전증 진단도 받았다. 댄은 비언어적으로 여겨지며 태블릿의 의사소통 앱을 사용에 5%의 정확도를 보인다. 댄과 가족은 지역사회 경험을 제공하고 댄이 지속적으로 일상생활 기술을 배울 수 있도록 지원하기 위해 성인의 날 프로그램을 살펴보고 있다. 댄의 교사와 가족들은 댄의 보완대체의사소통augmentative and alternative communication 장치를 사용하여 의사소통 모델링을 하고 있으며, 댄은 주어진 기회의 5%에서 자신이 원하는 것과 필요한 것을 전달하기 위해 iPad의 의사소통 앱을 사용하는 시작 단계에 있다. 댄은 또한 간식과 좋아하는 음악을 요구하기 위해 그림 기호를 사용하고, 한 좌석에서 다른 좌석으로 이동하여 자신의 의사소통판을 가져와 간식이나 음악을 요구할 것이다. 그의 목표는 자신이 원하는 것과 필요한 것(전환과 교육)의 독립적인 의사소통을 늘리고, 독립적으로 식사(일상생활의 활동)를 준비하는 것이다.

- 14세: 댄은 간식이나 식사를 주면, 빈도수로 측정한 4번의 기회 중 3번, 손가락 대신에 도구를 사용하여 음식을 뜰 것이다.
- 15세: 댄은 방(또는 댄의 시선 내)에 새로 들어온 사람이 있으면, 빈도수로 측정한 4번의 기회 중 3번, 의사소통 기기를 사용하여 그 사람에게 인사할 것이다.
- 16세: 댄은 원하는 대상(스낵)을 주면, 의사소통 기기를 사용하여 빈도수로 측정(직접 측정)한 4번의 기회 중 3번, 50%의 정확도로 해당 아이템을 요구할 것이다.
- 17세: 댄은 방에 있을 때, 체크리스트로 측정(직접 측정)한 5일 중 3일 동안 50%의 정확도로 온종일 의사소통 기기를 휴대하여 옆 테이블이나 바닥에 놓을 것이다.

3. IEP의 전환 관련 요소

다음은 16세 이상 학생의 IEP에 필요한 요소이다.

- 전환, 교육, 고용 및 (적절한 경우) 독립적 생활기술과 관련된 측정 가능한 중등이후 목표
- 학생이 이러한 목표를 달성하는 데 필요한 전환 서비스(학습 과정 포함)
- 학생이 성년이 되었을 때(대부분의 주는 18세) 양도할 권리를 통지받았다는 진술. 이 진술은 해당 주의 법에 따라 적어도 성년이 되기 1년 전에 시행해야 한다(20 U.S.C 1414[d][1][A][i][VIII]; 34C.F.R. §§ 300.320[b]; 34 C.F.R. § 300.3210[b]).

이러한 각 요소를 자세히 살펴보자.

1) 측정 가능한 중등이후 목표 개발

중등이후의 목표 작성을 생각할 때, IEP 팀은 확고한 기반(IEP의 현재 학업성취도 및 기능수행 수준(PLAAFP)에 명시된 정확하고 완전한 평가 자료)에서 시작하는 것이 중요하다. 일정 기간 동안 다양한 전환 자료를 수집하여 IEP 팀이 의사결정을 하기에 충분한 자료를 확보할 수 있도록 한다. 학생의 남은 인생을 계획하는 것은 학생과 부모가 정보를 처리하고 수집하는 데 시간이 걸리기 때문에, 그들에게 평가 도구를 검토하고 대화를 나눌 시간을 주는 것이 중요하다. 예를 들어, 학생이 4년제 대학 진학을 고려하고 있다면, 가족은 어떤 학교가 적절한지, 교육 자금, 학생의 학업을 위한 조정 등을 조사해야 할 것이다. 지원을 제공하는 주간 프로그램에 참여할 학생이라면, 가족은 해당 지역의 모든 잠재적 제공 기관을 조사하고, 비용 자원을 검토하고, 주 메디케어Medicare7) 사무소 직원을 만나야 할 수 있다.

성공적인 성인 생활로의 전환을 계획하기 위한 복잡하고 다층적 고려사항을 고려해 볼 때, 교사는 IEP 회의 전에 가족들이 필요한 평가를 완료하고 검토할 수 있는 충분한 시간을 주는 것이 중요하다. 일부 가족은 이러한 평가를 완료하는 데 도움이 필요할 것이고, 평가는 가족의 모국어로 제공해야 한다. 전환 과정에서 IEP 팀이 고려할 수 있는 평가의 몇 가지 예는 다음과 같다.

- 학생 및 부모/보호자 설문조사
- 개인중심계획 도구
- ILP(개별화 학습 계획)
- 계획하기 궤적Trajectory for Planning과 탐색하기 궤적Trajectory for Exploring과 같은 대학 및 진로 준비도(LifeCourse, 2020)
- 고용가능성 기술 평가 결과

이 자료를 수집하고 분석한 후, IEP 팀은 종종 고등학교 졸업 후 첫해에 학생의 전체적인 삶의 계획에 대한 전환 진술을 작성한다. PLAAFP 전환 진술의 예는 다음과 같다: "고등학교 졸업 후 (학생 이름 삽입)의 목표는 (고용 초점 또는 필요한 교육/훈련 삽입)을/를 위해 (여기에

---

7) (역자 주) 메디케어(Medicare): 미국에서 시행되고 있는 노인의료보험제도. 사회보장세를 20년 이상 납부한 65세 이상 노인과 장애인에게 연방정부가 의료비의 50%를 지원한다(출처: 한경경제용어사전).

이상적인 직업 목록 작성)을 할 수 있는 것이다." 몇 가지 예시 전환 진술은 다음과 같다.

- **마커스**: 고등학교를 졸업한 후, 마커스의 목표는 4년제 대학에 진학하여 건설 관리 학위를 취득한 뒤 지역 건설 회사에서 일하는 것이다.
- **엘리자베타**: 고등학교 졸업 후, 엘리자베타의 목표는 콜 백화점Kohl's 아동복 재고 관리직의 현장직무 훈련을 받는 것이다.
- **댄**: 고등학교 졸업 후, 댄의 목표는 장애 성인들을 위한 지역 서비스 기관 레드우드Redwood의 성인 서비스 프로그램에 참여하는 것이다.

측정 가능한 중등이후 목표를 작성할 때 BEST(행동, 평가, 구체성, 시기) 전략을 사용하면 목표는 요건을 준수하면서 측정도 가능하다. IDEA에 따르면 전환계획은 16세에 시작하지만, 더 심한 장애학생은 전환계획을 더 일찍 시작하는 것이 가장 좋다. 다음은 BEST 전략을 사용하는 일련의 시나리오에 대한 전환목표의 예이다.

- **B 행동**: 보거나 들을 수 있는 구체적인 감각 언어를 사용하여 의도하는 행동을 묘사한다.
- **E 평가**: 평가 척도를 표시하고 의도하는 행동을 충족했는지를 결정하는 정량화 가능한 수행 (즉, 기준) 지표를 지정한다.
- **S 구체성**: 학생이 의도하는 행동을 보여 줄 때의 조건을 설명하는 정확한 언어를 사용한다.
- **T 시기**: 시기 또는 날짜를 명시한다.

(1) 추가적 고려사항

취업을 위해서 전환 팀은 학생이 하고 싶은 특정 직업에 집중해야 한다는 것을 명심해야 한다. 교육/훈련 영역의 초점은 학생이 원하는 그 특정 직업을 얻는 데 필요한 특정 교육이나 훈련에 둔다. 고용 기회를 고려할 때, 지역사회 기반의 직업 경험, 인턴십, 멘토링, 견습, 유급 고용 및 진로 계획을 포함한 광범위한 서비스 연속체가 있다(OSEP, 2017).

학생들이 이용할 수 있는 직업 옵션에 대해 충분히 알기 위해서는 광범위한 진로 탐색이 필요하다. 여기에는 다양한 직업을 직접 방문하거나 가상 방문, 직업 박람회 및 다양한 유형의 직업 기회를 볼 수 있는 기타 기회를 포함할 수 있다.

2) 전환 서비스

적절한 전환 서비스를 고려할 때, IEP 팀은 학생이 안전하고 성공하는 데 필요한 모든 삶의 영역을 고려하는 것이 매우 중요하다. 그들은 또한 이러한 기술을 습득하는 데 학생을 지원할 수 있는 공공 기관이 있는지 반드시 고려해야 한다. 예를 들어, 직업재활청Office of Vocational Rehabilitation은 학생들이 직무에 적합한 기술을 개발할 수 있도록 지원할 수 있다. 지원이 필요하고 외부 기관을 이용할 수 없는 영역의 경우, 특수교사와 IEP 팀은 협력하여 학생이 필요한 기술을 습득할 수 있도록 적절한 교육을 개발할 필요가 있다. [그림 10.3]을 참고하여 학생에게 전환 서비스가 필요할 수 있는 영역을 확인한다. IEP 팀은 고등학교 졸업 후 학생의 성공적인 삶을 지원하기 위해 학업 및 기능적(생활) 기술을 모두 고려하는 것이 중요하다.

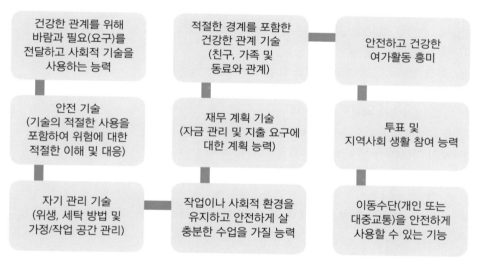

[그림 10.3] IEP 전환계획에서 고려해야 할 중등이후 생활 영역

4. 전환계획 프레임워크 사용

학생이 자기옹호 기술을 개발하도록 돕는 것은 전환계획의 핵심 요소이다. 학생들은 성공하기 위해서는 집, 직장, 지역사회에서 자신을 옹호할 수 있어야 하고, 그 옹호는 그들의 강점을 사용하고 적절한 조정으로 기술 결함을 지원하는 데 초점을 맞출 필요가 있다. 예를 들어, 만약 학생이 학년 이하로 책을 읽고 있다면, 온라인 리더기를 사용하도록 요청하는 것

은 그들의 필요를 옹호하는 훌륭한 방법이 될 수 있다. 이 영역은 학생의 가족과 적절한 지역사회 서비스를 포함하여 IEP 팀 과정을 통해 학생들이 핵심적인 자기옹호 기술을 개발하도록 돕는 데 초점을 둔다.

✋ **멈추고 생각하기!**

맥스Max와 IEP 팀은 [그림 10.3]의 도구를 사용하여 매트릭스에 다음과 같이 응답했다.

맥스는 다음의 기술에 능숙하다.
- 원하는 것과 필요한 것을 의사소통하는 능력, 건전한 관계를 위한 사회적 기술
- 안전 기술(테크놀로지의 적절한 사용을 포함한 위험에 대한 적절한 이해 및 대응)
- 자기관리 기술(위생, 세탁 방법, 가정/작업 공간 관리)
- 건강한 대인관계 기술(적절한 경계를 포함한 친구, 가족 및 동료와의 관계)
- 안전하고 건강한 여가 관심사
- 투표 및 지역사회 생활 참여 능력
- 이동 수단(개인적 또는 대중교통)을 안전하게 사용할 수 있는 능력

맥스는 다음 영역에서 지원이 필요하다.
- 직업이나 사회적 환경을 유지하고 안전하게 생활할 수 있는 충분한 수입을 가질 능력
- 재무 계획 기술(자금 관리 및 지출 요구에 대한 계획 능력)
- 맥스는 재무 계획, 수표 관리 및 예산 수립에 대한 지원이 필요하다.

교사와 서비스 제공자는 학생의 인생 계획과 목표가 일치하는지 확인하기 위해 각 학생 및 그 가족과 어떻게 협력하는가?

---

1) 학생 자기옹호와 함께 하는 강력한 시작

특수교육 서비스가 있는 학생의 전 학령기에 걸쳐, 학생에게 권한을 부여하여 자신의 학업적·기능적 강점과 요구에 대해 목소리를 낼 수 있도록 자기옹호 기술을 가르치는 것은 최선의 실제이다. 교사가 자기옹호 기술을 가르치는 첫 번째 단계는 학생들의 현재 강점과 미래 계획을 파악하는 데 필요한 것을 평가하는 것이다. 이를 위해 관심 목록을 작성하고 학생과 가족을 면담하는 것을 포함한다. 또한 구체적인 진로 및 생활기술 목록을 포함하여 학생들의 강점과 요구를 명확하게 파악할 수 있다. 이중언어 또는 영어 학습자인 학생은 언어 능력과 강점을 평가해야 한다. 의사소통 체계를 사용하거나 아직 의사소통 체계를 사용하지 않는 학생들은 보조공학 평가가 필요할 것이다. 또한 학생들이 말하기, 듣기, 글로 의

사소통하기, 재정 관리하기, 사회적, 정서적 및 행동적 요구 관리에서 독립성을 높일 수 있는 가장 덜 침해적이고 가장 접근하기 쉬운 방법을 발견하기 위해 조정을 위한 테크놀로지 역시 평가해야 한다.

일단 학생의 강점과 요구에 대한 명확한 이해와 기준 자료를 확립하면, 팀은 학생과 협력하여 학생이 자기옹호를 시작할 수 있는 영역을 판별할 수 있다. 자기옹호는 학생들에게 다음을 가르치는 것을 포함할 수 있다

- IEP 회의 안건 계획하기
- 자신의 진전 점검 자료 제시하기
- IEP 전환목표의 방향성 공유하기

2) IEP 팀 재구성

전환계획을 수립하는 동안 IEP 팀 구성을 고려할 때 학생의 전환, 교육, 고용이나 일상생활에 필요한 활동을 지원할 수 있는 추가 팀원을 고려하는 것도 중요하다. 예를 들면, 다양한 관심 분야를 추구할 수 있는 학생을 위해 더 이른 나이에 VR 전문가를 회의에 초대하는 것이 유익할 것인가? 성인 스포츠 리그에 참여하고 싶은 학생을 위해 지역 공원과 여가 담당자를 회의에 참여시키는 것이 좋은가? 일상생활 지원 활동이 필요한 학생들을 위해, 이러한 서비스를 제공하는 지역 기관을 초청하여 성인 서비스로 전환하는 최선의 실제를 논의할 수 있는가?

IEP 팀은 학생의 현재 강점 영역에 대해 논의하고 필요한 영역에 대한 계획을 세울 수 있도록 필요한 모든 자료를 확보하는 것이 중요하다. [그림 10.3]을 다시 보면서 학생에게 지원이 필요할 수 있는 각 영역을 살펴본다. 잠재적 요구 영역을 검토할 때 학군 팀 또는 지역사회 내에서 누가 필요한 기술을 가르칠 수 있는지 고려하는 것이 중요하다. 팀은 학생이 필요로 하는 영역을 고려하기 때문에, 대화에서 부모와 학생의 의견을 우선순위로 유지하는 것이 중요하다. 또한 부모와 학생의 의견으로 계획을 시작하고, 계획 과정 전반에 걸쳐 참여시켜 그들의 질문, 의견 및 우려 사항을 해결하도록 하는 것이 최선의 실제이며, 이는 〈표 10.1〉과 같은 체크리스트를 개발하여 수행할 수 있다.

<표 10.1> 가족 참여 체크리스트

타임라인	가족 및 학생용 질문	기록 위치
IEP 회의 몇 주 전 (가족의 편의 및 학군 연락 정책에 따라 전화, 문자 또는 이메일로 연락) 참고: 학생과 가족의 모국어로 의사소통하는 것이 중요하다. 만약 아직 확인하지 않았다면, 의사소통을 위한 모국어의 유창성/편안함에 대한 그들의 견해를 가족과 논의한다.	생각하고 있는 (학생의) 미래 계획은 무엇인가요? (학생)을 위해 어떤 유형의 (학교/직업/지역사회 환경)을 고려하고 있나요? (학생)이 일하지 않을 때 어떤 종류의 활동 (여가 활동)을 할 계획인가요? (학생이) 다른 사람과 의사소통하기에 가장 편안하고 유창한 언어는 무엇인가요? (필요한 경우 통역사를 사용)	IEP 계획 양식 또는 우편 발송용 학군 필수 문서 양식
IEP 회의 동안	회의를 시작할 때, 목표를 논의할 때, 그리고 서비스를 논의할 때, 가족의 의견을 묻는 안전을 계획한다. 의제를 계획한다.	IEP 회의 요약 노트
IEP 회의 이후	IEP 시기에 따라 IEP 목표를 향한 진전 상황을 문서화한다.	IEP 진전도 노트

3) 가족 및 지역사회 지원 연계

앤드류 대 더글라스 카운티 학군 Endrew F. v. Douglas County School District(2017) 판결은 학생의 IEP 개발에 가족을 참여시키는 것의 중요성을 분명히 했다. 전환기 학생들을 위한 IEP 회의 자료를 수집하고 있으므로, 교사가 가족을 대화에 참여시키는 것이 중요하다. 부모는 학생의 미래 지원망과 요구 영역에 대해 중요한 통찰력을 제공할 수 있다. [그림 10.3]의 영역을 고려할 때, 학생이 자신이 원하는 것과 필요한 것을 전달하고, 시간을 조직하고, 가족 및 친구와 계획을 세우고, 자신의 미래를 옹호하고, 주요한 삶의 결정을 탐색하는 능력에 대해 부모는 핵심적 통찰을 반영할 수 있다(Feldman et al., 2018). 게다가, 가족은 장기적으로 얼마나 많은 가족 지원이 가능한지 공유할 수 있다. 이를 통해 IEP 팀이 가족이 학생을 지원하는 시간, 자원이나 지식이 없을 수 있는 요구 영역에 대한 지원을 제공하기 위해 가족과 함께 작업할 시간을 얻을 수 있다. 부모참여는 IDEA의 중요한 원칙이지만, 다문화(CLD) 가족의 참여는 그 모습이 종종 전환 팀의 기대와 다르다. 이러한 차이는 관심의 부족이 아니라, 그들이 참여하는 방식에 대한 가족의 이해 차이로 해석해야 한다. 또한 졸업 후 학생의 목표는 전환팀의 목표와 다문화 가족의 목표가 다를 수 있다. 예를 들어, 전환팀은 종종 학생의 독립성에 초점을 맞추지만, 다문화 가족은 상호 의존성에 초점을 맞출 수 있다. 따라서 전환팀은 이러한 차이를 염두에 두고 문화 반영적 방식으로 차이를 수용하고, 가족의 목표를 존중하는 방식으로 다문화 가족에게서 가치 있는 의견을 구해야 한다.

EP 팀이 지역사회 지원을 검토할 때 고려할 많은 가능성이 있다(Feldman et al., 2018). IEP 팀은 학생이 IDEA 필수 서비스와 중등 프로그램에서 성공적인 성인 생활로 전환하는 데 도움이 되는 자료 기반 의사결정에 기여할 수 있는 구성원으로 구성해야 한다(OSEP, 2017). IEP 회의에 구성원을 초대하기 위한 주 및 학군 지침을 따르는 것을 기억하라.

4) 핵심 전환 요구 다루기

IEP 팀원들이 전환 서비스의 각 잠재적 영역을 통해 학생이 중등이후의 삶에서 성공하는 데 필요할 수 있는 구체적인 영역이 무엇인지 생각해 보는 것이 중요하다. 16세부터 시작하는 전환 서비스는 특수교육 적격성이 있는 학생들을 위한 전환 요구와 서비스를 다루는 것이 IDEA에 따른 연방정부의 요구사항이다. 이러한 전환 서비스는 학생이 학교 기반 서비스를 떠나면 성공하는 데 필요한 기술과 전략에 초점을 맞춰야 한다. 전환 서비스의 세 가지 주요 영역은 훈련 또는 교육, 고용, 그리고 적절한 경우 독립적인 생활 기술이다(OSEP, 2017). 전환계획에서 고려해야 할 영역은 다음과 같다.

- 중등이후 교육
- 직업교육
- 독립(고용)
- 지원(고용)
- 독립적 생활 기술
- 성인 지역사회 프로그램

학생 전환계획 과정의 하나로, 미래의 교육 및/또는 직장 상황에서 ADA 조정을 받기 위한 자기옹호 기술을 가르치는 것이 중요하다. 학생들의 일상생활 능력 또한 매우 중요하다. 팀은 학생이 다음을 할 수 있는지 물어봐야 한다.

- 주택에 대한 접근 및 관리하기
- 모국어 및/또는 영어로 원하는 것이나 필요한 것 전달하기
- 의사소통기기나 시스템을 사용하는 경우, 의사소통 시스템을 사용하여 원하는 것, 필요한 것을 전달하고 생각 표현하기

- 개인 예산 관리하기
- 안전한 관계 유지하기
- 그들의 원하는 것과 필요한 것 옹호하기(자기옹호)
- 교통 요구(독립적 운전, 대중교통 또는 지원되는 대중교통)를 탐색하기
- 안전한 여가 활동 참여하기
- 안전하게 지역사회 생활에 참여하기
- 독립성 지원을 위한 테크놀로지 접근 및 활용하기(Test et al., 2014)

추가적으로 다루어야 할 한 가지 전환 요구는 학생이 법적 성년이 되었을 때 교육 결정을 내릴 수 있는 학생의 권리이다. 일단 학생이 성년이 되면(많은 주에서 18세), 그들은 모든 교육 기록과 교육에 관한 결정을 내릴 권리가 있다. 심각한 지적장애 학생의 경우, 학생과 가족은 권한을 결정하는 국가의 요구사항을 따르는데, 이는 종종 법정 후견인 과정을 통해 이루어진다.

5. 요약

이 장에서는 16세 이상 학생을 위한 IEP 전환 영역을 계획할 때 고려해야 할 주요 측면을 살펴봤다. 학생이 특수교육의 전환기에 접어들면서, IEP 팀은 학생이 고등학교 이후에 그들의 삶에서 성공하기 위한 핵심적 생활기술을 개발하도록 돕기 위해 학교 중심의 관점에서 전환하기 시작한다. 학생의 강점과 요구는 학생과 가족과의 대화를 통해 고려되어야 하며, 전환평가는 학생의 미래 계획에 초점을 맞출 필요가 있다. 자료를 수집하고 분석해야 하며 직장, 여가 및 가정생활의 다면적 가능성을 포함해야 하고, 연령에 적절한 전환 IEP 목표와 다음 단계에서 학생을 지원할 특별히 설계된 교수의 기초를 제공해야 한다. 이 과정에서 가장 중요한 것은 문화적으로 존중받는 학생 중심 계획student-centered planning 과정이다. 이 과정은 학생의 강점을 살리고 취업, 교육, 성인 생활로의 전환, 일상생활 활동에 특화된 요구 영역에 대한 교수와 지원을 제공하는 것에 중점을 둔다. [그림 10.4]의 자원은 IEP 팀이 전환 IEP를 구성할 때 지원을 제공하며, [그림 10.5]의 체크리스트는 전환 IEP 회의를 준비하는 데 사용할 수 있다.

6. IEP 체크리스트: 전환

다음 체크리스트는 IEP에 16세 이상 학생에게 필요한 구성요소를 포함하고 있는지 확인하기 위한 목록으로 사용할 수 있다.

핵심 영역(IEP 영역): 16세부터 시작되는 전환, 다음 기준을 충족하는 조직화된 활동	기준 충족	
	예	아니요
T1: 삶의 질 목표 진술: 이 문장은 결과 지향적이다: 학업 및 기능적 성취 향상에 초점을 맞추고 중등이후 교육, 직업교육, 통합 고용(지원고용), 평생교육 및 성인 교육, 성인 서비스, 독립생활 또는 지역사회 참여를 포함하여 학교에서 학교졸업 후 활동으로의 이동을 촉진한다.		
T2: 비전: 이 비전은 아동의 강점, 선호, 관심을 고려한 아동의 요구에 기초한다.		
T3: 자원 및 기관 간 협업: 개별화 교육 프로그램(IEP)에는 교육, 관련 서비스, 지역사회 경험, 고용 및 기타 학교졸업 후 성인 생활 목표 개발, 해당하면, 일상생활 기술 습득 및 직업 평가를 포함하여 명시된 목표를 달성하는 데 필요한 학습 과정에 대한 설명을 포함한다.		
T4: 관계자: 파트 C(유아기) 서비스에서 파트 B(학령기) 서비스로 전환하는 아동의 부모는 원활한 서비스의 전환을 지원하기 위해 파트 C 시스템 담당자에게 초기 IEP 회의 초대장을 보내도록 요청할 수 있다.		

1. 국립 미국 장애인 네트워크^{Americans with Disabilities National Network}는 장애 성인이 사용할 수 있는 법적 요구사항 및 지원에 대한 지침과 지역사회 자원에 접근을 제공한다.
2. IDEA 2003 중등 전환 Q&A(Office of Special Education and Rehabilitative Services, 2011)는 전환 연령의 학생들에게 특화된 IDEA에 대한 설명을 제공한다.
3. 국립 재활 훈련 자원 클리어링하우스^{National Clearinghouse of Rehabilitation Training Materials}(재활 서비스국^{Rehabilitation Services Administration}[RSA]의 자금 지원)는 시각, 청각 또는 이동에 차이가 있는 학생들의 재활 요구를 지원하기 위한 훈련 자료를 보유하고 있다.
4. 국립 농 중등이후 성과 센터^{National Deaf Center on Postsecondary Outcomes}(특수교육 프로그램 사무소^{Office of Special Education Programs}[OSEP]의 자금 지원)는 직장 또는 추가적 교육을 위한 중등이후 계획에서 농 또는 청력 손실을 경험하는 학생들을 지원하는 자원을 갖고 있다.
5. 국립 전환 공학 지원 센터^{National Technical Assistance Center on Transition}(OSEP 및 RSA의 자금 지원)는 전환기 장애학생의 성과를 높이기 위한 연구 및 증거 기반 실제를 갖추고 있다.
6. 장애학생 및 청소년 중등이후 교육 및 취업 전환 지침^{Transition Guide to Postsecondary Education and Employment for Students and Youth with Disabilities}(OSEP, 2017)은 중등이후 교육 및 취업으로의 전환을 계획하는 학생, 가족과 교사를 위한 안내를 포함한다.
7. 장애학생의 중등이후 교육 전환: 고등교사 안내서^{Transition of Students with Disabilities to Postsecondary Education: A Guide for High School Educators}(U.S. Department of Education's Office for Civil Rights, 2011)는 전환 과정에서 직업 재활의 역할을 포함하여 성인 생활을 계획하거나 전환하는 고등학교 교사, 상담사 및 가족에 대한 지원을 포함한다.

[그림 10.4] 전환 자원

7. 활동

이 활동은 본 장의 내용을 더 깊이 이해하도록 돕기 위한 것이다. 본 장의 활동은 다음과 같다.

- 활동 10.1. 전환 지원 판별
- 활동 10.2. 개인중심계획
- 활동 10.3. 관계자 계획하기
- 활동 10.4. 질적 전환계획 판별

IEP 회의 준비:
전환

회의 이전

- [ ] 학생 전환계획 및 목표를 가족 또는 보호자와 의사소통한다.
- [ ] 전환평가 자료를 검토한다(예: 일상생활, 직업 흥미, 대학 및/또는 직업 준비, 고용 기술, 의사소통 및/또는 보완대체의사소통, 대근육 및/또는 소근육 운동 기술, 이동성 및/또는 움직임, 테크놀로지).
- [ ] 전환평가가 이루어지지 않은 경우, 전환평가가 이루어지는지 확인한다.
- [ ] 학생의 강점과 지식 자원을 판별한다.
- [ ] 학생의 모국어 및/또는 영어 능력 수준을 확인한다.
- [ ] 학생이 취업 전 전환 서비스 및/또는 직업재활 서비스 적격성을 결정한다.
- [ ] 회의 안건을 계획하고 모든 참여자와 공유한다.

회의 동안

- [ ] 학생과 가족의 중등이후 목표를 염두에 둔다.
- [ ] 전환평가 자료를 검토한다.
- [ ] IEP 목표를 설정하는 동안 언어 능력과 학생의 지식 자원을 강점으로 고려한다.
- [ ] 전환 기술(예: 의사소통, 안전, 자기관리, 건강한 관계, 재무계획, 투표, 교통수단, 자기옹호, 교육, 고용, 독립적 생활기술)과 관련된 중등이후의 목표를 업데이트하거나 개발한다. BEST(행동, 평가, 구체성, 시기)를 사용하여 목표가 이를 준수하고 의미 있는지 확인한다.
- [ ] 학생이 목표에 도달하는 데 도움이 될 전환 서비스를 판별한다.
- [ ] 학생이 성인이 되기 최소 1년 전에 권리 이전에 관한 진술서를 포함한다.
- [ ] 통역사를 사용한다면, 적절한 통역 에티켓을 사용하도록 한다(제2장 참조).

회의 이후

- [ ] IEP 목표를 반영하여 진전 상황 점검을 준비한다.
- [ ] 부모를 포함한 모든 팀원과 회의의 효과성에 대해 설명한다.
- [ ] 부모에게 통역사의 사용 여부와 회의 및 주요 내용을 이해했는지 확인한다.

[그림 10.5] IEP 회의 준비: 전환

활동 10.1. 전환 지원 판별

지원 장: 제10장(전환 팀구성–중등이후 요구 충족하기)

목적: 이 활동의 목적은 전환 지원을 판별하는 연습을 하는 것이다.

지시사항: 이 장에서 논의한 주요 전환 영역을 보고, 이 장에서 제공된 시나리오의 학생을 지원할 전환 영역을 판별한다.

과제 시나리오 1: 마커스

마커스는 수학적 추론에 특정 학습장애를 가진 16세 학생이다. 마커스는 개별학습계획(ILP)을 통해 4년제 대학에 진학해 건설경영학 학위를 받고 지역 건설 회사에서 일하고 싶다고 말했다. 마커스는 대학에 진학해 현지 건설회사에서 일할 계획이다.

지원 영역(해당 항목 모두 선택)

- 중등이후 교육
- 직업교육
- 독립(고용)
- 지원(고용)
- 독립적 생활 기술
- 성인 지역사회 프로그램

과제 시나리오 2: 엘리자베타

엘리자베타는 지적장애가 있고, 다운증후군 진단을 받은 17세 학생이다. 엘리자베타는 이중언어를 구사하며, 스페인어는 집에서 사용하는 언어이다. 엘리자베타의 사회적 표현 의사소통은 두 언어 모두 높은 평균 이해가능 범위에 있다. 엘리자베타는 지역 백화점에서 옷과 장난감 판매하는 일을 하고 싶어 한다. 엘리자베타는 전화기에 버스 시간표 앱이 있고, 가장 좋아하는 식당과 가게를 독립적으로 오가며 지역 버스를 이용할 수 있다. 엘리자베타는 넥스트 달러 전략과 은행 앱 사용하여 식당과 가게에서 물건을 구입할 수 있고, 그때 선생님, 어머니와 공유하는 목록 작성 앱을 사용할 수 있다. 엘리자베타의 은행 앱은 어머니의 추가 동의 없이 최대 25달러까지 물건을 구매할 수 있도록 설정되어 있다. 엘리자베타는 지역 백화점에서 일하고 버스를 타고 출근할 계획이다.

지원 영역(해당 항목 모두 선택)

- 중등이후 교육
- 직업교육
- 독립(고용)
- 지원(고용)
- 독립적 생활 기술
- 성인 지역사회 프로그램

과제 시나리오 3: 댄

댄은 자폐증과 지적장애를 가진 20세로 뇌전증 진단도 받았다. 댄은 비언어적으로 여겨지며 태블릿의 의사소통 앱을 사용에 5%의 정확도를 보인다. 댄과 가족은 지역사회 경험을 제공하고 댄이 지속적으로 일상생활 기술을 배울 수 있도록 지원하기 위해 성인의 날 프로그램을 살펴보고 있다. 그의 목표는 자신이 원하는 것과 필요한 것(전환과 교육)의 독립적인 의사소통 소통을 늘리고, 독립적으로 식사(일상생활의 활동)를 준비하는 것이다. 댄은 성인 주간 프로그램에 참석하고 가족과 함께 집에서 살 계획이다.

지원 영역(해당 항목 모두 선택)

- 중등이후 교육
- 직업교육
- 독립(고용)
- 지원(고용)
- 독립적 생활 기술
- 성인 지역사회 프로그램

효과적인 전환 서비스 판별을 위한 팁

팁 1: 전환 서비스가 학생의 학업 및 기능 성취를 향상시켜 학생의 다음의 학교졸업 후 활동을 지원하는 것에 초점을 두고 조정되고 있는지 고려한다.
- 중등이후 또는 고용
- 통합고용 또는 지원고용

- 평생교육 또는 성인 서비스
- 독립적 생활
- 지역사회 참여

팁 2: 전환 서비스가 아동의 강점, 선호, 흥미와 다음과 같은 요구를 포함하는 개인적 요구에 기반하였는지 평가한다.
- 교육
- 관련 서비스
- 지역사회 경험
- 고용 및 중등이후 목표 개발
- 일상생활 기술 습득 및 기능적 직업평가

팁 3: 전환 서비스가 전환을 위해 권장하는 실제인지 결정한다. IEP 회의 대화에 다음 내용을 포함해야 한다.
- 학생 계획 및 진전에 대한 부모 의견
- 학교졸업 후 계획에 대한 학생 의견
- 학생과 가족이 성년이 되면 학생의 권리가 이전되는 것을 안내받았다는 논의와 IEP 기록

팁 4: 모든 전환 IEP는 다음 내용을 포함해야 한다.
- 전환에 특정한 강점과 요구에 대한 학생별 자료를 포함한 현재 수준
- 의사소통, 행동, 영어 능력, 시각 및/또는 청각 차이와 관련하여 학생별 자료와 요구를 포함할 수 있는 특수 요소에 대한 고려사항
- 학생의 전환계획에 따른 전환 요구를 포함하는 목표
- 학생 전환 요구를 지원하기 위해 특별히 설계된 교수(학생의 독립성 향상에 중점을 둠)
- 전환계획을 달성하기 위한 특수교육 및 관련 서비스
- 학생 전환계획을 지원하기 위한 조정 또는 수정

팁 5: IDEA와 관련된 서비스가 만료되기 전에 마지막 IEP 회의에서 학생에게 수행요약(졸업 후 목표와 교육을 지원하기 위한 학업 및 기능 수행의 요약)을 제공한다. 요약본은 학생이 정규 졸업장을 취득하거나 IDEA 관련 서비스를 중단할 때 제공해야 한다.

활동 10.2. 개인중심계획

지원 장: 제10장(전환 팀 구성-중등이후 요구 충족하기)

목적: 이 활동의 목적은 전환계획에서 협업할 수 있는 기술과 지식을 개발하는 것이다.

지시사항: 다음 개인중심계획 차트를 사용하여 전환계획 회의를 관찰하고, 관찰한 단계에 대한 관찰 내용을 기록한다.

단계	학생 책무성	팀 책무성	관찰 기록
회의 계획하기	강점을 공유한다.	학생은 부모 및 촉진자와 함께 안건, 배치 및 참여자를 판별한다.	
회의			
1. 꿈	큰 꿈을 공유한다. (예: 경주용 자동차 운전자가 되는 것)	촉진자와 팀은 미래에 대한 비전을 브레인스토밍한다. 모든 아이디어는 실행 가능한 선택으로 간주한다.	
2. 현재	긍정적인 상황뿐만 아니라 도전적인 상황을 포함하여 현재 자신의 삶에서 일어나고 있는 일을 공유한다.	팀은 학생이 실제로 일어나고 있는 일(예: 학생이 읽을 수 없다면, 그것이 현실)에 대해 진정성을 가질 수 있도록 지원한다.	
3. 팀원 등록	자신의 삶에서 목표를 달성하는 데 도움을 줄 수 있는 지원자를 판별한다.	팀은 학생이 삶의 핵심적인 개인을 판별할 수 있도록 돕는다.	
4. 강점 구축	목표 달성을 지원하는 활동 유형을 결정한다. 힘을 기르는 것은 학생이 그 꿈을 이루기 위해 읽기나 수학과 같은 학문적 기술을 쌓아야 한다는 것을 의미할 수 있다.	팀은 학생이 꿈에 성공적으로 도달할 수 있도록 역량을 키우는 추가적 활동을 공유한다.	
5. 첫 단계	목표 달성을 위한 첫 활동을 공유한다.	팀은 과정을 지원하고 첫 단계에 맞는 활동을 제안한다.	
6. 행동 계획	정기적으로 목표에 더 가깝게 이동할 수 있도록 돕는 행동을 판별한다.	팀은 학생이 각 행동에 관여할 날짜, 사람 및 장소를 판별하여 목표에 대해 구체적이 되도록 돕는다.	
7. 1년 목표	학생은 1년 이내에 달성할 목표를 정하고 1주년 기념일에 목표를 달성하기 위해 팀이 이룬 진전을 업데이트한다.	팀원들은 목표 달성을 축하한다.	

활동 10.3. 관계자 계획하기

지원 장: 제10장(전환 팀 구성–중등이후 요구 충족하기)

목적: 이 활동의 목적은 관계자의 역할과 책임을 판별하는 데 필요한 기술과 지식을 개발하는 것이다.

지시사항: 다음 관계자 차트를 사용하여 전환계획 회의를 관찰하고 전환계획에 관련된 각 관계자의 역할과 책임을 판별한다.

이 요구를 다루는 관계자/담당자	역할 및 책임
고용(현재 또는 미래 고용주 포함)	
장애인 서비스 코디네이터	
의료적 요구를 상담할 의료 전문가/담당자	
미래의 대중교통 계획에 상담할 대중교통 전문가/담당자	
직업재활전문가/직업훈련코치	
특수교사	
일반교사(들)	
준전문가	

기타 구성원은 친구, 지역사회 구성원(예: 영적, 자원봉사, 취미, 여가 흥미를 대표하는 사람) 또는 법정 대리인을 포함할 수 있다.

기타: _____	
기타: _____	
기타: _____	

활동 10.4. 질적 전환계획 판별

지원 장: 제10장(전환 팀 구성-중등이후 요구 충족하기)

목적: 이 활동의 목적은 전환계획의 핵심 요소를 판별하는 기술과 지식을 개발하는 것이다.

지시사항: IEP와 전환계획 영역의 목록을 사용하여 IDEA 요건을 충족하는지 확인한다.

루브릭 척도: 다음 척도를 사용하여 표에서 검토한 IEP 영역의 순위를 가장 잘 매기는 숫자에 동그라미를 치시오.

1=기준 미달	2=부분적 기준 충족	3=기준 충족	4=기준 초과
• IDEA 2004 요건을 충족하는 증거를 보이지 못함 • IDEA 2004 요건을 다루지 않음	• IDEA 2004 요건을 부분적으로 충족함 • IDEA 2004 일부 요건을 다룸	• 대부분/모든 IDEA 2004 요건을 충족함 • 대부분/모든 IDEA 2004 요건을 다룸	• 모든 IDEA 2004 요건을 초과함 • 모든 지표를 다루며 기준을 넘어섬

핵심 영역(IEP 영역): 16세부터 시작되는 전환, 다음 기준을 충족하는 조직화된 활동	순위	순위 근거
T1: 삶의 질 목표 진술: 이 문장은 결과 지향적이다: 학업 및 기능적 성취 향상에 초점을 맞추고 중등이후 교육, 직업교육, 통합 고용(지원고용), 평생 교육 및 성인 교육, 성인 서비스, 독립생활 또는 지역사회 참여를 포함하여 학교에서 학교졸업 후 활동으로의 이동을 촉진한다.	1 2 3 4	
T2: 비전: 이 비전은 아동의 강점, 선호, 관심을 고려한 아동의 요구에 기초한다.	1 2 3 4	
T3: 자원 및 기관 간 협업: 개별화 교육 프로그램(IEP)에는 교육, 관련 서비스, 지역사회 경험, 고용 및 기타 학교졸업 후 성인 생활 목표 개발, 해당하면, 일상생활 기술 습득 및 직업 평가를 포함하여 명시된 목표를 달성하는 데 필요한 학습 과정에 대한 설명을 포함한다.		
T4: 관계자: 파트 C(유아기) 서비스에서 파트 B(학령기) 서비스로 전환하는 아동의 부모는 원활한 서비스의 전환을 지원하기 위해 파트 C 시스템 담당자에게 초기 IEP 회의 초대장을 보내도록 요청할 수 있다.	1 2 3 4	

재작성한 전환 진술

_____

_____

_____

제11장

행동중재계획 설계

캐스린 도일, 스테판 크로거
Kathryn Doyle and Stephen Kroeger

초점 학습 내용

- IEP를 계획할 때 학생이 수용 가능한 행동을 배우도록 돕는 긍정적 중재 사용의 중요성
- 방해 행동을 다루고 학생 성과를 향상하는 긍정적 행동 중재 및 지원(PBIS) 프레임워크 제공 과정
- 도전적 행동을 보이는 학생을 위한 대체행동 초점의 목표 구성

교육계는 학생들이 학업적, 사회적, 정서적으로 성공할 수 있도록 지원하는 방법에 대한 지식의 극적인 발전을 만들어 왔다. 이 장에서는 학교 팀에게 현장의 상황에 대한 개요를 안내하고, 학생의 행동과 그에 관심을 가져야 할 때 취해야 할 조치를 이해하는 데 유용하고 널리 사용되는 두 가지 도구에 대한 실질적인 지침을 제공한다. 변화는 결코 단방향이 아니라는 것을 명심하는 것이 중요하다. 때때로 교사, 지역사회 구성원, 부모는 우리가 어떻게 학생의 비생산적인 행동에 영향을 미치는지를 확인하기 위해 우리의 행동과 학습 및 가정 환경 설계를 살펴보아야 한다.

1. 법적 관점의 이해

2004년 장애인교육개선법(IDEA, PL 108-446)은 적격한 장애아동에게 무상의 적절한 공교육(FAPE)을 보장하는 법이다. IDEA는 도전적 행동을 보이는 장애학생을 위해, 그 행동이 장애의 징후라면 학생이 수용 가능한 대체행동을 배우도록 돕기 위해 학교에서 긍정적 중재 사용을 고려할 것을 요구한다. IDEA는 학생 행동에 대한 사전 예방적 대응을 옹호하고, IEP 팀이 행동 지원 요구를 평가하도록 요구한다. IDEA에 따라 IEP 팀이 사용할 수 있는 두 가지 도구는 기능적 행동 평가^{functional behavioral assessment}(FBA)와 행동중재계획^{behavioral intervention plan}(BIP)이다. 이 장에서는 이 도구들을 정의하고 설명하며, IEP와의 연결에 대해서도 설명한다.

IDEA'의 핵심 요소

- **무상의 적절한 공교육**^{FAPE}. 학생은 공교육 기관에서 무상으로 자신의 교육적 요구를 충족하는 방식으로 교육받아야 한다.
  - 거부 금지^{Zero Reject.} 학교는 아동 요구의 심각성 때문에 교육을 거부할 수 없다.
- **최소 제한 환경**^{LRE}. 학생은 전형적인 또래들과 가장 유사한 방식으로 교육을 받는다.
- **절차적 안전장치**(정당한 절차^{due process}). 가족은 자녀의 배치, 서비스, 교육 계획에 동의하지 않을 권리가 있고 학군을 법정에 세울 수 있다.
- **부모 참여**(공유된 의사결정). 부모는 자녀 교육팀의 일원으로 참여할 권리가 있다.
- **비차별적 평가**. 학교는 타당하고, 신뢰할 수 있고, 문화적으로 관련성이 있고, 언어적으로 적절한 조치를 사용하여 장애의 모든 의심스러운 영역에서 학생을 평가하기 위해 팀 접근방식을 사용해야 한다.
- **개별화 교육 프로그램**^{IEP}. IEP 팀은 현재의 평가 정보를 평가하고 각 장애학생의 고유한 교육적 요구를 충족하도록 설계한 서면 문서를 작성한다.

2. 공정한 실제의 필요성

친애하는 동료에게 편지^{Dear Colleague Letter}U.S. Department of Education, 2015)에는 2013~2014 학년도 동안 10일 이내에, 3~21세 장애학생의 10%가 징계사유로 퇴학 처분을 받았다는 지적이 있었다. 유색인종 장애학생은 놀랍게도 불균형적으로 더 높은 퇴학률에 직면했다. 이 서한은 또한 3~21세 흑인 장애학생의 19%가 단일 학년도의 10일 이내에 징계사유로 퇴학

당했다고 명시했다(U.S. Department of Education, 2014). 이것은 흑인 장애아동들이 또래 아동들보다 거의 두 배의 비율로 퇴학 처분을 받았다는 것을 의미한다. 정학을 받는 것은 학업적 수행 저하, 출석 중단, 자존감 저하, 졸업률 저하를 포함한 많은 부정적 결과로 이어진다. 또한 정학은 성인 초기에 투옥될 가능성을 상당히 증가시킨다(Hemez et al., 2020). 이러한 정책의 시사점은 흑인 장애학생이 백인 학생보다 교정 시설에 들어갈 가능성이 훨씬 더 크다는 것이다. 문화 반영적인 행동 지원과 체제 변화의 필요성을 강조하는 것이 급선무다. 따라서 학교나 단체, 개인의 관심 행동뿐만 아니라 학습 환경, 교사의 신념과 태도를 살펴볼 준비를 할 것을 촉구한다. 행동 변화에는 항상 교사, 리더십, 직원의 행동 변화가 포함된다.

3. 문화 반영적인 긍정적 행동 중재 및 지원(PBIS)

긍정적 행동 중재 및 지원Positive Behavior Intervention and Support(PBIS)은 학생의 행동적 성과를 개선하는 데 초점을 맞춘 연구기반의 프레임워크이다. PBIS 프레임워크는 학생들에게 안전하고 긍정적인 행동을 가르치는 데 초점을 맞추고 있다. PBIS는 성공적인 행동 성과에 필요한 훈련, 정책 및 조직 지원을 제공하는 팀을 포함하고, 팀은 관리자 및 행동 전문가와 협력한다. PBIS는 모든 학생의 성과를 개선하기 위한 자료 기반의 문제해결 프레임워크인 3단계 지원 프레임워크three-tiered support framework로 구성된다. 3단계 지원은 학생이 아니라 학생이 받는 지원의 수준을 의미한다는 점에 유의해야 한다. 사람 우선 언어 프로토콜person-first language protocols과 일치하며, 2단계Tier 2 학생이 아니라, 2단계 지원을 받는 학생이다(Horner et al., 2017).

1단계Tier 1는 보편적 예방을 의미하며 행동과 학업의 기반이다. 학교는 모든 학생에게 이러한 보편적 지원을 제공한다. 양질의 1단계 프로그램은 대부분의 학생이 성공하고, 미래의 문제를 예방하는 데 필요한 것을 제공한다. 2단계Tier 2의 접근방식은 특정 기술 결함을 개선하는 데 초점을 맞춘 예방을 목표로 한다. 유사한 요구 목표를 가진 학생 집단은 일반적으로 이 수준의 중재를 받게 되는데, 중재를 최대한 효율적으로 유지하면서 연습과 피드백 기회를 증가시킨다. 2단계 지원은 학생들이 학교에서 1단계 중재로 도움받는 데 필요한 기술 개발에 도움을 준다. 3단계Tier 3 지원은 학교에서 제공하는 가장 집중적인 지원이며 학업 및 행동 지원과 관련된 목표를 포함하는 개별화된 중재와 학생 계획이 필요하다. 보편적 예방 및 지원의 시각적 이미지는 [그림 11.1]을 참조할 수 있다.

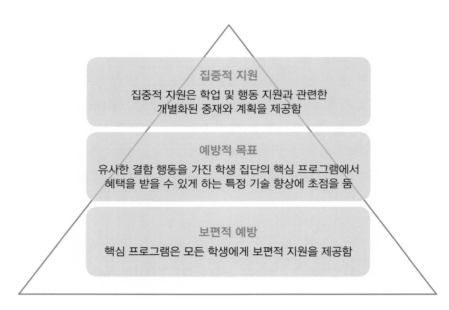

[그림 11.1] 보편적 예방 및 지원

문화적 반영성^{Cultural responsiveness}은 PBIS의 정의적 특징이다(Center on Positive Behavioral Interventions & Supports, 2015). 레버슨과 동료들은 효과적인 학교 환경이 대다수 학생들이 성공할 수 있도록 돕는다는 점을 강조하는 PBIS 문화적 반영성 현장 지침을 제공했다(Leverson et al., 2019). 그러나 지배적인 문화권 출신이 아닌 학생의 경우, 학교 환경은 무심코 그들을 무시할 수 있고, 이는 그들의 배경을 평가절하하고 학교 유대감을 약화시킨다. 이런 현실을 생각하면, 학교 직원들이 그들의 문화와 학습 이력을 포함하는 그들의 정체성에 대한 검증과 확인을 통해 학생들과 관계를 형성하는 것이 필수적이다. 이러한 행동을 취하지 않으면 무심코 하는 무시와 행동이 학교에서 소수 인종을 분리할 위험이 있다.

긍정적인 행동 중재 및 지원 웹 자원(미국)
- 긍정적 행동 중재 및 지원 센터(https://www.pbis.org)
- PBIS는 무엇인가?(https://www.understood.org/en/learning-thinking-differences/treatments-approaches/educational-strategies/pbis-how-schools-support-positive-behavior)
- PBIS 세상(https://www.pbisworld.com)
- 미국 교육부 학교문화와 규율(https://www2.ed.gov/policy/gen/guid/school-discipline/index.html)
- 효과적인 IDEAs(http://ccrs.osepideasthatwork.org/about-us)

문화적 반영성은 다섯 가지 요소(〈표 11.1〉 참조), 즉 정체성, 목소리, 지지적 환경, 상황 적절성, 형평성을 위한 자료로 구성된다(Leverson et al., 2019). 레버슨과 동료들은 행동이 학습되며, 상황에 따라 다르다고 명시했다(Leverson et al., 2019). 그들은 또한 공유된 신념과 행동이 목적을 전달한다는 점에 주목했는데, 이는 문화나 맥락을 벗어난 사람들이 이해하기 어려울 수 있다. 또한 문화적 반영성은 교사가 모든 학생에게 높은 기대를 하고, 학생의 문화와 경험을 활용하여 학습을 향상하고, 모든 학생에게 효과적인 교수에 대한 접근과 학습에 적절한 자원을 제공할 것을 요구한다(Klingner et al., 2005).

문화 반영적인 학급을 만드는 방법

1. 학생의 자산 찾기
   - 학생의 강점, 관심사, 지식 자원, 문화, 문화적 가치와 언어는 무엇인가?

2. 지지적 학급 환경 구축하기
   - 진정성 있고 배려심 있는 관계 발전시키기
   - 환영하는 학급 설계하기

3. 교육과정 분석하기
   - 관련성을 높이는 방법 찾기
   - 엄격성을 높이고 지원하는 방법 찾기

4. 자기 자신의 학습 유지하기
   - 자원을 조사하여 자신의 이해 심화하기(Breiseth et al., 2020)

<표 11.1> 긍정적 행동 중재 및 지원(PBIS)으로 나타나는 문화적 반영성

요소	설명
정체성	우리 각각의 정체성은 복잡하다. 우리는 인종, 능력, 성별, 언어, 결혼 상태, 종교, 사회경제적 맥락, 지리적 위치로 우리가 누구인지를 그려간다. 그것들은 함께 자아정체감과 역사에 대한 감각을 제공하고, 우리가 사회에서 어떻게 상호작용하는지에 영향을 미친다. 실무자들은 자신의 다면적인 정체성을 탐구할 필요가 있을 뿐만 아니라 상대방에 대한 깊은 이해를 발달시켜야 한다. 하루에 45분 또는 50분 동안 학생을 보는 것은 우리가 서로에게 어떤 사람인지에 대한 표면적인 이해만 가능하다. 어떤 경험도 보편적이지 않다.
목소리	**중요성 인지하기**Intellectual mattering(Schwartz, 2019)는 너와 나의 존재와 참여가 환경에서 일어나는 일을 형성한다는 것을 나타내는 용어이다. Walker(2020)는 이를 모든 사람이 타인에 대한 관심을 공유하는 역동적 상호성, 즉 우리가 기꺼이 다른 사람에게 영향을 받을 용의가 있다는 개념으로 설명했다. 문화적 반영성의 맥락에서, 목소리는 교사와 관리자가 역사적으로 잘 드러나지 않았던 사람들의 이야기를 들을 기회를 찾을 것을 제안한다.

지지적 환경	지지적 환경은 지역사회가 분절적으로 전달하는 시스템보다는 유창성과 전문성을 반드시 개발해야 한다는 기대를 의미한다. 지지적 환경의 직원들은 서로가 책임을 공유하고, 학습 공동체의 모든 구성원을 가치 있게 느낀다. 다양성을 환영하기 때문에 학생들은 학급에서 그들 자신을 보게 될 것이다.
상황 적절성	PBIS 문화적 반영성 현장 지침BIS Cultural Responsiveness Field Guide(Leverson et al., 2016)은 **상황적 적절성**을 주어진 환경에서 어떤 유형의 행동이 긍정적 성과를 보장할 것인지 결정하고, 그러한 기술을 유창하게 수행할 수 있는 능력으로 정의한다. 또한 상황과 맥락이 변하므로, 한 환경에서의 행동은 수용 가능한 것으로 인식될 수 있지만, 다른 환경에서는 행동에 대한 인식이나 기대가 변화한다. 이를 코드 전환이라고 하며, 개인은 상황에 따라 행동 기대가 어떻게, 언제, 왜 변화하는지를 학습해야 한다.
형평성 자료	**형평성을 위한 자료**는 두 가지 측면, 즉 학생 성과 및 증거 기반 실제의 실행 충실성을 의미한다. 증거 기반 실제의 실행은 직접적으로 교사와 지도자의 영향력 범위에 있다. "저 아이들…"로 시작하는 의견과 같은 과잉일반화에 의존하는 진술에 따르기보다는, 자료를 의미 있는 방식으로 세분화하고 검토한다. 예를 들어, **PBIS 문화적 반영성 현장 지침**(Leverson et al., 2016)은 판별된 집단의 위험과 대다수가 속한 집단의 위험을 비교할 것을 강조했다.

1) 테크놀로지와 적응적 변화

PBIS의 맥락에서 문화적 반영성은 학습 환경의 변화를 실행하는 데 전념하는 사람들이 필요한 변화의 종류에 민감해야 한다는 것을 시사한다. PBIS 프레임워크 내에서 고려해야 할 변화는 테크놀로지의 변화와 적응적 변화 두 가지 유형이다. 하이페츠Heifetz와 동료들(2009)은 테크놀로지의 변화는 학생들과 함께 사용할 새로운 전략이나 도구를 배우고 실행하는 것을 포함한다고 언급했다(Heifetz et al., 2009). 테크놀로지의 변화는 적어도 표면적으로는 더 쉽게 이루어지는 경향이 있지만, 적응적 변화를 동반하지 않으면 효과가 감소할 수 있다.

FBA는 예상치 못한 행동을 판별하고, 행동의 개선이나 제거가 필요한 학생을 지원하는 중재 과정이다. FBA는 테크놀로지 변화의 한 예로 볼 수 있다. 직원은 자료를 수집하고 학생의 특정 행동에 대한 가설을 수립하는 방법을 배울 수 있지만, 평가자의 기본적인 편견도 함께 조사하지 않았다면, 그 평가의 결과는 학생 지원에 필요한 것에 대한 잘못된 접근을 야기할 수 있다. 주어진 상황에 대한 우리의 믿음과 선입견은 우리가 자료를 해석하는 방법에 영향을 준다.

그러나 적응적 변화는 가치, 신념, 역할, 관계, 그리고 일에 대한 접근의 변화를 나타낸다. 예를 들어, 문화 반영적인 실제의 효과적인 실행은 직원들이 자신의 문화가 교수와 학생 상호작용에 대한 신념을 어떻게 형성하는지 이해하는 개인적인 여정을 탐색하는 것으로 시작할 수 있다. 이러한 종류의 탐구는 종종 직원들이 학급 및/또는 학교의 차이 또는 다양한 문화와 규범의 역동을 관리하는 방식에 변화를 초래한다(Rose et al., 2020). 적응적 변화는 학습 환경에 관련된 모든 사람의 진정한 참여가 필요하다.

교사는 문화 반영적인 PBIS 시스템을 만드는 테크놀로지와 적응적 작업을 시작할 수 있다. 레버슨과 동료들(2019)은 교사와 관리자들이 가족, 학생, 지역사회의 문화와 경험에 대해 배우고 확인하는 전략을 통해 정체성 인식을 증가시킴으로써 이 과정을 시작할 것을 권고했다. 수업 계획을 함께 검토하는 것은 교사와 관리자 집단이 정체성 인식을 높일 수 있는 한 가지 방법이다. 난다쿠마스Nandakumas와 동료들(2021)은 수업 설계자의 신념이 수업계획에 어떻게 구현되는지를 논의했다. 연구자들은 교사가 학습목적과 문화 반영적인 특정 증거기반실제를 명확하게 기록한 스크립트를 작성하여 자신의 수업에 나타내는 방식을 면밀히 검토했다. 조직에 대한 연구들은 개인의 개별적인 행동, 인지적 또는 도덕적 자질에만 초점을 맞춘다면 조직 내 문화를 이해할 수 없다는 것을 보여 주었다(Blackler & McDonald, 2000). 이는 개인중심적 교육 시스템person-centered educational system이 실행하고자 하는 테크놀로지 변화와 적응적 변화를 동시에 다루어야 한다는 것을 시사한다.

4. 기능적 행동 평가

행동적 요구가 있는 많은 학생은 1단계와 2단계의 증거 기반 지원으로 학교에서 성공하게 될 것이다. 학교의 행동적 지원 평가의 좋은 벤치마크는 약 95%의 학생이 1단계와 2단계 지원으로 성공했는지를 확인하는 것이다. 약 5%의 학생들은 학교의 가장 집중적인 지원이 필요할 것이다. 이 학생들은 FBA의 혜택을 받을 수도 있다. 학생의 행동 기능을 평가할 때 학교 팀은 사전 대비적이어야 한다. 학생이 위기에 처할 때까지 기다리는 팀은 행동이 위험한 수준으로 확대되면 선택이 더 줄어든다.

FBA는 학생들이 모든 환경에서 다양한 행동에 참여하는 이유와 이러한 행동이 발생하는 환경에서 어떻게 정기적으로 강화되는지를 교직원들이 이해하도록 돕는 연구기반의 접근 방식이다. IDEA에서는 FBA를 PBIS의 구성요소로 의무화하였다. FBA는 행동 지원 계획에서 중재를 효과적으로 실행할 수 있도록 학교 환경 전반에 걸쳐 목표로 하는 도전적 행동의 기능을 확인하는 데 도움이 된다. FBA의 배경이 되는 학습 원칙은 학생이 보여 주는 모든 행동이 1) 개인에게 바람직한 것에 대한 접근을 제공하거나(정적 강화) 불쾌한 것을 피하거나 피할 수 있도록 허용하는 것이다(부적 강화). 학생은 교사가 방해를 줄이기 위해 빠르게 공학기기를 제시한다는 것(즉, 원하지 않는 행동의 정적 강화)을 학습했기 때문에 수업을 방해할 수 있다. 반대로, 학생들은 학업 과제가 어렵다고 생각할 수 있고, 교사에게 욕을 할 것이며, 그들은 교사가 자신을 학급 밖으로 내보내리라는 것을 알고 있다(즉, 바람직하지 않은 행동에 대한 부적 강화). 많은 탈출/회피 행동은 학업적 요구를 다루어줌으로써 감소시키거나 제거할 수 있다. 시더 센터 CEEDAR Center는 탈출/회피 행동에 적용 가능한 중재 전략을 제공하는 우수한 자원을 만들었다(https://ceedar.education.ufl.edu/wp-content/uploads/2014/09/Handout-16-Function-Based-Intervention-Strategies.pdf).

　학생의 행동이 점점 문제가 되고 학생이 1단계/2단계 중재에 반응을 보이지 않는 경우, 학생이나 학교 팀원(가족 포함)이 평가 과정 내에 FBA를 요청할 수 있다. FBA를 진행하려면 부모/보호자의 동의를 얻어야 한다. FBA 과정은 학생들의 강점, 요구, 행동 영역에 따라 개별화되어야 한다.

　일단 팀에서 학생이 FBA의 도움을 받는 것으로 동의하면, 관심 있는 행동을 조작적으로 정의해야 한다. 이것은 행동을 명확하고 관찰 가능하며 측정 가능한 방식으로 설명한다는 의미이다. 명확한 정의를 통해 팀은 더 신뢰할 수 있는 자료를 수집할 수 있다. 팀은 **몹시 화가 난, 반항적인, 나쁜 태도, 게으른, 통제할 수 없는, 무관심한**과 같이 주관적이거나 모호한 용어를 피해야 한다. 경험에 비추어 보면, 그 정의를 '팀원 외의 사람'이 보고 알 수 있다면 잘 작성한 것이다. 이는 어떤 학교 전문가라도 누구나 팀의 정의와 우려하는 행동을 이해하고 그에 대한 자료를 수집할 수 있다는 것을 의미한다.

✋ **멈추고 생각하기!**

6학년 영어 교사인 로빈스 선생님은 다니엘의 수업을 맡고 있다. 로빈스 선생님은 교사 회의에서 자신은 긍정적 행동 중재와 지원(PBIS)을 믿지 않으며 옳은 일을 하도록 아이들에게 보상하는 것을 이해하지 못하겠다고 자랑스럽게 말했다. 로빈스 선생님의 다른 핵심 팀은 높은 충실도로 PBIS를 실행했다. 로빈스 선생님은 학교에서 교무실로 타임아웃을 가장 많이 보냈다. 다니엘은 로빈스 선생님의 수업에서 도전적 행동을 보이기 시작했지만, 다른 수업에서는 없었다. 로빈스 선생님이 특수교사(**중재 전문가**라고도 함)인 당신을 찾아와 "행동계획 중 하나를 다니엘이 내 수업에서 나가도록 써줄 것"을 요구한다.

• 당신은 PBIS 프레임워크 내에서 로빈스 선생님의 요구를 어떻게 다룰 것인가?

학생이 여러 가지 우려 행동을 하면 어떻게 되는가? 어떤 행동을 먼저 다룰지 우선순위를

정하는 것은 팀에 달려 있다. 우선시해야 할 행동은 학생이나 타인에게 위험하거나 높은 강도나 빈도로 발생하는 행동이다. 또한 핵심 행동을 찾아야 하는데, 도움이 되는 질문은 다음과 같다. 1) 행동이 얼마나 자주 발생하는가? 2) 행동이 학습에 방해가 되는가? 3) 행동이 다른 사람들을 위험하게 하는가? 4) 한 행동이 먼저 다루어지면, 다른 관심 행동과 함께 더 나은 성과로 이어질 것인가?

팀이 관심 행동에 초점을 맞추고 조작적 정의를 한 후에는 자료를 수집하는데, 직접·간접 방법을 통해 할 수 있다. 간접적 방법으로는 면접, 체크리스트, 설문지, 기록 검토 등이 있다. 면접, 체크리스트, 설문지는 가능하면 학부모, 일반교사, 준전문가, 학생 등 주요 관계자와 공유해야 한다. 기록 검토 과정은 과거 학교의 성공과 지원 요구에 대한 통찰을 줄 수 있다. 간접적 측정은 항상 직접 관찰 측정과 함께 사용해야 한다. 연구에 따르면 간접 측정은 종종 매우 주관적이거나 부정확할 수 있다.

직접 관찰 자료를 수집하는 가장 일반적인 방법은 선행사건, 행동 및 후속결과 자료(ABC 방법)를 기록하는 것이다. 일화 기록과 체크리스트 형식을 사용할 수 있다. ABC 방법은 행동이 발생하기 직전에 일어난 일(선행사건)과 행동이 발생한 직후에 일어난 일(후속결과)을 관찰자가 기록하게 한다. 그런 다음 팀은 이 자료를 분석하여 학생의 행동 패턴을 찾을 수 있다. 행동을 유발하는 사건이 있는가? 팀이 도전적 행동에 반응하는 방식에 일관성이 있는가? 그런 다음 팀은 학생 행동의 기능 또는 목적에 대한 가설을 작성할 수 있다. 진전도 점검을 위해 수집해야 하는 다른 자료는 빈도(발생 횟수), 비율(지정된 시간 동안 행동이 발생하는 빈도), 지속 시간(행동이 지속되는 시간), 지연 시간(학생이 무언가를 시작하는 데 걸리는 시간), 순간 시간 표집(해당 행동이 일정 간격으로 발생하거나 발생하지 않는 경우)이 있다. 이러한 자료 수집 도구는 팀에게 향후 발생할 가능성이 큰 패턴과 맥락을 판별하는 데 필요한 자료를 제공한다.

1) 자료 양식 예시

FBA의 초기 단계는 우려하는 행동과 그 행동이 발생하는 상황을 정확히 파악하도록 설계되었다. 이 행동은 개인과 관련된 다른 사람들에게 중요하고 의미 있는 것으로 간주될 것이다. 일단 이러한 행동 초점이 설정되면, 교사는 행동이 발생하기 직전에 일어난 일, 행동에 대한 설명, 행동의 모든 결과에 대한 설명과 같은 다양한 측면의 자료를 수집한다. 이러한 자료는 거의 항상 검사로 도움을 받는 환경에서의 사건과 발생을 암시할 수 있다. 때때로 교사들은 새로운 학업적 내용을 제시하거나 학생이 최근에 배운 새로운 기술을 독립적으로 수행하도록 요청할 때 발생한다는 것을 알게 될 것이다. 행동 경로의 끝인 후속결과에서 교사는 우려하는 행동이 긍정적이든 부정적이든 어떤 방식으로든 지속해서 강화되고 있다는 것을 알아차릴 수 있다. ABC 차트([그림 11.2] 참조)는 이러한 행동 경로를 포착하기 위해 설계된 양식이다. 교사와 교직원에게 유용할 다른 자료 수집 도구로는 체크 방식 자료([그림 11.3] 참조), 빈도 자료([그림 11.4] 참조), 지속 시간 자료([그림 11.5] 참조) 및 간격 자료([그림 11.6] 참조)가 있다.

FBA 양식은 주마다, 학군마다 다르지만, 유사한 정보를 담고 있다.

- 행동 유발 요소
- 배경사건 또는 행동 발생 가능성이 있는 장소
- 행동 발생 빈도 또는 지속 시간
- 행동 발생 가능성이 가장 낮은 장소
- 행동 발생 가능성이 가장 높은/낮은 사람
- 행동에 대한 성인의 반응
- 행동 성과 또는 후속결과
- 행동 기능에 관한 가설
- 기타 관련 정보

최종적으로, 팀은 행동 경로를 확립할 것이다. 행동 경로는 주어진 유발 사건과 같은 행동에 대한 명확하고 측정 가능한 설명, 행동의 결과, 행동이 개인을 위해 어떻게 기능하는지에 대한 팀의 가설과 같은 행동의 많은 측면을 보여 주는 그림이다. 일단 이 경로를 확보하면, 팀은 학생을 지원하고 학습 환경에서 관련된 변화를 만드는 방법을 개발할 준비가 된 것이다. 이를 위해 종종 개인과 관련된 모든 사람의 전문성 개발이 필요하다.

날짜/시간	환경/교사	선행사건 (행동 전에 일어난 것)	행동 (명확하고 관찰 가능한 행동의 정의)	후속결과 (행동 후에 일어난 것)
의견(해설, 설명)				
의견(해설, 설명)				

[그림 11.2] ABC 자료 차트 양식

2) 행동중재계획

직원, 교사, 사례 관리자와 가족을 포함하는 팀이 FBA를 완료하면, 행동중재계획(BIP)을 개발할 준비가 된 것이다. FBA는 행동이 개인에게 어떻게 작용하는지에 대한 작업가설을 명확하게 보여 줄 것이다. 또한 다양한 상황과 사건이 개인의 행동 기능에 어떤 역할을 하는지 설명할 것이다. 이 정보를 가진 팀은 학생의 행동 변화를 지원하고 학습 맥락 변화를 위해 노력하는 교사를 안내할 목표를 가진 행동중재계획(BIP)을 개발할 준비가 된 것이다.

　행동중재계획(BIP)은 도전적 행동을 줄이고 학생에게 사회적으로 수용 가능한 대체행동을 가르치는 데 도움이 되도록 팀이 개발한다. 이러한 대체행동의 목표는 새로운 행동이 도전적 행동과 동일한 기능을 수행하는 것이다. 이 접근법은 학업적 성공을 돕는 다른 행동 경로를 개발하도록 돕는다. 대체행동은 관찰 가능하고, 측정 가능하며 가르칠 수 있어야 한다. 책을 바닥에 던지는 행동의 대체행동으로는 휴식을 요청하거나, 손을 들거나, 음성 생성 장치를 사용하는 것을 포함할 수 있다. 학생의 행동 기능과 관련된 연구 및 증거 기반 중재를 선택해야 한다. [그림 11.7]은 이 과정에서 지원할 수 있는 여러 자원을 제공한다. 행동중재계획(BIP)은 선행 사건 전략, 행동 교수 전략 및 강화 전략을 명확하게 설명해야 한다.

날짜/시간	선행사건 (행동 전에 일어난 것)	행동 (명확하고 관찰가능한 행동의 정의)	후속결과 (행동 후에 일어난 것)	기능 가설
	• 과제 지시 • 주의/관심 감소 • 물건/활동 제한 • 전이 • 기타 ＿＿＿	• 과제 거부 • 자리 이탈 • 욕설하기 • 또래 때리기 • 교사(스탭) 때리기 • 달아나기 • 발로 차기 • 기타 ＿＿＿	• 재지시 • 촉진 • 무시 • 물건 제거 • 기타 ＿＿＿	• 주의/관심 • 획득 • 회피 • 감각
	• 과제 지시 • 주의/관심 감소 • 물건/활동 제한 • 전이 • 기타 ＿＿＿	• 과제 거부 • 자리 이탈 • 욕설하기 • 또래 때리기 • 교사(스탭) 때리기 • 달아나기 • 발로 차기 • 기타 ＿＿＿	• 재지시 • 촉진 • 무시 • 물건 제거 • 기타 ＿＿＿	• 주의/관심 • 획득 • 회피 • 감각

[그림 11.3] 체크 방식 자료

　행동중재계획(BIP) 요건은 주 및 학군마다 다르지만, 일반적으로 다음의 동일한 정보를 담고 있다. 1) 강점 중심 프로필, 2) FBA에서 수집한 우려 행동 및 기준 자료, 3) 학교 팀이 시행할 중재, 4) 수집할 자료, 5) 중재의 실행 및 자료 수집 담당자, 6) 팀과 진전도 점검 자료 공유 시기, 7) 명확하고 측정 가능한 목표 진술. 이 목표 진술은 학생의 행동 IEP 목표를 지원해야 한다.

　IEP 팀은 학생에 대해 학교 규율 정책을 수정할 필요가 있는지, 그리고 후속결과가 학교 규율 정책에 기록된 결과와 다를 필요가 있는지를 확인한다. 팀은 항상 자료를 활용하여 선택한 후속결과가 학생의 행동을 변화시키는지 확인해야 한다.

학생:				
목표 행동:				
날짜	시작 시간	종료 시간	발생 기록	총계

[그림 11.4] 빈도 자료

학생:			
목표 행동:			
날짜	시작 시간	종료 시간	전체 시간

[그림 11.5] 지속 기간 자료

3) 시기

IDEA는 FBA와 행동중재계획(BIP)을 작성하는 특정한 시기를 다루지 않는다. 이는 일반적으로 개별 주의 규정으로 다루고 있다. 주 규정은 FBA를 요청하면 과정을 시작하기까지 30일에서 90일까지 다양하다. 일반적인 최선의 실제[best practice]로서 FBA와 행동중재계획(BIP)은 IEP에 명시된 대로 진전도 점검을 수행하면서 매년 검토해야 한다.

멈추고 생각하기!

자신이 직접 작성한 것이든 동료나 멘토 교사가 작성한 것이든 행동중재계획을 참조한다. 계획을 간단하게 분석하기 위해 다음 체크리스트를 참고할 것을 고려하라.

1. 초점 및 기능
- 행동이 발생할 때 누구나 이해할 수 있는 구체적인 말로 도전적 행동을 정의하거나 설명한다.
- 도전적 행동은 최소한 세 가지 자료의 요약이다. 자료 수집에는 ABC 관찰, 사건 기록, 기록 검토 및 개인 면담을 포함할 수 있다. 그렇지 않은 경우, 더 필요한 정보의 우선순위를 정하고, 즉시 얻을 수 있도록 팀원들에게 배정한다.
- 자료에 기반하여, 도전적 행동의 결론과 기능 또는 목적 진술을 위한 가설을 작성한다.

2. 교수적 · 예방적
- 행동이 발생하지 않도록 환경의 측면들을 변경하는 구체적 선행사건 절차를 상세히 설명한다.
- 현재 교육과정 설계, 과정 및/또는 전달에서의 변경 사항을 구체적으로 설명한다. 이러한 변경은 개인의 현재 기술과 환경의 요구 간 일치를 개선하기 위한 것이다.
- 필요한 경우, 위기관리 절차를 명시적으로 제시하며, 계획의 각 단계를 수행할 성인을 포함한다.

3. 긍정적 · 동등한
- 적어도 하나의 대체 또는 대안행동(즉, 학생에게 유용하고 기능적으로 동등한 사회적 기술 또는 행동)을 제시한다. 새로운 행동은 도전적 행동을 비효과적이고/또는 비효율적으로 만들어야 한다.
- 대체행동 교수 방법에 대한 지침을 포함한 교육 계획 및 기타 사회적 기술 교수를 작성한다.
- 기대하는 행동을 증가시키기 위해 설계한 명확한 정적 강화 절차 설명이 있다. 이 부분에 기대하는 행동의 진전 상황을 확인하기 위한 강화 일정과 추수 검토 날짜도 작성한다.

4. 장기적 · 포괄적
- 이 계획은 수년간의 목표, 성과와 단기적 행동 성과를 고려한다.
- 지원 계획은 개인에게 관대함, 책임감, 상호작용의 숙달을 보여 주고 학교, 직장, 지역사회에서 성인 및 동료들과 함께 일할 기회를 제공한다.
- 진행 중인 자료 수집 과정을 설명하고, 개선사항 확인을 위해 자료를 수집하고 검토하는 시기를 포함한다. 이러한 결과를 바탕으로 지원 계획을 조정한다.

다음 질문에 답하시오.
- 이 문서의 강점은 무엇인가?
- 문서를 개선하기 위한 수정이 필요한가? (Kroeger & Phillips, 2007)

5. 질적인 행동 IEP 목표 작성

IEP에서 다루는 행동 목표는 학생의 FBA 및 행동중재계획(BIP)과 직접적으로 일치해야 한다. 행동 목표는 종종 행동중재계획(BIP) 목표 진술에서 직접 작성하는 것이 가장 합리적이다. IEP 목표는 변화에 적응하고 학생의 학업적 성공에 기여할 관찰 가능한 대체 행동을 목표로 해야 한다([그림 11.8] 참조). 학습 환경에 필요한 변화를 지원하기 위해 팀원들의 전문성 개발이 자주 수반되더라도 목표는 교사의 행동이 아닌 학생의 행동에 초점을 맞춰야 한다는 점에 유의해야 한다. 마르크스와 밀러(2020)에 따르면, 양질의 행동 IEP 목표는 다음과 같은 구성요소를 포함해야 한다. 1) 기간, 2) 평가 조건, 3) 목표 행동, 4) 필요한 지원, 5) 숙달 수준/기준, 6) 측정(〈표 11.2〉 참조). IEP는 항상 학군의 규정을 우선 준수해야 한다 (Marx & Miller, 2020).

연간 IEP 목표는 학생이 대체 기술의 90~100% 사용할 것을 목표로 해야 한다. 그렇기는 하지만, 목표는 현실적이어야 한다. 또래 학생들이 목표를 100% 정확하게 수행할 수 없다면, 대상 학생에게 이 목표를 기대하는 것은 불공평하다. 그러나 벤치마크는 더 낮은 임계값으로 설정할 수 있다. 벤치마크의 결정은 학생의 기준 자료^{baseline data}에서 나와야 한다. 만약 학생의 기준선에서 대체 및 대처 행동의 레퍼토리가 매우 낮다면, 집중적 중재 없이 학생이 그러한 행동들을 100% 사용할 것으로 기대하는 것은 불합리하다. IEP 연도에 걸쳐 학생이 성공할 수 있도록 중재를 비계 설정해야 한다.

6. 행동 진전 점검

팀이 어떤 행동 지원이 필요한지에 대한 자료 기반 의사결정을 내릴 수 있도록 지속적이고 체계적이며 빈번한 방식으로 행동자료를 수집하는 것이 중요하다. 팀은 다음과 같은 질문을 다루어야 한다.

- 얼마나 자주 자료를 수집하는가?
- 어떤 맥락에서 자료를 수집하는가?
- 누가 자료를 수집하는가?
- 팀이 분석하기 위해 자료를 어디에 입력할 것인가?

학교 팀은 행동중재계획(BIP)과 IEP 행동 목표를 기반으로 평가 방법을 선택해야 한다. 학교 팀이 행동중재계획(BIP)에 작성한 중재의 충실도를 유지하는 것이 중요하다. 중재를 일관되지 않게 사용하거나 너무 짧은 시간 동안 사용하면, 수집한 자료는 의미가 없고 학생의 행동 변화로 이어지지 않는다.

학생:		
목표 행동:		
간격 시간:		
간격 수	행동 발생	비교 또래
	Y N	Y N
	Y N	Y N
	Y N	Y N
	Y N	Y N
	Y N	Y N
	Y N	Y N

[그림 11.6] 간격 자료 양식

1) 직접적인 체계적 관찰

직접적인 체계적 관찰 자료 수집에서 학교 직원은 사람이나 환경을 관찰하고 대체 및/또는 목표 행동을 체계적으로 기록한다. 행동은 비율, 빈도, 지속 시간, 지연 시간 및 강도의 관점에서 측정한다. 이를 통해 수집한 자료는 목표한 행동 목표와 밀접하게 일치시킬 수 있다. 또 다른 장점은 학교 직원을 위한 자료 수집 양식과 교육을 제공하는 많은 자원이 있다는 것이다([그림 11.9] 참조).

행동 중재를 위한 학생 진전 점검(DBI 전문 학습 시리즈 모듈 3): http://intensiveinterventionorg/ resource/monitori ng-student-progress-behavioral-interventions=dbi-training-series- module-3

행동의 정의, 측정 및 점검(집중적 중재를 위한 행동 지원: 모듈 6): http://intensiveintervention. org/defining-measuring -and-monitoring-behaviors-behavior-course

자료 기반 의사결정(행동의 집중적 중재: 모듈 7): http;//intensiveintervention.org/behavior- data-based-decision-making-behavior-co urse

Marx, T. A., & Miller, F. G. (2020). Strategies for setting data-driven behavioral individualized education program goals. U.S. Department of Education, Office of Special Education Programs, National Center on Intensive Intervention.

기능적 행동 평가: 문제 행동의 이유 판별 및 행동 계획 수립: http://iris.peabody.vanderbilt.edu/ module/fba

기술적 행동과 규정을 준수하지 않는 행동(2부): 행동 중재[Behavioral Interventions]: http://iris.peabody. vanderbilt.edu/module/bi2

학급 행동 관리(2부, 초등): 행동 관리 계획 수립: http://iris.peabpdy.vanderbilt.edu/module/ beh2/#content

---

[그림 11.7] 질적인 기능적 행동 평가(FBA) 및 행동중재계획(BIP) 개발 관련 자원

2) 직접적 행동 평가

비록 체계적인 직접 관찰이 자료 수집의 최고의 방식으로 여겨지지만, 학교가 항상 이 수준의 자료 수집을 유지할 수 있는 자원을 가지고 있는 것은 아니다. 또 다른 선택은 직접 행동평가[direct behaiour rating](DBR)인데, 이는 더 일반적인 결과를 목표로 하면서 다양한 목표 행동에 초점을 맞춘 평가방법이다. DBR은 방어적이고, 유연하며 반복 가능하고, 효율적이어야 한다(Christ et al., 2009). 평가는 교사, 준전문가, 치료사 등 학교 교직원이 수행한다. 학교는 종종 이 도구를 일일 행동 통지표[daily behavior report card]나 점수표라고 부른다. 이 접근법의 장점은 교사의 지속적인 기록이나 주의가 필요하지 않다는 것이다. 팀은 학생의 요구를 반영하는 간격(예: 매 시간, 하루에 두 번, 일과 종료 시)으로 학생의 행동을 점검하도록 선택할 수 있다.

DBR의 예로는 학생이 오전 중, 점심, 그리고 일과 종료 시 교사에게 자신의 행동표를 작성하는 것이다. 학생이 연습하고 있는 목표 행동은 불쑥불쑥 말하는 대신 손을 드는 것이다. 교사는 수업 중 손을 드는 것과 같이 합의된 기준에 따라 학생에게 점수를 준다. 학생은 일과나 일주일을 마칠 때 강화 활동이나 아이템을 얻고자 연습하고 있어, 목표 점수를 얻게 된다. 교사는 학생의 목표에 대한 진전 점검을 위한 자료의 형태로 점수를 활용한다. 이 절차의 추가적인 이점은 학생이 자기 평가와 목표 설정을 위한 노력을 지지한다는 것이다.

_____은/는 학급 과제를 주면, IEP 연도 말까지 3일 연속으로, 교사의 관찰과 행동 평가 차트로 측정한 4개의 개별 과제 중 3개에서 30초 이내에 과제를 시작하고, 최소 8분 동안 독립적으로 과제를 수행한다.

_____은/는 좌절했을 때, 시각 자료와 휴식 카드에 접근 기회를 주면, IEP 연도 말까지 3일 연속으로, 교사의 관찰과 일화 기록으로 측정한 3번의 수업 기회 중 3번 침착함을 유지하고, 휴식 카드에 접근할 수 있다.

_____은/는 대처 전략 메뉴(예: 심호흡, 깊은 압력, 물 마시기)를 주면, IEP 연도 말까지 모든 학교 환경에 걸쳐 기록한 5일 동안, 교사의 관찰과 학생의 행동에 대한 행동 자기 평가 차트로 측정한 4번의 기회 중 4번 스트레스 상황을 처리하기 위한 대처 전략(예: 과제 요구, 일정 변경)에 접근할 수 있다.

_____은/는 모든 학교 환경에서 IEP 연도 말까지 모든 학교 환경에 걸쳐 기록한 5일 동안, 교사의 관찰과 행동 평가 차트로 측정한 4번의 기회 중 4번 소집단 환경(예: 자료 공유, 또래와 의사소통, 교대로 하기)에서 동료와 협력적으로 일할 것이다.

_____은/는 그림 일정표를 주면, IEP 연도 말까지 기록한 5일 동안 교사의 관찰 및 행동 평가 차트로 측정한 8번의 기회 중 8번 교실 환경에서 한 활동에서 다른 활동으로 독립적으로 전환한다.

[그림 11.8] 행동 목표 예시

IEP를 위한 자료 수집은 관찰 가능한 대체행동(예: 휴식 요청, 손 들기, 도움 요청)에 초점을 맞춰야 하지만 프로그램의 변화가 필요한지 점검하기 위해 학생의 우려 행동(예: 때리기, 불쑥 말하기, 욕설)에 대한 자료를 동시에 수집하는 것이 적절하다.

3) 시각적 자료 제시

자료를 시각적으로 표현함으로써, 학교 팀은 작성한 목표를 조명하는 데 도움이 되는 방식으로 학생들의 진전을 설명할 수 있다. 자료는 그래프, 차트나 체크리스트로 시각적으로 나타낼 수 있다. 시각적 자료를 통해 학교 팀은 학생이 목표를 향해 진전하고 중재에 반응하는지를 판단할 수 있다. 종종 중재 전문가들이 다양한 사용자를 위해 시각적 자료를 준비한다. 교사와 학급 인력은 과정을 추적하기 위해, 학생은 자기 조절과 자기 평가 기술을 지원하기 위해 팀은 현재 과정을 평가하고 향후 지원계획을 수립하는 데 시각적 자료를 사용한다. IEP 팀은 이러한 자료를 사용하여 현재 기능적 수행 수준을 보고할 수 있다.

<표 11.2> 행동 목표 작성 지침

요소	정의	예시
B＝행동	대체행동은 관찰 가능하고 측정 가능한 용어로 명시한다. 행동은 객관적이고 관찰할 수 있는 가장 최근의 기능적 행동 평가에 근거하여 선택한다.	학생은 교수 중단을 요청하기 위해 휴식 카드를 얻을 것이다. 학생은 손들기 행동이 증가할 것이다. 학생이 도움을 요청할 것이다.
E＝평가	목표를 평가하는 평가 방법과 기준을 포함한다. • 빈도 세기 • 지속 시간 측정 • 지연 시간 측정 • 강도 측정 • 직접 행동 평가(Direct Behavior ratings) 숙달을 보여 주기 위해 충족해야 할 기준은 무엇인가?	20분 순간적 시간 표집 관측치 사용 직접 관찰을 통한 주간 빈도 보고서로 측정 10회 중 9회의 기회에서 45%부터 90%의 정확도
S＝구체성	정확한 정보(누가, 무엇을, 언제, 어디서)를 제공한다. 필요한 촉진 또는 지원은 무엇인가? 어디에서 일어나는가? 무슨 상황인가?	시각적 일정표를 주면… 독립적으로… 말로 상기시켜 주면… 일반학급에서… 쉬는 시간에… 소집단 읽기 교수 동안…
T＝시기	기대하는 행동을 달성하는 날짜 숙달되는 건 언제인가?	2023년 5월까지 1학기가 종료 시

IRIS 행동 모듈(총 11개 모듈)

http://iris.peabody.vanderbilt.edu/resources/iris-resource-locator

증거 기반 실제(3부): 학습자 성과 및 충실도 평가

http://iris.peabody.vanderbilt.edu/module/ebp_03/#content

중재 센트럴: 직접 행동 평가

http://intensiveinterventioncentral.org/direct-behavior-ratings

직접 행동 평가 개관

http://intensiveintervention.org/resource/direct-behavior-rating-overview

중재 강화 지원 행동전략

http://intensiveintervention.org/intervention-resources/behavior-strategies-support-
intensifying-interventions

Briesch, A. M., Riley-Tillman, T. C., & Chafouleas, S.M. (2016). Direct behavior rating: Linking
assessment, communication, and intervention. Guilford Press.

[그림 11.9] 직접 관찰 자원

과제 시나리오

토마스Thomas는 레지스 초등학교Regis Elementary School의 새로운 중재 전문가이다. 그는 새로운 직책에 대해
신이 났고, 행동적 요구를 가진 학생들과 일하는 높은 전문성을 갖고 있다. 이전 학교에서는 주로 FBA와
행동중재계획(BIP) 과정을 지원하는 일을 맡았다. 그는 항상 자신의 IEP 목표가 행동중재계획(BIP)의 목표
와 직접적으로 일치하게 했다. 레지스 초등학교에서는 학교 심리학자가 FBA와 행동중재계획(BIP)을 지원
하는 일을 주로 담당한다. 토마스는 새로운 학생 중 한 명인 리앤LeeAnn의 FBA, 행동중재계획(BIP)을 읽으면
서, 잘 작성되었고 행동중재계획(BIP)의 중재가 행동의 기능에 맞춰져 있다는 것을 주목했다. 그러나 리앤
의 IEP를 읽으면서는 행동중재계획(BIP)과 관련된 행동 목표가 없다는 것을 알게 되었다. 그는 작년 리앤
의 중재 전문가(특수교사)인 프랑켈Frankel을 만나 전환에 대해 논의하게 되어 기뻤다. 이어진 대화는 다음과
같다.

토마스: 안녕하세요, 프랑켈 씨. 오늘 시간을 내어 만나주셔서 감사합니다. 저는 학생
들과 함께 시작하게 되어 설레네요. 좋은 집단인 것 같아요.

프랑켈: 네, 와주셔서 기쁩니다. 그중 한 명은 손이 정말 많이 갈 거예요. 리앤이 작년
에 저를 정말 많이 달리게 했어요.

토마스: 리앤 이야기를 해 주셔서 반갑네요. 제가 리앤의 서류를 읽고 있었는데, 선생

님께 질문하고 싶은 것이 몇 가지 있었어요. 리앤의 FBA와 행동중재계획(BIP) 이 정말 훌륭하다고 생각했어요. 그런데, IEP에는 그것과 관련된 목표가 없었 어요.

프랑켈: 글쎄요. 저는 꽤 옛날 방식으로 일해요. 저는 그런 종류의 행동을 측정할 방법 이 없다고 생각해요.

토마스: 네, 행동을 측정하는 건 까다로울 수 있죠. 선생님께서 관심이 있으시다면 제 가 선생님과 공유할 수 있는 몇 가지 아이디어가 있어요.

프랑켈: 물론이죠. 학교 심리학자가 행동중재계획(BIP)을 작성했어요. 일주일 동안 시 도해 보았지만, 분명히 효과가 없었기 때문에, 저는 저만의 방법을 사용했어 요. 리앤이 도전 행동을 시작할 때 그냥 복도에서 타임아웃을 시키는 게 더 쉽 거든요. 그럼 계속 수업을 할 수 있어요. 가끔 리앤은 문에 들어서자마자 욕을 하기 시작해요. 제가 리앤을 복도에 다시 앉혔더니 아주 행복해 했어요.

토마스: 프랑켈 선생님, 시간 내주셔서 감사합니다. 리앤을 위한 몇 가지 아이디어가 있어요. 올해 리앤과 함께 할 것이 기대되네요.

프랑켈: 행운을 빌어요.

시나리오 성찰

과제 시나리오를 기반으로 다음 질문에 대한 첫 생각을 기록하고, 토론하시오.

- IEP에 행동 목표가 없다는 것은 위험 신호인가? 왜 그런가? 혹은 왜 그렇지 않은가?
- "글쎄요. 저는 꽤 옛날 방식으로 일해요. 저는 그런 종류의 행동을 측정할 방법이 없다고 생각해요."라는 프랑켈 선생님의 말에 어떻게 대답하겠는가? 자료를 측정하는 방법은 무엇인가?
- 프랑켈 선생님은 일주일 동안 행동중재계획(BIP)을 시도했다고 말했다. 이것에 무슨 문제가 있나요? 만약 행동중재계획(BIP)이 실행하기 어려웠다면, 그는 무엇을 해야 했는가?
- 프랑켈 선생님의 방법이 행동의 기능을 고려한 것으로 보이는가?

7. 요약

이 장은 IEP 과정 내에서 행동 요구를 가진 학생들을 지원하기 위한 최선의 실제와 자원에 초점을 맞췄다. 학교 환경에서 도전적 행동을 해석하는 것은 어려울 수 있다. 팀이 행동을 해석하기 위해서는 개인의 특정 행동, 그 행동이 발생하는 환경, 그 행동을 지속시키는 선행사건과 강화하는 후속결과를 포함한 다양한 요인들을 검토해야 하기 때문이다. 문화 반영적인 관점과 함께 행동중재계획(PBIS)의 프레임워크를 사용하면 모든 학교 팀이 행동적 요구를 가진 학생들을 성공적으로 지원하는 데 필요한 풍토를 수립하고, 기술을 구축할 수 있다. 법적으로 요구되는 FBA와 행동중재계획(BIP)을 사용하면, 팀이 의미 있는 IEP 목표를 개발하고 도전적 행동을 하는 학생을 위한 효과적인 지원을 실행하는 데 도움이 될 것이다. 행동 요구를 가진 학생을 효율적으로 지원하는 팀은 자료와 연구 기반 중재를 통해 행동을 변화시키고, 그 과정에서 학교 직원을 지원한다. 행동중재계획(BIP) 프레임워크, 충실한 FBA, 양질의 행동중재계획(BIP), 전문적으로 작성된 IEP 목표와 효과적인 진전도 점검 시스템을 통합하면 행동 요구를 가진 학생들이 학교 공동체와 지역사회 전반에 기여하는 구성원으로 잘 자라고 성장할 수 있다. [그림 11.10]의 목록은 IEP 회의를 준비할 때 사용할 수 있다.

IEP 회의 준비:
행동 중재

회의 이전

☐ 학생의 강점을 판별하고 학생의 행동 유발 요인을 나열한다.

☐ 행동이 발생할 가능성이 가장 높은/낮은 환경을 결정한다.

☐ 행동의 빈도와 발생 가능성이 가장 높은/낮은 사람을 결정한다.

☐ 행동의 성과나 후속결과에 대해 논의한다.

☐ 팀에 다른 사람을 추가해야 하는지 여부를 확인한다.

회의 동안

☐ 열린 소통의 분위기를 조성한다.

☐ 모든 사람이 이해할 수 있도록 구성원들이 전문용어를 사용하지 않게 격려한다.

☐ 각 구성원의 참여와 감정 수준을 점검한다.

☐ 학생의 행동 요구를 다루기 위한 목표와 단기목표를 개발한다.

☐ 구성원이 현재 수준, 목표, 단기목표 및 최소제한환경에 동의하는지 확인한다.

☐ 통역사를 사용한다면, 적절한 통역 에티켓을 사용하도록 한다(제2장 참조).

회의 이후

☐ 부모를 포함한 모든 팀원과 회의의 효과에 대해 설명한다.

☐ 학생이 자기옹호자로서 어떻게 했는지 검토하고, 개선 방법을 논의한다.

☐ 모든 참여자에게 회의 문서 사본을 발송한다.

☐ 해결되지 않은 문제에 대해 후속 조치를 취한다.

[그림 11.10] IEP 회의 준비: 행동 중재

8. IEP 체크리스트: 행동 목표

다음 체크리스트는 IEP가 행동 목표에 필요한 구성요소를 포함하고 있는지 확인하는 목록으로 사용할 수 있다.

핵심영역(IEP 영역): 행동목표	기준 충족	
	예	아니요
BG1: 관찰 가능한 기능적으로 관련된 대체행동을 포함한다.		
BG2: 평가하기 위한 평가 방법과 기준을 포함한다.		
BG3: 기대하는 행동이 발생해야 할 특정 맥락과 조건을 포함한다.		
BG4: 달성할 시기나 날짜를 포함한다.		

9. 활동

이 활동은 본 장의 내용을 더 깊이 이해하도록 돕기 위한 것이다. 본 장의 활동은 다음과 같다.

- 활동 11.1. 적응적 행동 실제
- 활동 11.2. ABC 자료 수집
- 활동 11.3. 행동중재계획 검토

활동 11.1. 적응적 행동 실제

지원 장: 제11장(행동중재계획 설계)

목적: 이 활동의 목적은 전략을 효과적으로 수행할 수 있도록 적응 요소를 판별하는 기술과 지식을 개발하도록 돕는 것이다.

지시사항: 하이페츠[Heifetz]와 로리[Laurie](1997)의 잭 프리처드[Jack Pritchard] 시나리오를 읽는다. 그러고 나서, 다음 질문에 답한다.

> 하이페츠[Heifetz]와 로리[Laurie](1997, p. 124)는 다음과 같은 시나리오를 제시했다.
>
> 살아남기 위해서, 잭 프리처드는 그의 삶을 바꿔야 했다. 심장외과 의사는 3중 우회 수술과 약물 치료가 도움이 될 수 있다고 말했지만, 어떤 기술적인 해결책도 프리처드를 평생의 습관을 바꾸는 그 자신의 책임에서 해방할 수는 없었다. 그는 매일 더 깊이 숨쉬는 것을 기억하면서 담배를 끊고, 식단을 개선하고, 약간의 운동을 하고, 휴식 시간을 가져야 했다. 프리처드의 의사는 지속해서 기술 전문 지식을 제공하고 지원하는 조처를 할 수 있었지만, 오직 프리처드만이 그의 장기적 건강을 개선하기 위해 그의 뿌리 깊은 습관을 적응시킬 수 있었다. 의사는 중요한 행동 변화를 만들기 위해 환자를 동원해야 하는 리더십 과제에 직면했다. 잭 프리처드는 어떤 구체적 변화를 만들고 어떻게 그것들을 자신의 일상생활에 통합할 것인지를 알아내는 적응적인 작업에 직면했다.

우리의 깊은 신념이 흔들리고, 우리를 성공하게 했던 가치들이 관련성이 떨어지고, 합법적이면서도 경쟁적인 관점이 나타날 때 적응적인 작업이 필요하다. 테크놀로지 변화와 적응적 변화를 혼동하기 쉽다. 진정한 변화 노력은 관련된 모든 사람이 채택해야 하며, 그러한 변화에는 협업하고, 경청하고 반응하는 등의 기술이 필요하다.

질문: 당신과 동료들이 직면한 행동적 도전에 대해 생각해 보라. 과제를 다루기 위한 전략을 생각하는 대신, 주어진 전략이 효과적으로 작용하기 위해서는 반드시 어떤 적응적 요소를 다루어야 하는가?

활동 11.2. ABC 자료 수집

지원 장: 제11장(행동중재계획 설계)

목적: ABC 분석을 수행하고 관찰된 행동을 문서화하는 경험을 얻는 것이다.

지시사항: 방해 행동을 보이는 아동을 관찰한다. 교사 및/또는 부모에게 아동 행동을 관찰할 수 있는 허가를 요청해야 할 수도 있다. 이 장에 제공된 자료 수집 양식([그림 11.2, 11.3, 11.4, 11.5 및 11.6])을 사용하여 관찰 내용을 기록한다. 마지막으로 다음 질문에 답하여 관찰 결과를 분석한다.

- 방해 행동을 몇 번 관찰했는가?
- 방해 행동을 관찰하기 전에 무슨 일(선행사건)이 있었는가?
- 방해 행동 이후에 무슨 일(후속결과)이 일어났는가?
- 관찰한 행동의 기능은 무엇인가? (이것은 관찰과 관련한 가설이다.)
- 관련한 대체행동으로 고려할 수 있는 것은 무엇인가?
- BEST(행동, 평가, 구체성, 시기) 전략을 사용하여 대체행동 IEP 목표를 작성한다(〈표 11.2〉 참조).

활동 11.3. 행동중재계획 검토

지원 장: 제11장(행동중재계획 설계)

목적: 이 활동의 목적은 당신의 지역에서 문제가 되는 학교 행동을 보이는 개인에게 집중적 지원을 제공하는 방법에 대한 경험을 얻는 것이다.

지시사항: 해당 지역에서 사용하는 행동중재계획의 사본을 얻는다. 특수교사 및/또는 부모에게 검토 권한을 요청해야 할 수도 있다. 다음으로 계획을 검토하고 문제를 파악한 후 아래의 질문에 답한다.

- 강점 기반 프로필을 제공하였는가? 제공된 정보를 요약한다.
- 기능적 행동 평가에서 수집한 우려 행동의 기준 자료에 대한 명확한 진술이 있었는가? 우려 행동을 진술하고 제공된 기준 자료를 요약한다.
- 학교 팀이 제공할 중재는 무엇인가?
- 학교 팀은 중재가 효과적인지 확인하기 위해 수집할 자료는 무엇인가?
- 중재를 실행하고 자료를 수집하는 것은 누구인가?
- 진전도 점검 자료를 IEP 팀과 공유하는 것은 언제인가?
- 목표는 명확하고 측정 가능한가? BEST(행동, 평가, 구체성, 시기) 전략을 포함하는가? 왜 그런가? 혹은 왜 그렇지 않은가?

제12장

사립 및 종교학교 장애학생 지원

캐슬린 G. 윈터맨, 로즈마리 로투노-존슨

Kathleen G. Winterman and Rosemary Rotuno-Johnson

초점 학습 내용

- 사립 및 종교학교 장애학생 서비스의 정의
- 아동 발굴, 무상의 적절한 공교육(FAPE), 사립 및 종교학교에서의 서비스 적격성
- IEP와 개별화 서비스 계획(ISP) 간의 차이점

부모를 자녀 교육에 적극적으로 참여시키는 것은 미국 학교 교육의 중요한 구성요소이다. 제3장에서 논의한 바와 같이, 부모의 참여는 미국 학교 교육의 모든 측면에서 권장될 뿐 아니라 요구된다. 궁극적인 부모의 선택은 그들 자녀의 학교를 어디로 보낼 것인가 하는 것이다. 이 장의 목적은 장애아동의 사립학교 또는 종교학교 배치와 관련하여 부모, 교사 및 관련 서비스 담당자에게 정보에 입각한 결정을 내리는 데 필요한 정보를 제공하는 것이다. 또한 비공립 학교에 다니는 장애학생이 이용할 수 있는 서비스와 함께 IEP와 ISP의 차이점에 대해서도 논의한다.

1. 법적 관점의 이해

이 책 전체에서 논의한 바와 같이, 2004년의 장애인교육개선법(IDEA, PL 108-446)은 각 주

에서 해당 주에 거주하는 모든 적격한 장애아동이 무상의 적절한 공교육(FAPE)을 받을 수 있도록 보장할 것을 요구하는 연방법이다. 이 장의 정보는 무상의 적절한 공교육(FAPE) 조항이 문제가 되지 않을 때 부모가 종교학교를 포함한 사립학교에 등록한 장애아동과 관련한 조항과 혜택을 설명한다. IDEA에서 이러한 아동들은 종종 부모가 배치한 사립학교 장애아동으로 언급되며, 그들에게 제공하는 혜택은 공립학교의 장애아동에 대한 혜택과 다르다. IDEA는 모든 장애아동의 교육 결과를 개선하기 위해 고안되었다. 따라서 공립학교의 장애아동에게 혜택과 서비스를 제공하고, 학군이 비공립(사립)학교에 부모가 등록한 장애아동에게 서비스와 혜택을 제공하도록 요구하고 있다. 이 법에는 부모가 배치한 장애아동이 공평한 참여 요건에 따라 지원받거나 수행하는 프로그램에 공평한 참여를 보장하기 위해 주 교육청(SEA) 및 지역교육청(LEA)에서 요구하는 내용을 포함한다(U.S. Department of Education, 2011).

공평한 참여: 2004년 개정된 IDEA는 1997년 재승인을 통해 확대되었으며, 부모가 배치한 사립학교 장애아동에게 IDEA에 따라 지원하거나 수행하는 프로그램에 공평하게 참여할 기회를 제공하기 위한 새로운 요건을 포함하고 있다. 부모가 종교, 초등 및 중등학교를 포함한 사립학교에 등록한 장애아동에 관한 주요 조항은 612(a)(10)(A)의 법령과 34 CFR §§300.130-300.144의 규정에 있으며 아래 절에 나열된다.

우려 사항

• 아동 발굴 활동을 수행하고 공평한 서비스를 결정하는 기관 책임(34 CFR § 300.131-300.132)
• 협의 요건(34 CFR § 300.134)
• 시기적절하고 의미 있는 협의에 대한 서면 확인(34 CFR § 300.135)
• 아동 발굴 활동(34 CFR § 300.131)
• 자료 수집 요건(34 CFR § 300.132[c])
• 공평한 서비스의 결정 및 제공(34 CFR §§ 300.137-300.138)
• 공평한 서비스를 받는 장애아동을 위한 서비스 계획(34 CFR §§3 00.132[b], 300.137[c] and 300.138[b])
• 법률에 부합하는 범위 내에서 지역교육청(LEA)의 사립학교에서의 서비스 제공 허가(34 CFR § 300.139[a])

- 공평한 서비스에 지출할 연방 IDEA 기금의 비례 몫 결정(34 CFR § 300.133)
- 특수교육 및 관련 서비스에 부모가 배치한 사립학교 학생의 개별 자격의 비가용성
  (34 CFR § 300.137[a])
- 협의 관련 사립학교 관계자에 대한 민원 절차(34 CFR § 300.136) (U.S. Department of Education, 2011)

장애자녀를 종교기반 학교나 비공립학교에 보내고자 하는 부모는 다음과 같은 결정을 내릴 수 있다. 자녀를 필요한 서비스를 받을 공립학교에 보내거나, 필요한 서비스를 받을 수 있는 비공립학교에 보내는 것이다. IDEA는 비공립학교에서 교육받는 학생들을 보호하지 않기 때문에 대부분의 비공립학교들은 무상의 적절한 공교육(FAPE) 규정을 따르지 않는다.

멈추고 생각하기!

무상의 적절한 공교육(FAPE)은 IEP에 명시된 학생의 교육적 요구를 충족하기 위해 공공 비용으로 제공하는 특별히 설계된 교육 서비스를 말한다. 이러한 서비스는 부모에게 무료로 제공한다 (U.S. Department of Education, 2010).
- 만약 사립학교 부모가 FAPE 권리를 포기한다면 사립학교의 아동들은 어떤 영향을 받겠는가?

IDEA'의 핵심 요소

- **무상의 적절한 공교육**FAPE. 학생은 공교육 기관에서 무상으로 자신의 교육적 요구를 충족하는 방식으로 교육받아야 한다.
  - 거부 금지Zero Reject. 학교는 아동 요구의 심각성 때문에 교육을 거부할 수 없다.
- **최소 제한 환경**LRE. 학생은 전형적인 또래들과 가장 유사한 방식으로 교육을 받는다.
- **절차적 안전장치**(정당한 절차due process). 가족은 자녀의 배치, 서비스, 교육 계획에 동의하지 않을 권리가 있고 학군을 법정에 세울 수 있다.
- **부모 참여**(공유된 의사결정). 부모는 자녀 교육팀의 일원으로 참여할 권리가 있다.
- **비차별적 평가**. 학교는 타당하고, 신뢰할 수 있고, 문화적으로 관련성이 있고, 언어적으로 적절한 조치를 사용하여 장애의 모든 의심스러운 영역에서 학생을 평가하기 위해 팀 접근방식을 사용해야 한다.
- **개별화 교육 프로그램**IEP. IEP 팀은 현재의 평가 정보를 평가하고 각 장애학생의 고유한 교육적 요구를 충족하도록 설계한 서면 문서를 작성한다.

지역교육청(LEA)을 통해 장애학생이 이용할 수 있는 일부 서비스가 있지만, 서비스의 양은 제한적이며 주와 학군에 따라 달라질 수 있다. IDEA는 공립학교가 연방 특수교육 기금의 일부를 학군 내의 사립학교에 등록한 학생에게 서비스 제공에 사용할 것을 요구한다(Samuels, 2017). 2016년, 학령인구(85,000명)의 약 2%는 부모가 사립학교에 등록한 학생들이다(Samuels, 2017).

1) 어려운 결정

자녀에 대한 가치관, 목표, 열망 등 각 가정의 상황은 모두 다르지만, 아동의 장애 정도가 이러한 복잡성을 가중시킨다. 다음은 일반적인 시나리오이다. 사립학교에 다니는 것이 가족의 전통이고, 자녀가 친척들의 발자취를 따를 것으로 기대한다. 집은 사랑하는 모교의 옷으로 장식하고, 그 전통을 이어가려는 가족의 의도를 보여 주기 위해 아동은 어린 나이부터 부모님과 함께 스포츠 대회에 참가해와서, 압박감이 명백할 수 있다. 아동은 부모가 선택한 초·중등학교에 진학하는 경우가 많고, 집안의 전통은 오래간다. 하지만 아동이 특수교육이 필요한 신체적, 정서적, 또는 학습적 차이를 가질 때, 부모는 사립학교가 최선의 교육적 선택인지를 검토할 필요가 있다. 또 다른 일반적 시나리오는 장애아동의 형제자매가 비공립학교에 다니지만, 장애아동은 특수교육 서비스가 제한되어 있어 공립학교에 다니는 것이다. 결과적으로 다른 학사 일정, 스포츠팀, 학교의 기대와 학교 공동체는 가족의 시간과 에너지에 균열을 가져올 수 있다. 마지막 시나리오는 자녀를 그들의 신앙적 교리를 따르도록 종교학교에 보내고자 하는 가족이다. 장애아동이 종교학교에 다닐 수 없을 때, 부모의 종교적 바람은 이루어지지 않을 수 있다. 비공립 학교는 IDEA 요건에 얽매이지 않으며 장애아동에게 필요한 특수교육 서비스를 제공하지 않는 경우가 많다.

2. 사립학교 배치

부모는 자신이 선택한 학교에서 자녀를 교육할 권리가 있다. 그러나 장애아동을 보호하기 위한 추가적인 안전조치가 있다. 장애아동을 사립학교에 배치할 때, 지역교육청(LEA)이 제공해야 할 지원과 책임의 수준은 그 아동을 사립학교에 배치한 방식에 따라 다르다(Clark, 2021). 국립 학습 장애 센터National Center for Learning Disabilities(2020)에 따르면, 배치는 다음의 세 가지 범주로 나뉜다. 1) IDEA에 따라 특수한 서비스를 받을 자격이 있는 것으로 확인되기 전에 부모가 사립학교에 배치한 학생, 2) IDEA에 따른 서비스를 받을 자격이 있는 것으로 판명된 후 사립학교에 입학한 학생, 3) 공립학교 또는 공공기관이 사립학교에 배치한 장애학생. 누가 그리고 어떻게 학생을 사립학교에 배치했는지에 따라, 학생의 학비를 지급할 책임이 누구에게 있는지 결정할 수 있다.

> **아동 발굴**
>
> 지역교육청(LEA)의 주요 책임은 아동 발굴Child Find과 모든 아동이 공평한 서비스를 받을 수 있도록 보장하는 것이다. 가장 최근의 조항은 사립학교가 위치한 지역을 담당하는 지역교육청(LEA)이 부모가 배치한 장애아동을 위한 IDEA 요구사항을 이행하는 책임을 갖는 기관이 될 것을 요구한다. 아동 발굴은 각 주가 해당 지역에 있는 종교, 초등학교 및 중등학교를 포함한 사립학교에 부모가 등록한 장애아동을 위한 공평한 서비스를 위해 IDEA 기금의 비례적인 몫을 배정하고, 판별하고, 평가하고, 지출할 의무가 있는 권한을 포함한다(34 CFR § 300.131).

학업적으로 어려움을 겪고 있고 자녀에게 장애가 있는지를 결정하기 위한 평가가 필요하다고 판단되는 사립학교 재학 아동은 부모가 사립학교에 배치한 첫 번째 집단 학생들을 대표한다. 지역교육청(LEA)은 IDEA가 의무화한 규정 기한 내에 평가를 완료할 책임이 있다. 지역교육청(LEA)은 반드시 부모의 동의를 얻어야 하며 동의를 받은 후 30일 이내에 평가를 완료해야 한다. 또한 평가 자료 검토에 대한 부모의 동의를 받아, 45일 이내에 회의를 개최해야 한다. 부모는 공립학교가 요청하는 경우 검사를 위해 자녀를 공립학교로 데려갈 책임이 있다. 일단 자녀의 서비스 적격성을 판단하면 공립학교는 평가팀 보고회의 후 30일 이내에 IEP를 작성해야 하며, 여기에는 자녀의 고유한 요구를 충족하는 데 권장하는 서비스를 포함해야 한다. 이러한 서비스는 공립학교에서 제공할 수 있고, 또는 부모가 사립학교에 일부 서비스의 제공을 위한 개별화 서비스 계획(ISP)을 요청할 수 있다. 다시 말하지만, 사립학교 학생을 위한 서비스는 공립학교의 의무가 아니므로, 부모가 해당 주에서 제공하는 서비스를 검토할 것을 강력하게 권장하고 있다. 이는 선의의 행동이지만 의무는 아니다.

기존의 IEP를 가진 학생은 자녀의 IDEA의 무상의 적절한 공교육(FAPE) 권리 포기를 부모가 인지한 상태로 사립학교에 입학한다. 학생이 필요한 서비스는 부모가 공립학교로 자녀를 데려가서 받을 수도 있고, 팀과 부모 동의에 따라 부모와 사립학교 팀이 개별화 서비스 계획(ISP)을 개발하고 서비스를 제공할 수도 있다.

마지막으로, 일부 학생들은 일방적으로 사립학교에 배치된다(34 CFR §300.145~147). 이 경우, 공립학교 등 공공기관은 공립교육 환경에서 아동의 요구를 충족시킬 수 없다고 판단하여 전문교육 서비스를 받도록 해당 학생을 사립학교 환경에 배치한다. 지역교육청(LEA)은 이러한 필요와 배치로 인해 발생하는 재정적 의무에 대한 책임이 있다. 지역교육청(LEA)이 광범위한 논의와 종종 법적 분쟁 없이 그러한 배치에 동의하는 경우는 거의 없지만, 명시된 바와 같이, 이것은 아동의 독특한 요구를 충족하는 데 필요한 것일 수 있다.

1) 특수교육 바우처

일부 주에서는 재정 지원 수단으로 다양한 장애아동을 위한 교육 바우처를 제공하고 있다. 아동의 장애 정도에 따라 바우처 금액이 달라질 수 있다. 2017년부터 2018년까지 15개 주에서 바우처 프로그램을 제공하고 있으며, 이 중 13개 주는 장애학생을 위한 것이다(Farrell & Marx, 2018). 비공립학교 장애학생에게 공공 기금을 제공하는 주는 아칸소, 플로리다, 조지아, 인디애나, 루이지애나, 메릴랜드, 미시시피, 노스캐롤라이나, 오하이오, 오클라호마, 유타, 위스콘신을 포함한다. 부모가 비공립학교에 배치한 학생들은 무상의 적절한 공교육(FAPE)에 포함된 조항들을 보장받지 못한다. 이러한 이유로, 특수아동위원회(CEC)는 특수교육 바우처 사용을 반대한다. CEC의 임무는 장애아동의 권리를 보호하는 것이다. 공립학교는 의무적으로 서비스를 제공하지만 사립학교는 그렇지 않으며, 부모는 종종 자녀가 공립학교에 재학하면 받을 수 있는 서비스를 인식하지 못하는 경우가 많다(Apling et al., 2003). 이 때문에 CEC는 학생이 사립학교에 다닐 수 있도록 특수교육 바우처를 사용하는 것에 반하는 강경한 태도를 보인다.

2) 서비스 계획

지역교육청(LEA)은 적격한 부모 배치 장애아동에게 특수교육 및 관련 서비스를 제공하는 데 연방 IDEA 기금의 비례적 몫을 지출해야 한다. 이것은 아동에 대한 직접 서비스를 포함한다. 서비스는 지역교육청(LEA)이 직접 제공하거나 기관의 치료사와 같은 제3의 공급업체와의 계약을 통해 제공할 수 있다. 특수교육 및/또는 관련 서비스를 받도록 지정된 부모 배치 사립학교 장애아동은 각각 개별화 서비스 계획(ISP)을 갖고 있어야 한다. 개별화 서비스 계획(ISP)은 지역교육청(LEA)이 아동에게 제공할 특정 특수교육 및/또는 관련 서비스를 설명한다. 지역교육청(LEA)은 개별화 서비스 계획(ISP)을 개발하기 위해 사립학교 대표가 각 회의에 참석하도록 해야 한다. 사립학교 대표가 참석할 수 없는 경우, 지역교육청(LEA)은 개인 또는 전화 회의를 포함하여 참여를 보장하는 다른 방법을 사용해야 한다. 이것은 주요 관계자들 사이에서 아동의 요구에 대한 의사소통을 보장하도록 도울 것이다. 개별화 서비스 계획(ISP)은 부모 배치 사립학교 장애아동 중 서비스를 받도록 지정된 장애아동에게 지역교육청(LEA)이 제공할 서비스만 반영해야 한다. 적절한 범위 안에서 해당 IEP 내용 요건을 충족해야 한다. 또한 서비스 계획은 IEP 팀, 부모 참여 및 IEP가 유효해야 할 때(파트 B 규정에 명시된 바와 같이)와 관련하여 적절한 범위 안에서 요건에 따라 개발, 검토 및 수정해야 한다.

3. ISP와 IEP

ISP와 IEP의 몇 가지 중요한 차이점은 다음과 같다.

- 지역교육청(LEA)을 통해 제한된 자금이 유입되므로, 공립학교에서 받는 서비스보다 공평한 서비스가 적을 수 있다.
- FAPE 보장이 없다.
- 지역교육청(LEA)이 ISP 팀과 협력하여 결정한 대로 공립학교 환경에서 서비스를 제공해야 할 수 있다.
- 부모는 아동 발굴(평가 및 재평가)에 대해서만 정당한 절차적 권리를 가지며, IEP 과정의 다른 측면에 대해서는 그렇지 않다(Morin, 2020).

요약하자면, 가족은 항상 자녀를 보낼 학교를 선택할 권리가 있지만, 제공하는 서비스의 차이는 장애학생에게 극적으로 다를 수 있다. 이 둘 사이의 실제적인 차이는 IEP를 가진 공립학교 학생이 특수교육을 포함하여 필요한 모든 서비스를 받지만, 개별화 서비스 계획(ISP)을 가진 사립학교 학생이 받는 서비스는 지역교육청(LEA)이 사립학교에 지원하는 돈에 제한된다. 부모는 자녀를 공립학교에 계속 보내는 선택을 하거나, 자녀를 사립학교에 보내는 것이 최선이라고 느낄 수도 있다. 사립학교의 서비스는 공립학교의 서비스를 반영하거나 언어치료와 같은 서비스 비용을 학부모에게 요구할 수 있다. 어떤 학교는 아동이 필요한 서비스에 근거하여 부모에게 요금을 부과할 수도 있다. 〈표 12.1〉은 IEP와 ISP의 몇 가지 차이점을 보여 준다. 부모가 자녀의 요구와 관련하여 반드시 물어야 하는 중요한 질문을 알고 있는 것이 중요하다. 판별된 장애 대부분은 부모들이 도움을 구하고, 지도받을 수 있는 옹호 단체들이 있다.

<표 12.1> 개별화 서비스 계획(ISP)과 개별화 교육 프로그램(IEP)

서비스	ISP	IEP
측정 가능한 연간 목표	✔	✔
특별히 설계된 서비스	✔	✔
주 및 지역 전체 시험	✔	✔
공제	✔	✔
회의 참여자	✔	✔
서명	✔	✔
미래 계획		✔
학년 연장		✔
중등이후 전환		✔
비교과/과외활동		✔
이동 수단		✔
일반 요인들		✔
최소 제한 환경		✔
프로필		✔

4. 요약

　모든 사립학교 부모, 특수교사, 관련 서비스 제공자와 관리자는 공립학교와 비공립학교 장애아동에 적용되는 법적 차이에 대한 지식이 필요하다. 아마도 더 중요한 것은 최선의 교육적 선택을 고려하고 있는 장애학생의 부모들은 자녀가 공립학교와 비공립학교에서 받을 서비스의 종류와 양에 차이가 있다는 것을 알아야 한다는 것이다. 모든 장애아동을 보호하기 위해 연방법 및/또는 비공립 학교의 실제에 변화가 있을 때까지, 모든 아동의 요구를 충족시키는 더욱 강력한 교육 시스템을 옹호하는 것은 사립학교와 장애학생에게 관심이 있는 모두에게 필요하다. [그림 12.1]의 목록은 IEP 회의를 준비하는 데 사용할 수 있다.

5. IEP 체크리스트: 사립 및 종교학교

　다음 체크리스트는 사립 및 종교학교에서 장애학생들이 학업, 행동 및 사회 정서적 요구를 가장 잘 지원하는 서비스를 받고 있는지 확인하는 목록으로 사용할 수 있다.

아동의 요구와 관련된 최선의 실제에 대한 대화	논의 필요성	
	예	아니요
필요한 서비스		
측정 가능한 연간 목표		
특별히 설계된 서비스		
주 및 지역 전체 시험		
공제		
미래 계획		
학년 연장		
중등이후 전환		
비교과/과외활동		
이동 수단		
일반 요인		
최소 제한 환경		

IEP/ISP 회의 준비:
사립학교

회의 이전

☐ 학생의 강점과 요구(즉, 지식 자원)를 판별한다.

☐ 사립학교에서 사용할 수 있는 가능한 지원을 판별한다.

☐ 사립학교와 공립학교의 참여자를 결정한다.

☐ 필요한 경우 통역사를 확보하고 통역사와 만나 회의의 초점을 검토한다.

회의 동안

☐ ISP 목표를 달성하는 데 필요한 필수 기술이나 행동을 공유한다.

☐ 학습자가 습득한 필수 기술이나 행동을 결정한다.

☐ 학습자가 습득하지 못한 필수 기술을 다루는 단기목표를 구성한다.

☐ 목표를 구성하는 동안 언어 능력과 학생의 지식 자원을 강점으로 고려한다.

☐ BEST(행동, 평가, 구체성, 시기)를 사용하여 의미 있고 준수하는 목표인지 확인한다.

☐ 통역사를 사용한다면, 적절한 통역 에티켓을 사용하도록 한다(제2장 참조).

회의 이후

☐ 팀과 공유할 수 있도록 진전도 점검 계획을 준비한다.

☐ 진전 상황에 대한 학생의 의사소통 유형과 빈도를 결정한다.

☐ 부모를 포함한 모든 팀원과 회의의 효과에 대해 설명한다.

☐ 모든 문서를 지역 공립학교와 공유하여 학업 지원 자금을 확보한다.

[그림 12.1] IEP/ISP 회의 준비: 사립학교

6. 활동

이 활동은 본 장의 내용을 더 깊이 이해하도록 돕기 위한 것이다. 본 장의 활동은 다음과 같다.

- 활동 12.1. 사립 및 종교학교 지원과 IDEA
- 활동 12.2. ISP와 IEP 비교

활동 12.1. 사립 및 종교학교 지원과 IDEA

지원 장: 제12장(사립 및 종교학교 장애학생 지원)

목적: 이 활동의 목적은 사립학교와 공립학교에서 장애학생에게 제공하는 서비스의 차이점에 대한 지식을 적용하는 것이다.

지시사항: 사립학교나 종교학교에 다니는 장애아동의 부모 세 명을 인터뷰하고 IDEA에 대한 이해를 묻는다. ISP와 IEP의 차이를 알고 있는가? 무상의 적절한 공교육과 최소 제한 환경에 대한 이해는 어떠한가?

활동 12.2. ISP와 IEP 비교

지원 장: 제12장(사립 및 종교학교 장애학생 지원)

목적: 이 활동의 목적은 사립학교와 공립학교에서 장애학생에게 제공하는 서비스의 차이점에 대한 지식을 적용하는 것이다.

지시사항: 지역 사립학교에 연락하여 학습장애 학생을 위한 ISP를 요청한다. 식별 가능한 정보는 반드시 수정하도록 요청한다. 그런 다음 지역 공립학교에 IEP의 모든 개인 정보를 제거하도록 다시 요청한다. 마지막으로, 문서를 검토하고 ISP가 IEP와 어떻게 다른지와 가능한 경우 변경할 사항을 세 가지 방식으로 브레인스토밍한다.

참고문헌

Adger, C. T., Snow, C. E., & Christian, D. (2018). *What teachers need to know about language* (2nd ed.). Multilingual Matters.

American Association on Intellectual and Developmental Disabilities. (2018). *Self-determination: Position statement of AAIDD and The ARC.* https://www.aaidd.org/news-policy/policy/position-statements/self-determination

American Speech-Language-Hearing Association. (2019). *Final report: Ad hoc committee on language proficiency.* https://www.asha.org/siteassets/reports/ahc-language-proficiency.pdf

Americans with Disabilities Act (ADA) of 1990, PL 101−336, 42 U.S.C. §§ 12101 et seq.

Americans with Disabilities National Network. (2020). *What are a public or private college-university's responsibilities to students with disabilities?* https://adata.org/faq/what-are-public-or-private-college-universitysresponsibilities-students-disabilities

Anderson, L. W., & Krathwohl, D. R. (2001). *A taxonomy for learning, teaching and assessing: A revision of Bloom's taxonomy of educational objectives: Complete edition.* Longman.

Apling, R. N., Jones, N. L., & Smole, D. P. (2003). Individuals with Disabilities Education Act (IDEA): Possible Voucher Issues: RL31489. *Congressional Research Service: Report, 1.*

Baca, L. M., & Cervantes, H. T. (2004). *The bilingual special education interface* (4th ed.). Pearson Prentice Hall.

Beringer, M. L. (1976). *Ber-Sil Spanish Test* (Rev. ed.). The Ber-Sil Company.

Biegun, D., Peterson, Y., McNaught, J., & Sutterfield, C. (2020). Including student voice in IEP meetings through use of assistive technology. *TEACHING Exceptional Children, 52*(5), 348−350. https://doi.org/10.1177/0040059920920148

Blackler, F., & McDonald, S. (2000). Power, mastery and organizational learning. *Journal of Management Studies, 37*, 833−852.

Blackwell, W. H., & Robinson, J. M. (2017). School choice vouchers and special education in Indiana Catholic diocesan schools. *Journal of Catholic Education, 21*(1), 170−191. http://dx.doi.org/10.15365/joce.2101082017

Bloom, B., Englehart, M., Furst, E., Hill, W., & Krathwohl, D. (1956). *Taxonomy of educational objectives: The classification of educational goals. Handbook I: Cognitive domain.* Longmans and Green.

Board of Education of the Hendrick Hudson Central School District v. Amy Rowley, 458 U.S. 176,102 (1982).

Boehm, A. E. (2001). *Boehm Test of Basic Concepts* (3rd ed.). Pearson.

Bowe, F. (2005). *Making inclusion work*. Pearson.

Breiseth, L., Garcia, S., Butler, S. (2020). Culturally responsive teaching: What you need to know. https://www.understood.org/en/school-learning/for-educators/universal-design-for-learning/what-is-culturally-responsive-teaching

Briesch, A. M., Riley-Tillman, T. C., & Chafouleas, S. M. (2016). *Direct behavior rating: Linking assessment, communication, and intervention*. Guilford Press.

Burlington School Committee v. Massachusetts Department of Education, 471 U.S. 359 (1985).

Burstein, N., Sears, S., Wilcoxen, A., Cabello, B., & Spagna, M. (2004). Moving toward inclusive practices. *Remedial and Special Education, 25*, 104–116.

Cavendish, W., Connor, D. J., & Rediker, E. (2017). Engaging students and parents in transition-focused individualized education programs. *Intervention in School and Clinic, 52*(4), 228–235. https://doi.org/10.1177/1053451216659469

Center for Applied Technology. (2018). *The UDL guidelines*. http://udlguidelines.cast.org

Center on Positive Behavioral Interventions & Supports. (2015). *PBIS implementation blueprint*. University of Oregon. https://www.pbis.org/resource/pbis-implementation-blueprint

Chafouleas, S. M., Riley-Tillman, R. W., Christ, T. J., & Sugai, G. (2009). *DBR standard form*. University of Connecticut School of Education. https://dbr.education.uconn.edu

Chappuis, S., Chappuis, J., & Stiggins, R. (2009). The quest for quality: Quality tests and a balanced system are the keys to sound assessment. *Educational Leadership, 67*(3), 14–19.

Childre, A., & Chambers, C. R. (2005). Family perceptions of student centered planning and IEP meetings. *Education and Training in Developmental Disabilities, 40*(3), 217–233.

Christ, T. J., Riley-Tillman, T. C., & Chafouleas, S. M. (2009). Foundation for the development and use of Direct Behavior Rating (DBR) to assess and evaluate student behavior. *Assessment for Effective Intervention, 34*(4), 201–213.

Christle, C. A., & Yell, M. L. (2010). Individualized education programs: Legal requirements and research findings. *Exceptionality, 18*(3), 109–123.

Clark, D. R. (2013). *Bloom's taxonomy of learning domains*.

Clark, S. G. (2000). The IEP process as a tool for collaboration. *TEACHING Exceptional Children, 33*(22), 56–66.

Clarke, L. S., Columbia Embury, D., Jones, R., & Yssel, N. (2014). A teacher's guide to support students with disabilities during crises. *TEACHING Exceptional Children, 46*(6), 169−178.

Collier, C. (2011). *Seven steps to separating difference from disability.* Corwin Press.

Collier, C. (2016). *Classroom Language Interaction Checklist.* Cross Cultural Developmental Education Services.

Comprehensive, Integrated Three-Tiered Model of Intervention. (n.d.). *Professional learning.* https://www.ci3t.org/pl

Compton, D. L., Fuchs, D., Fuchs, L. S., Bouton, B., Gilbert, J. K., Barquero, L. A., & Crouch, R. C. (2010). Selecting at-risk first-grade readers for early intervention: Eliminating false positives and exploring the promise of a two-stage gated screening process. *Journal of Educational Psychology, 102*, 327−341.

Council for Exceptional Children. (2011). *CEC's position on school vouchers.* https://eric.ed.gov/?id=ED400634

Council for Exceptional Children. (2013). *Supporting paraeducators series for teachers and administrators.* http://www.cec.sped.org

Cramer, E. D., Pellegrini-Lafont, C., & Gonzalez, L. (2014, Summer). Towards culturally responsive and integrated instruction for all learners: The integrated learning model. *Interdisciplinary Journal of Teaching and Learning*, (4)2, 110−124.

Cummins, J. (1980). The cross-lingual dimensions of language proficiency: Implications for bilingual education and the optimal age issue. *TESOL Quarterly, 14*(2), 175−187.

Cummins, J. (1981). The role of primary language development in promoting educational success for language minority students. In California State Department of Education (Ed.), *Schooling and language minority students: A theoretical framework* (pp. 3−49). California State Department of Education.

Cummins, J. (1994). The acquisition of English as a second language. In K. Spangenberg-Urbschat & R. Pritchard (Ed.), *Reading instruction for ESL students* (pp. 36−64). International Reading Association.

Cummins, J. (2000). Language, power and pedagogy: Bilingual children in the crossfire. Multilingual Matters.

Cunningham, T. H., & Graham, C. R. (2000). Increasing native English vocabulary recognition through Spanish immersion: Cognate transfer from foreign to first language. *Journal of Educational Psychology, 92*, 37−49.

Curriculum Associates. *Brigance Assessment of Basic Skills-Revised*, Spanish Edition. Author.

Daggett, L. M. (2014). "Minor adjustments" and other not-so-minor obligations: Section 504, Private religious K−12 schools, and students with disabilities. *University of Louisville Law*

Review, 52, 301−330.

Daniel R.R. v. State Board of Education, 874 F. 2d at 1048 (1989).

Darrow, A. A. (2016). The Every Student Succeeds Act (ESSA): What it means for students with disabilities and music educators. General Music Today, 30(1), 41−44. https://doi.org/10.1177/1048371316658327

Davis, M. T., & Cummings, I. K. (2019). Planning and implementing student-led IEPs for students with EBD. Behavior and Beyond, 28(2), 90−98. https://doi.org/10.1177/1074295619850569

DeAvila, E. A., & Duncan, S. E. (1991). Language Assessment Scales−Oral. DRC. http://www.datarecognitioncorp.com

Demont, E. (2001). Contribution of early 2nd-language learning to the development of linguistic awareness and learning to read. International Journal of Psychology, 36, 274−285.

DeMonte, T. M. (2010). Finding the least restrictive environment for preschoolers under the IDEA: An analysis and proposed framework. Washington Law Review, 85(157), 157−191.

Diana v. California State Board of Education, No. C−70, RFT, (N. D. Cal. 1970).

Dunn, L. M., Padilla, E. R., Lugo, D. E., & Dunn, L. M. (1986). Test de vocabularioen imagenes Peabody. Pearson.

Education for All Handicapped Children Act of 1975, PL 94−142, 20 U.S.C. §§ 1400 et seq.

Education of the Handicapped Act Amendments of 1986, PL 99−457, 20 U.S.C. §§ 1400 et seq.

Elementary and Secondary Education Act of 1965, PL 89−10, 20 U.S.C. §§ 241 et seq.

Emily Thomas, Plaintiff-appellee, Cross-appellant, v. Cincinnati Board of Education, Defendant-appellant, Cross-appellee, 918 F.2d 618 (6th Cir. 1990).

Endrew F. v. Douglas County School District RE−1, 137 S.Ct 988, 580 U.S. (2017). https://supreme.justia.com/cases/federal/us/580/15−827

Every Student Succeeds Act of 2015, PL 114−95, 20 U.S.C. §§ 1001 et seq.

Farrell, I., & Marx, C. (2018). The fallacy of choice: The destructive effect of school vouchers on children with disabilities. American University Law Review, 67(6), 1797−1910.

Feldman, E. F., Feldman, M. F., & Fialka, J. (2018). Inclusion includes belonging: How to create and sustain a circle of support. https://unh.app.box.com/s/5mt26mxvciv1n1nq4a5m7trkrqj1hp1x

Fish, W. W. (2008). The IEP meeting: Perceptions of parents of students who receive special education services. Preventing School Failure, 53(1), 8−14.

Florence County School Dist. Four v. Carter, 510 U.S. 7 (1993).

Fox, L., & Duda, M. (2012). Positive behavior support. http://www.challengingbehavior.org

Fox, L., & Duda, M. (2015). Complete guide to positive behavior support: Young children.

Technical Assistance Center on Social Emotional Intervention for Young Children. https://www.researchgate.net/publication/299461771_Complete_Guide_to_Positive_Behavior_Support-Young_Children

Friend, M. (2011). *Special education: Contemporary perspectives for school professionals* (3rd ed.). Allyn & Bacon.

Friend, M., & Bursuck, W. D. (2011). *Including students with special needs: A practical guide for classroom teachers*. Pearson.

Fuchs, D., Fuchs, L., & Compton, D. (2012). Smart RTI: A next-generation approach to multilevel prevention. *Exceptional Children, 78*(3), 263−279.

Fuchs, L., & Vaughn, S. (2012). Responsiveness-to-intervention a decade later. *Journal of Learning Disabilities, 45*(3), 195−203.

Gartin, B. C., & Murdick, N. L. (2005). IDEA 2004: The IEP. *Remedial and Special Education, 26*(6), 327−331.

Greer v. Rome City School District, 967 F. 2d. at 470 (1992).

Grossman, E. G. (2020). Taking control of your child's IEP experience. *Exceptional Parent, 50*(1), 43−46.

Harr-Robins, J., Song, M., Hurlburt, S., Pruce, C., Danielson, L., Garet, M., & Taylor, J. (2012). *The inclusion of students with disabilities in school accountability systems: Interim report.* American Institutes for Research. http://ies.ed.gov/ncee/pubs/20124056/pdf/20124056.pdf

Heifetz, R. A., Grashow, A., & Linksy, M. (2009). *The practice of adaptive leadership: Tools and tactics for changing your organization and the world.* Harvard Business Press.

Heifetz, R. A., & Laurie, D. L. (1997). The work of leadership. *Harvard Business Review, 75*, 124−134.

Hemez, P., Brent, J. J., & Mowen, T. J. (2020). Exploring the school-to-prison pipeline: How school suspensions influence incarceration during young adulthood. Youth Violence and Juvenile Justice, 18(3), 235−255. https://doi.org/10.1177/1541204019880945

Hensel, W. (2015). The limits of federal disability law: State educational voucher programs. *Journal of Law and Education, 44*, 199−229.

Herbert, C. H. (1986). *Basic Inventory of Natural Languages.* CHECpoint Systems Inc.

Honig v. Doe, Supreme Court of the United States, 484 U.S. 305 (1988).

Horner, R. H., Sugai, G., & Fixsen, D. L. (2017). Implementing effective educational practices at scales of social importance. *Clinical Child and Family Psychology Review, 20*(1), 25−35.

Howard, V. F. (2013). *Very young children with special needs: A foundation for educators, families, and service providers.* Pearson.

Hurt, J. M. (2012). *A comparison of inclusion and pullout programs on student achievement for students with disabilities.* http://dc.etsu.edu/etd/1487

Individuals with Disabilities Education Act Amendments (IDEA) of 1997, PL 105-17, 20 U.S.C. §§ 1400 *et seq.*

Individuals with Disabilities Education Act (IDEA) of 1990, PL 101-476, 20 U.S.C. §§ 1400 *et seq.*

Individuals with Disabilities Education Improvement Act (IDEA) of 2004, PL 108-446, 20 U.S.C. § § 1400 *et seq.*

Irving Independent School District v. Amber Tatro, 468 U.S. 883 (1984).

Janney, R., & Snell, M. E. (2013). *Teachers' guides to inclusive practices: Modifying schoolwork* (3rd ed.). Paul H. Brookes Publishing Co.

Karger, J., & Hitchcock, C. (2004). *Access to the general curriculum for students with disabilities: A brief legal interpretation.* http://aim.cast.org/learn/historyarchive/backgroundpapers/brief_legal_interpretation

Katz, J., & Mirenda, P. (2002). Including students with developmental disabilities in general education classrooms: Educational benefits. *International Journal of Special Education, 17*(2), 14-25.

Kentucky Department of Education. (2019). *Individualized education program.* https://education.ky.gov/specialed/excep/forms/Pages/IEP-Guidance-andъDocuments.aspx

Kilanowski-Press, L., Foote, C. J., & Rinaldo, V. J. (2010). Inclusion classrooms and teachers: A survey of current practices. *International Journal of Special Education, 25*(3), 43-56.

Klingner, J. K., Artiles, A. J., Kozleski, E., Harry, B., Zion, S., Tate, W., Zamora Durán, G., & Riley, D. (2005). Addressing the disproportionate representation of culturally and linguistically diverse students in special education through culturally responsive educational systems. *Education Policy Analysis Archives, 13*(38), 1-40.

Korte, G. (2015). *The Every Student Succeeds Act vs. No Child Left Behind: What's changed? USA Today.* https://www.usatoday.com/story/news/politics/2015/12/10/every-studentъsucceeds-act-vs-no-child-left-behind-whats-changed/77088780/

K. R. v. Anderson Community School Corporation, 81 F. 3d 673 (7th Cr. 1996), granted and vacated, 117 S. Ct. (1997).

Kroeger, S. D., & Phillips, L. J. (2007). Positive behavior support assessment guide: Creating student-centered behavior plans. *Assessment for Effective Intervention, 32*(2), 100-112.

Kurth, J. A., Love, H., & Pirtle, J. (2020). Parent perspectives of their involvement in IEP development for children with Autism. *Focus on Autism and Other Developmental Disabilities, 35*(1), 36-46. https://doi.org/10.1177/1088357619842858

Lachman v. Illinois State Board of Education, 852 F. 2d at 297 (1988).

Larry P. v. Riles, Civil Action No. C–70–37 (N.D. Cal. 1971)

Lee-Tarver, A. (2006). Are individualized education plans a good thing? A survey of teachers' perceptions of the utility of IEPs in regular education. *Journal of Instructional Psychology, 33*(4), 263–272.

Leverson, M., Smith, K., McIntosh, K., Rose, J., & Pinkelman, S. (2019). *PBIS cultural responsiveness field guide: Resources for trainers and coaches.* Office of Special Education Programs Technical Assistance Center on Positive Behavioral Interventions and Supports.

LifeCourse. (2020). *What can charting the LifeCourse do for you?* https://www.lifecoursetools.com

Lo, L., & Xu, Y. (2019). *Family, school, and community partnerships for families of individuals with disabilities.* Springer.

Lynch, E. W., & Hanson, M. J. (2011). *Developing cross-cultural competence: A guide for working with children and their families* (4th ed.). Paul H. Brookes Publishing Co.

Mager, R. (1962). *Preparing instructional objectives.* Fearon Publishers.

Mager, R. (1975). *Preparing instructional objectives* (2nd ed.). Lake Publishing.

Martin, J. E., Van Dycke, J. L., Christensen, W. R., Greene, B. A., Gardner, J. E., & Lovett, D. L. (2006). Increasing student participation in IEP meetings: Establishing the self-directed IEP as an evidenced-based practice. *Exceptional Children, 72*(3), 299–316.

Martin, N. (2017). *10 conflict-busters for IEP meetings.* https://blog.brookespublishing.com/10-conflict-busters-for-iep-meetings

Marx, T. A., & Miller, F. G. (2020). *Strategies for setting data-driven behavioral individualized education program goals. U.S. Department of Education*, Office of Special Education Programs, National Center on Intensive Intervention.

Mason, C. Y., McGahee-Kovac, M., & Johnson, L. (2004). How to help students lead their IEP meetings. *TEACHING Exceptional Children, 36*(3), 18–24.

McCabe, K. M., Ruppar, A., Kurth, J. A., McQueston, J. A., Johnston, R., & Toews, S. G. (2020). Cracks in the continuum: A critical analysis of least restrictive environment for students with significant support needs. *Teachers College Record, 122*(5), 1–10.

McLeskey, J., Landers, E., Williamson, P., & Hoppey, D. (2010). *Are we moving toward educating students with disabilities in less restrictive settings?* http://education.ufl.edu/disability-policy-practice/files/2012/05/McLeskey-et-al-JSED-LRE-8.pdf

Mills v. Board of Education of the District of Columbia, 348 F. Supp. 866 (D. D.C. 1972).

Morin, A. (2020). *The difference between IEPs and service plans.* https://www.understood.org/

en/school-learning/special-services/special-education-basics/the-difference-between-ieps-and-service-plans?_ul=1*1nupx5f*domain_userid*YW1wLVhMcC13MURIZklDMmZ2RzZvNjhmZnc

Mueller, T. G. (2017). Promoting collaborative partnerships with families. In J. M. Kauffman & D. P. Hallahan (Eds.), *Handbook of special education* (2nd ed.; pp. 773−792). Routledge.

Mueller, T. G., & Buckley, P. C. (2014). The odd man out: How fathers navigate the special education system. *Remedial and Special Education, 35*(1), 40−49. https://www.academia.edu/26632469/The_Odd_Man_Out_How_Fathers_Navigate_the_Special_Education_System

Myers, A., & Eisenman, L. (2005). Student-led IEPs: Taking the first step. *TEACHING Exceptional Children, 37*(4), 52−58.

Nandakumas, V., McCree, N., & Green, A. L. (2021). Evidence-based and culturally sustaining practices for diverse students with emotional and behavioral disorders. *Intervention in School and Clinic*. https://doi.org/10.1177/10534512211051073

National Alliance on Mental Illness. (2013). Mental illness: Facts and numbers. https://namieasysite.com/wp-content/uploads/sites/2/2013/05/mentalillness_factsheet.pdf

National Center for Education Statistics. (2019). *Status and trends in the education of racial and ethnic groups.* https://nces.ed.gov

National Center for Learning Disabilities. (2017). *Understanding learning and attention issues.* https://www.ncld.org

National Center for Learning Disabilities. (2020, October 19). *Significant disproportionality in special education.* https://www.ncld.org/sigdispro

National Center on Educational Outcomes. (2013). *Alternate assessments for students with disabilities.* https://nceo.info/Assessments/aa-aas#:~:text=Alternate%20assessments%20are%20assessments%20based,general%20assessments%20even%20with%20accommodations

National Center on Intensive Intervention. *Progress monitoring tools chart.* https://intensiveintervention.org/resource/academic-progress-monitoring-tools-chart

National Center on Universal Design for Learning. (2013). *About universal design for learning.* http://www.udlcenter.org/aboutudl/whatisudl

National Child Traumatic Stress Network. (2012). *The 12 core concepts of understanding traumatic stress responses in children and families: Core curriculum on childhood trauma.* UCLA−Duke University National Center for Child Traumatic Stress.

National Defense Education Act of 1958, PL 85−864, 72 Stat. 1580, 20 U.S.C. §§ 401−589 *et seq.*

National Technical Assistance Center on Transition. (2018). *Transition planning.* https://transitionta.org/topics/secondary-education/transition-planning/

No Child Left Behind Act of 2001, PL 107−110, 115 Stat. 1425, 20 U.S.C. §§ 6301 *et seq.*

Oberti v. Board of Education of the Borough of Clementon School District, 995 F 2d. 1204 (3d Cir. 1993).

O'Brien, J., & Pearpoint, J. (1995). *Person centered planning with MAPS and PATH. A workbook for facilitators.* Inclusion Press.

Office of Special Education Programs. (2017). *Transition guide to postsecondary education and employment for students and youth with disabilities.* https://www2.ed.gov/about/offices/list/osers/transition/products/postsecondary-transition-guide-may-2017.pdf

Ohio Department of Education. (2017). *A guide to parents' rights in special education: Special education procedures and safeguards notice.* Office for Exceptional Children.

Osborne, A. G. (2022, February 24). *Cedar Rapids Community School District v. Garret F. Encyclopedia Britannica.* https://www.britannica.com/topic/Cedar-Rapids-Community-School-District-v-Garret-F

Palley, E. (2006). Challenges of rights-based law: Implementing the least restrictive environment mandate. *Journal of Disability Policy Studies, 16,* 229−235.

Pennsylvania Association for Retarded Children (PARC) v. Commonwealth of Pennsylvania, 334 F. Supp. 1247 (E.D. PA 1971).

Pinderhughes, H., Davis, R., & Williams, M. (2015). *Adverse community experiences and resilience: A framework for addressing and preventing community trauma.* Prevention Institute.

Prater, M. A. (2018). *Teaching students with high-incidence disabilities: Strategies for diverse classrooms.* Sage Publications.

Pugach, M., Blanton, L., & Correa, V. (2011). A historical perspective on the role of collaboration in teacher education reform: Making good on the promise of teaching all students. *Teacher Education and Special Education, 34*(3), 183−200. https://doi:10.1177/0888406411406141

Rehabilitation Act of 1973, PL 93−112, 29 U.S.C. §§ 701 *et seq.*

Reusch v. Fountain, 21 Individuals with Disabilities Education Law Report 1107 (D.Md. 1994).

Reyes, J. (2017). RtI: Response to intervention or rushing to identify? In T. Torres & C. Barber (Eds.), *Case studies in special education* (pp. 153−171). Thomas. Robertson, K., & Ford, K. (n.d.). Language acquisition: An overview. https://www.colorincolorado.org/article/language-acquisition-overview#hʊstages-of-language-acquisition

Rogers, J. O. Y. (Ed.). (2006). *Revisiting the inclusion revolution: A decade of changes.* Center for Evaluation Development and Research Phi Delta Kap.

Roncker v. Walter, 700 F. 2d 1058 (6th Cir. 1983).

Rosas, C. E., & Winterman, K. (2012, Winter). The use of a rubric as a tool to guide pre-service teachers in the development of IEPs. *Journal of the American Academy of Special Education Professionals*, 136-147. https://doi-org.concordia.idm.oclc.org/https://files.eric.ed.gov/fulltext/EJ1135727.pdf

Rose, J., Leverson, M., & Smith, K. (2020, April). *Embedding culturally responsive practices in Tier I*. Center on PBIS, University of Oregon.

Roseberry-McKibbin, C. (2007). *Language disorders in children*. Pearson Education.

Rotter, K. (2014). *IEP use by general and special education teachers*. Sage Open, 4(2), 1-8. https://doi:101177/2158244014530410

Sacramento City School District v. Rachel H., 14 F. 3d 1398 (9th Cir. 1994).

Sacramento City Unified School District v. Holland, 14 F 3d. at 1398 (1994).

Salend, S. (2008). Determining appropriate testing accommodations. *TEACHING Exceptional Children, 40*(4), 14-22.

Samuels, C. A. (2012). Special education look to the IEPs to Common Core. *Education Week, 30*(15), 8-9.

Samuels, C. (2017). *What states have special education vouchers, and how are they working?* http://blogs.edweek.org/edweek/speced/2017/03/what_states_have_special_education_vouchers.html

San Jose Unified School District. (2019). *Student Oral Language Observation Matrix (SOLOM)*. https://outreach.ou.edu/educational-services/education/edutas/comp-center-landing-page/knowledgebases/english-language-learners/ell-admin-teachers/4-2-4-gather-academic-data-ell-and-former-ell-students/student-oral-languageʊobservation-matrix-solom/

Sapon-Shevin, M. (2003). Inclusion: A matter of social justice. *Educational Leadership, 61*(2), 25-28.

Schwartz, H. L. (2019). *Connected teaching: Relationships, power, and mattering in higher education*. Stylus Publishing.

Schwebel, M. (1979). Review of mind in society: The development of higher psychological processes [Review of the book Mind in society: The development of higher psychological processes, by L. S. Vygotsky, M. Cole, Ed., V. John-Steiner, Ed., S. Scribner, Ed., & E. Souberman, Ed., 1978]. *American Journal of Orthopsychiatry, 49*, 530-536.

Searle, M., & Swartz, M. (2020). Solving academic and behavioral problems: A strengths-based guide for teachers and teams. Association for Supervision and Curriculum Development.

Shealey, M. W., McHatton, P. A., & Wilson, V. (2011). Moving beyond disproportionality: The role of culturally responsive teaching in special education. *Teaching Education, 22*(4), 377-396.

Short, D. J., & Echevarria, J. (2016). *Developing academic language with the SIOP model*. Pearson.

Singleton, G. E., & Linton, C. (2015). *Courageous conversation about race: A field guide for achieving equity in schools*. Corwin Press.

Smith, T. E. C. (2005). IDEA 2004: Another round in the reauthorization process. *Remedial and Special Education, 26*(6), 314−319.

Snyder, T. D., & Dillow, S. A. (2012). D*igest of education statistics 2011* (NCES 2012−001). Institute of Education Sciences, National Center for Education Statistics, U.S. Department of Education.

Stiggins, R. J. (Ed.). (2011). *Classroom assessment for student learning: Doing it right-using it well*. Pearson Education.

Sugai, G., Horner, R. H., Algozzine, R., Barrett, S., Lewis, T., Anderson, C., & Simonsen, B. (2010). *School-wide positive behavior support: Implementers' blueprint and self-assessment*. University of Oregon.

Sugai, G., Horner, R. H., Fixsen, D., & Blase, K. (2010). Developing systems-level capacity for RTI implementation: Current efforts and future directions. In T. A. Glover & S. Vaughn (Eds.), *The promise of response to intervention: Evaluating current science and practice* (pp. 286−309). Guildford Press.

Sze, S., & Cowden, O. P. (2012). Using asynchronous online instruction to maximize learning. *Academy of Information and Management Sciences, 16*(1), 43−47.

Tan, K. (2013). Variation in teachers' conceptions of alternative assessment in Singapore primary schools. *Educational Research Policy and Practice, 12*(1), 21−41.

Technology-Related Assistance for Individuals with Disabilities Act of 1988, PL 100−407, 29 U.S.C. §§ 2201 *et seq.*

Test, D. W., Smith, L. E., & Carter, E. W. (2014). Equipping youth with autism spectrum disorders for adulthood: Promoting rigor, relevance, and relationships. *Remedial and Special Education, 35*(2), 80−90.

Timothy W. v. Rochester School District, 875 F. 2d 954 (1st Cir. 1989).

Toronto, A. S. (1973). *Screening Test of Spanish Grammar*. Northwestern University Press.

Tucker, V., & Schwartz, I. (2013). Parents' perspectives of collaboration with school professionals: Barriers and facilitators to successful partnerships in planning for students with ASD. *School Mental Health: A Multidisciplinary Research and Practice Journal, 5*(1), 3−14. https://doi.org/10.1007/s12310-012-9102-0

U.S. Census Bureau. (2017). *New detailed statistics on race, Hispanic origin, ancestry and tribal groups*. https://www.census.gov/newsroom/press-releases/2017/acs-selected-population-tables-aian.

html

U.S. Department of Education. (2006, August 14). *Federal Register: Part II: Department of Education: Assistance to states for the education of children with disabilities and preschool grants for children with disabilities: Final rule.* http://idea.ed.gov/download/finalregulations.pdf

U.S. Department of Education. (2007, May 20). *Final regulations on modified academic achievement standards.* http://www2.ed.gov/policy/speced/guid/modachieve-summary.html

U.S. Department of Education. (2010). *Questions and answers on individualized education programs (IEPs), evaluations, and reevaluations.* https://sites.ed.gov/idea/files/policy_speced_guid_idea_iep-qa-2010.pdf

U.S. Department of Education. (2014). *IDEA Part B discipline collection.*

U.S. Department of Education. (2016a, December 8). *Title I: Improving the academic achievement of the disadvantaged: Academic assessments.* https://www.govinfo.gov/content/pkg/FR-2016-12-08/pdf/2016-29128.pdf

U.S. Department of Education. (2016b). *Tools and resources for providing ELs with a language assistance program.* https://ncela.ed.gov/files/english_learner_toolkit/2-OELA_2017_language_assist_508C.pdf

U.S. Department of Education. (2019). *Projections of Education Statistics to 2027* (Forty-sixth Edition). https://nces.ed.gov/pubs2019/2019001.pdf

U.S. Department of Education, Office of Innovation and Improvement, Office of Non-Public Education. (2011). *The Individuals with Disabilities Education Act: Provisions related to children with disabilities enrolled by their parents in private schools.* https://www2.ed.gov/admins/lead/speced/privateschools/report_pg2.html

U.S. Department of Education, Office of Special Education and Rehabilitative Services. (2015). *Dear colleague letter.* https://sites.ed.gov/idea/ideaʊfiles/osep-dear-colleague-letter-on-free-and-appropriate-public-educationʊfape/

Vygotsky, L. S. (1962). *Thought and language.* The MIT Press.

Vygotsky, L. S. (1978). *Mind in society: The development of higher psychological processes.* Harvard University Press.

Vygotsky, L. S. (1986). *Thought and language* (2nd ed.). The MIT Press.

Walker, M. (2020). *When getting along is not enough: Reconstructing race in our lives and relationships.* Teachers College Press.

Waterstone, J. (2017). Endrew F. symbolism v. reality. *Journal of Law and Education, 46*(4), 527–538.

Wilkinson, L. M. (2010, February 9). Council of Parent Advocates and Attorneys (COPAA) Conference in St. Louis March 11–14. *St. Louis Examiner (MO)*.

Williams, E. R. (2007). Unnecessary and unjustified: African-American parental perceptions of special education. *Educational Forum, 71*(3), 250–261. http://dx.doi.org/10.1080/00131720709335009

Winterman, K. G., & Rosas, C. (2016). Re-examining progress monitoring: Are we reporting what we think we are? *Ohio Journal of Teacher Education, 30*(1), 13–34.

Wisconsin Center for Education Research at University of Wisconsin, Madison. (n.d.). *WIDA Screener*. https://wida.wisc.edu/assess/screener

Woodcock, R. W., Alvarado, C. G., Ruef, M., & Schrank, F. A. (2017). *Woodcock-Muñoz Language Survey* (3rd ed.). Riverside.

Wright P., & Wright, P. (2011). *From emotions to advocacy*. Harbor House Law Press.

Yell, M. L., & Bateman, D. (2020). Defining educational benefit. *TEACHING Exceptional Children, 52*(5), 283–290.

Yell, M. L., & Drasgow, E. (2010). The continuing influence of the law in special education: Introduction to the special issue. *Exceptionality, 18*(3), 107–108. http://doi.org/10.1080/0936 2835.2010.491739

Yell, M. L., Katsiyannis, A., Ennis, R. P., Loinski, M., & Bateman, D. (2020). Making legally sound placement decisions. *TEACHING Exceptional Children, 52*(6), 291–303.

Yell, M. L., Shriner, J. G., & Katsiyannis, A. (2006). Individuals with Disabilities Education Improvement Act of 2004 and IDEA regulations of 2006: Implications for educators, administrators, and teacher trainers. *Focus on Exceptional Children, 39*(1), 2–24.

Yell, M. L., & Stecker, P. M. (2003). Developing legally correct and educationally meaningful IEPs using curriculum-based measurement. *Assessment for Effective Intervention, 28*(34), 73–88.

Zascavage, V., & Winterman, K. G. (2009). Assistive technology and universal design for learning: What does the middle school educator need to know? *Middle School Journal, 4*(4), 46–52.

Zirkel, P. A. (2020). An updated primer of special education law. *TEACHING Exceptional Children, 52*(4), 261–265. https://doi.org/10.1177/0040059919878671

Zelman v. Simmons-Harris, 536 U.S. 639, 662 (2002).

Zobrest v. Catalina Foothills School District, 509 U.S. 1 (1993).

용어 사전

ADA   미국장애인법 참조

CALP   인지 학업적 언어 능력 창조

CBM   교육과정중심평가/측정 참조

CLD   다문화(문화언어적 다양성) 참조

IEP   개별화 교육 프로그램 참조

LRE   최소제한환경 참조

PALS   또래 지원 학습 전략 참조

PBIS   긍정적 행동 중재 및 지원 참조

PLAAFP   현재 학업성취도 및 기능수행 수준 참조

개별화 교육 프로그램   장애아동의 요구를 다루기 위해 아동의 부모 또는 보호자를 포함한 학군 담당
자 팀이 개발한 특수교육 서비스를 포함한 개별화된 교육을 개략적으로 설명하는 법률 문서

개인 의사소통 평가   학생이 말하기 또는 쓰기를 통해 학습의 증거를 작성하도록 요구

고맥락 문화   의사소통이 암묵적이고 비언어적 의사소통과 관계에 의존하는 문화

교육과정중심평가/측정   학생의 성취도를 평가하기 위한 학생의 교육과정에서부터 반복되는 측정들

긍정적 행동 중재 및 지원   학생의 성과를 향상시키는 데 중점을 둔 연구 기반의 행동 중재 프레임워크

기능적 수행   비학업적 환경을 포함한 다양한 환경에 적용할 수 있는 기술들

기본적 대인 의사소통 기술   사회적 의사소통이나 상호작용에 필요한 기본적인 언어 능력

내재화 행동   숨겨진 것으로 묘사하는 행동. 이러한 은밀한 행동을 설명하기 위해 **조용한, 위축된,**
불안한, 우울한과 같은 용어를 자주 사용

다문화(문화언어적 다양성)   주류 문화와 민족적, 언어적으로 다른 인구

단주기 평가   수업 목표에 특정하여 빈번하거나 매일하는 형성 평가

또래 지원 학습 전략   학생이 독서와 수학을 함께 하는 구조화된 또래 튜터링 프로그램

모든학생성공법   2015년 12월에 오바마 대통령이 통과시킨 모든학생성공법은 1965년의 초중등
교육법(PL 89-10)의 재승인을 이어갔지만, 2001년의 아동낙오방지법(PL 107-110)의 진
취성을 더 발전시킴. 2015년 ESSA(PL 114-9 5)는 학생과 학교의 성공을 보장하는 데 도
움이 될 조항들을 포함함.

무상의 적절한 공교육(FAPE)   FAPE는 1990년 장애인교육법(IDEA, PL 101-476)과 1973년 재활
법(PL 93-112) 504조에서 보장한 무상의 적절한 공교육을 지칭하는 약자

미국장애인법   장애를 근거로 한 차별을 금지하는 법

사람 우선 언어   장애 개인과 그에 대해 적절하고 정중하게 의사소통할 때 사용. 사람 우선 언어
는 장애가 아니라 사람을 우선에 둘 것을 강조

선택형 응답 평가   학생이 올바른 응답을 선택하여 학습의 증거를 작성하도록 요구하는 평가방
식. 선택한 응답 평가는 객관식, 참/거짓, 일치하는 질문을 포함

수정   학생이 배우는 내용의 실질적인 변화를 말하며, 조정만으로는 학생을 지원하기에 충분하지
않을 때 사용

수행평가   학생이 산출물이나 성과를 만들거나 개발함으로써 학습의 증거를 제시하도록 요구하
는 평가방식. 이 유형의 평가는 일반적으로 학생들이 특정 기준에 부합하는 것을 입증하
도록 요구

실질적 정당한 절차   개인의 생명, 자유 및 재산권을 부인하거나 금지하는 행위를 포함

아동 발굴   주와 지역 기관이 특수교육 서비스를 받을 적격한 장애아동을 판별하도록 요구하는
IDEA에 따른 법적 요구 사항

아동낙오방지법   2001년 부시 대통령은 1965년 초중등교육법(PL 89-10)을 재제정함. 이 법은 네
가지 축, 즉 결과에 대한 더 강력한 책무성, 주와 지역사회에 대한 더 많은 자유, 입증된 교
육방법, 부모에 대한 더 많은 선택권에 기초함

영어학습자   영어를 제2언어로 배우는 과정에 있는 비영어권 가정 출신의 사람들

완전통합   장애학생 및 다문화 학생을 포함하여 교실 환경 내에서 모든 학생의 요구에 부응하는 것

외현적 행동   겉으로 물리적 공격성을 보이는 개인. 이러한 노골적인 행동을 설명하기 위해 종종
행동 문제, 반사회적과 같은 용어를 사용

인지 학업적 언어 능력   학업 성취에 필요한 고급 언어 능력

저맥락 문화   의사소통이 직접적이고 명시적인 언어 기술에 의존하는 문화

적응   조정 및 수정을 나타내는 용어

절차적 정당한 절차   장애아동이 특수교육 적격성에 대해 적절한 청문, 통지 및 공정성을 보장받
을 수 있도록 하는 내용의 법률사항

조정   장애학생이 또래 학생과 동일한 학습 기준을 충족하지만 다른 방식을 통해 충족할 수 있도
록 하는 적응

체크리스트   교사와 학생이 자신의 발전이나 진전을 측정하는 데 사용할 수 있는 특정 기술이나
기준의 목록

최소제한환경(LRE)   LRE는 많은 문서에서 사용하는 약자로 특수교육서비스를 받는 학생은 가급
적 일반교육환경에서 비장애 또래들과 함께 교육을 받아야 한다는 것을 의미

현재 학업성취도 및 기능수행 수준   아동의 현재 기술과 능력을 논의하는 IEP의 첫 번째 부분

확장된 서답형 응답   이 평가 유형은 학생이 질문이나 과제에 대해 서면으로 답변을 작성함으로써 학
습의 증거를 산출하도록 요구함. 확장된 서답형 응답은 최소한 몇 문장 정도의 분량을 말함.

IEP 체크리스트

특별한 교수적 요인	논의 필요	
	예	아니요
아동이 자신의 학습이나 다른 사람의 학습을 방해하는 행동을 하는가?		
아동의 영어 능력이 제한적인가?		
아동이 맹이거나 시각장애가 있는가?		
아동에게 (농 또는 청각장애인을 위한) 의사소통 요구가 있는가?		
아동에게 보조공학 장치 및/또는 서비스가 필요한가?		
아동에게 특별히 고안된 체육 교육이 필요한가?		
아동의 주 차원 시험에 참여할 것인가?		
핵심 영역(IEP 영역): 학생의 현재 학업성취도 및 기능수행 수준	기준 충족	
	예	아니요
P1: 현재 수준은 학생의 요구에 따라 우선순위화 한다.		
P2: 학생의 장애가 교육 수행에 미치는 영향과 일반교육과정 참여와 진전도를 설명하는 진술을 포함한다.		
P3: 학업 및 기능 영역(예: 행동, 의사소통)에서 학생의 실제 수행을 명확하게 나타내는 진술을 포함한다.		
P4: 학생의 강점과 요구(현재 학업성취도 및 기능수행 수준)를 설명하는 진술을 포함한다.		
P5: 목표를 개발하기 위한 학생의 기능 수준에 대한 충분한 세부 정보를 제공한다.		
핵심 영역(IEP 영역): 목표	기준 충족	
	예	아니요
G1: 현재 학업성취도 및 기능수행 수준(PLAAFP)에 학생 요구의 우선순위를 반영하는 순서로 나열한다.		
G2: 학업 및/또는 기능 분야에 측정이 가능한 연간 목표를 포함한다.		
G3: 구체적이고 관찰 가능하며 측정이 가능한 용어를 사용하여 작성한다.		
G4: 1년 이내에 현실적으로 달성할 수 있는 기술을 설명한다.		
G5: 학생 IEP의 현행수준에 있는 문장과 명확하게 연결된다.		
G6: 모든 목표는 여기에 나열된 기준을 반영한다.		

핵심 영역(IEP 영역): 단기목표 및 벤치마크	기준 충족	
	예	아니요
O1: 단기목표/벤치마크는 현재 학업성취도 및 기능수행 수준(PLAAFP)에서 학생의 요구를 반영하는 순서로 나열한다.		
O2: 각 목표에 대해 최소 두 개의 단기목표를 작성한다.		
O3: 각 단기목표는 하나의 조건과 측정 가능한 행동을 포함한다.		
O4: 각 단기목표에 대해 측정하는 기술의 구체적인 기준을 작성한다.		
O5: 학생의 현행수준(PLAAFP)과 명확하게 연결되고, 학생의 능력과 요구를 다룬다.		

핵심 영역(IEP 영역): 진전도 측정 및 보고	기준 충족	
	예	아니요
M1: 연간 목표를 달성하기 위한 학생의 진전도를 측정할 방법을 설명하는 진술을 포함하고 있다. (아래에서 확인된 모든 조치를 선택하시오.) ☐ 교육과정 중심 평가　☐ 포트폴리오 ☐ 관찰　☐ 루브릭 ☐ 일화 기록　☐ 체크리스트 ☐ 실행 기록　☐ 목록 ☐ 단기 평가　☐ 과제 샘플 ☐ 수행평가　☐ 기타		
M2: 학생의 부모에게 정기적인 보고서를 언제, 어떻게 제공할 것인지에 대한 진술을 포함하고 있다. (아래에서 확인된 모든 조치를 선택하시오.) ☐ 서면 보고서　☐ 통지표 발급 시마다 ☐ 저널(일기)　☐ ____ 주마다 보고함 ☐ 이메일　☐ 기타: ☐ 전화 통화 ☐ 기타:		
M3: 일반교육에서 학생들이 통지표를 받는 만큼 보고서가 자주 발행한다는 것을 알리는 진술을 포함하고 있다.		

핵심 영역(IEP 영역): 최소제한환경(LRE)	기준 충족	
	예	아니요
L1: 학생이 일반교육과정에 접근할 수 있다는 진술을 포함하고 있다.		
L2: 아동이 일반교육과정에 참여하지 않는 이유를 설명하고 근거를 제시하는 내용이 포함되어 있다.		

핵심 영역(IEP 영역): 조정/학군 시험	기준 충족	
	예	아니요
A1: 학급의 정규 제공 서비스와 일치한다.		
A2: 학생의 요구(현재 학업성취도 및 기능수행 수준)에서 파생하였다.		
A3: 지역 및 국가 지침을 준수한다.		

핵심 영역(IEP 영역): 16세부터 시작되는 전환, 다음 기준을 충족하는 조직화된 활동	기준 충족	
	예	아니요
T1: **삶의 질 목표 진술:** 이 문장은 결과 지향적이다: 학업 및 기능적 성취 향상에 초점을 맞추고 중등이후 교육, 직업교육, 통합 고용(지원고용), 평생교육 및 성인 교육, 성인 서비스, 독립생활 또는 지역사회 참여를 포함하여 학교에서 학교졸업 후 활동으로의 이동을 촉진한다.		
T2: **비전:** 이 비전은 아동의 강점, 선호, 관심을 고려한 아동의 요구에 기초한다.		
T3: **자원 및 기관 간 협업:** 개별화 교육 프로그램(IEP)에는 교육, 관련 서비스, 지역사회 경험, 고용 및 기타 학교졸업 후 성인 생활 목표 개발, 해당하면, 일상생활 기술 습득 및 직업 평가를 포함하여 명시된 목표를 달성하는 데 필요한 학습 과정에 대한 설명을 포함한다.		
T4: **관계자:** 파트 C(유아기) 서비스에서 파트 B(학령기) 서비스로 전환하는 아동의 부모는 원활한 서비스의 전환을 지원하기 위해 파트 C 시스템 담당자에게 초기 IEP 회의 초대장을 보내도록 요청할 수 있다.		

핵심영역(IEP 영역): 행동목표	기준 충족	
	예	아니요
BG1: 관찰 가능한 기능적으로 관련된 대체행동을 포함한다.		
BG2: 평가하기 위한 평가 방법과 기준을 포함한다.		
BG3: 기대하는 행동이 발생해야 할 특정 맥락과 조건을 포함한다.		
BG4: 달성할 시기나 날짜를 포함한다.		

IEP 체크리스트

사립 및 종교학교

다음 체크리스트는 사립 및 종교학교에서 장애학생이 학업, 행동 및 사회−정서적 요구를 가장 잘 지원하는 서비스를 받도록 보장하는 목록으로 사용할 수 있다.

아동의 요구와 관련된 최선의 실제에 대한 대화	논의 필요성	
	예	아니요
필요한 서비스		
측정 가능한 연간 목표		
특별히 설계된 서비스		
주 및 지역 전체 시험		
공제		
미래 계획		
학년 연장		
중등이후 전환		
비교과/과외활동		
이동 수단		
일반 요인		
최소제한환경		

찾아보기

클라리사 E. 로자스 Clarissa E. Rosas (철학박사)

뉴멕시코 대학교 University of New Mexico에서 이중언어/다문화 특수교육 및 교육 행정 박사학위를 취득하고, 샌디에이고 대학교 University of San Diego에서 학사 및 석사학위를 받았다. 세 개의 다른 주에서 활동한 40년간의 교육 분야 경력은 일반교육, 경도에서 중등도 및 중등도에서 최중도 특수교육, 제2언어로서의 영어, 이중언어 다문화 교육을 포함한다. 또한 로자스 박사는 학군, 학교 및 대학 수준에서 행정가로 재직했다. 그녀의 전문성과 연구 관심사는 취약 계층 장애아동의 사회적 · 교육적 도전을 충족하기 위해 예비 및 현직 교사를 훈련하는 혁신적인 프로그램과 교육과정을 개발하는 것이다.

캐슬린 G. 윈터맨 Kathleen G. Winterman (교육학박사)

교육 분야에서 30년 이상의 경험이 있다. 그 경력은 3~10세 아동을 위한 통합환경의 중재 전문가, 초등학교 교장, 부교수, 특수교육 프로그램 책임자 및 세이비어 대학교 Xavier University의 사범대 학장 역임을 포함한다. 윈터맨 박사는 오하이오주에서 7개의 자격증을 갖고 있으며, 출판 작가이기도 하다. 연구 관심 분야는 교사 양성, IEP 준비, 유아 특수교육, 자폐증, 교육 리더십, 교육공학, 정신질환 학생을 위한 서비스이다.

<도움을 주신 분들>

레오 브래들리 Leo Bradley (교육학박사)

행정 리더십, 총체적 품질 관리 및 학교법 전문 서적 9권을 집필한 저자이다. 교육계에서 57년을 일해오면서, 교사, 고등학교 교장, 교육과정 책임자, 부교육감, 교육감의 직책을 맡았다. 브래들리 박사는 알래스카부터 뉴질랜드까지 국내외에서 교육 컨설턴트로 활동했다.

리사 M. 캠벨 Lisa M. Campbell (교육학박사)

일반교육과 특수교육 분야에서 30년 이상의 경력을 가지고 있다. 신시내티 공립학교에서 경력을 시작했고, 초등교사, 중재 전문가, 교사 지도자이자 교육과정 개발자로 일했다. 또한 신시내티에 있는 성마운트 조셉 대학교 Mount St. Joseph University의 다문화 특수교육 프로그램에서 12년간 강사로 일했다. 캠벨 박사는 초등교육 학사학위(K-8), 특수교육 석사학위(K-12), 그리고 교육 리더십에 초점을 둔 문해교육 박사학위를 가지고 있다. 「단편화를 넘어서」라는 제목의 논문은 시간이 지남에 따른 전문성 개발의 지속 가능성에 대한 연구이다. 캠벨 박사는 오하이오주 신시내티에 있는 해밀턴 카운티 교육 서비스 센터 Hamilton County Educational Service Center의 교육 컨설턴트로서 여러 지역의 교사 및 관리자들과 함께 일한다. 전문성 개발 제공에 대한 그녀의 초점은 주로 효과적인 언어 교육과정과 다층적 지원 시스템 내에서 다양한 학습자의 요구를 충족시키는 문해 실제의 개발과 관련이 있다.

로라 쉽 클라크 Laura Ship Clarke (교육학박사)

북부 켄터키 교육 서비스 협동조합 Northern Kentucky Cooperative for Educational Services 특수교육 컨설턴트이다. 학

술지『TEACHING Exceptional Children』에 여러 논문을 공동으로 게재하였고, 켄터키 교육 위원회Kentucky Council for Exceptional Children의 이사회에서 일하고 있다. 클라크 박사는 멋진 세 딸과 자폐증 및 뇌전증을 진단받은 환상적인 성인 아들 다니엘Daniel을 둔 엄마이다. 다니엘은 언어를 구사하지 못하고 의사소통을 위해 보완대체의사소통augmentative and alternative communication 사용 방법을 배우고 있다.

존 P. 콘캐넌John P. Concannon (변호사)

1990년대부터 공립학교와 사립학교, 교사 노조, 고용 및 노동 문제를 대표하는 데 중점을 두고 교육 및 고용법 변호사로 일해 왔다. 교육 및 고용법에서 변호사로 일하기 전에, 콘캐넌은 검사 보좌관이자 시 대변인으로 신시내티시를 대표했다. 콘캐넌은 도움이 필요한 사람들을 옹호하는 지도원리를 갖고, 교육계 지도자가 되고자 열망하는 수많은 대학원생과 법에 대한 지식을 공유하고 있다.

캐스린 도일Kathryn Doyle (철학박사)

신시내티 대학교University of Cincinnati의 특수교육 전공 교수이다. 도일 박사는 미국 인증 행동 분석가board-certified behavior analyst(BCBA-D)이자 자격증을 가진 중재 전문가이다. 고등교육에서 일하기 전에, 12년간 공립학교에서 교직생활을 했고, 3년간 성인 발달장애 시스템에서 일했다. 센터 기반 서비스, 가정 기반 서비스, 그리고 지역사회에서 생애주기에 걸친 장애 개인들과 일했다. 도일 박사의 연구 관심사는 교사와 준 전문가 훈련뿐만 아니라 중도장애 개인을 위한 학업적·사회적 의사소통 중재를 개발하는 것이다.

멜리사 존스Melissa Jones (철학박사)

북부 켄터키 대학Northern Kentucky University의 특수교육 전공 교수이며, 지적·발달장애 학생을 위한 통합적 중등이후 프로그램, 지원된 고등교육 프로젝트Supported Higher Education Project의 설립자이자 공동 책임자이다. 존스 박사는 오하이오주 옥스퍼드에 있는 마이애미 대학교Miami University에서 박사학위를 받았고 통합적 지역사회를 구축하는 데 자신의 삶을 바쳤다.

스테판 크로거Stephen Kroeger (교육학 박사)

신시내티 대학교University of Cincinnati의 부교수이다. 대학에서의 16년 외에도 팔레스타인 웨스트 뱅크, 서인도 제도, 페루 고산지대, 교외 중학교, 디트로이트 고등학교에서의 근무 경력을 갖고 있다. 현재 예비 교사를 위한 법률 제정 교육학으로서 마이크로티칭 조사를 연구하고 있다.

로즈마리 로투노-존슨Rosemary Rotuno-Johnson (철학박사)

공립 및 지역 학령기 교육의 특수교육 분야에서 25년 동안 일해 왔고, 신시내티 지역의 두 대학에서 강사로 일하고 있다. 그녀를 움직이는 열정은 모든 관계자의 권한부여empowerment로 장애학생에 대한 책임감 있는 학교 차원의 통합을 이루는 것이다. 또한 오하이오 특별한 아동 위원회Ohio Council for Exceptional Children에서 활동하고 있다.

김은하 (Eunha Kim)

강남대학교 특수교육과를 졸업하고, 미국 롱아일랜드 대학교 C.W. 포스트 캠퍼스Long Island University at C.W. Post에서 임상미술치료Clinical Art Therapy로 석사학위를, 이화여자대학교에서 특수교육 전공으로 박사학위를 취득하였다. 대학 졸업 후 지적장애 특수학교에서 특수교사로 재직하였으며, 미국 뉴욕 크리드모어 주립정신병원New York State Creedmoor Psychiatric Hospital과 뉴욕가정상담소에서 미술치료사 인턴으로 재직했다. 귀국 후 백병원 소아청소년정신과에서 미술치료사로 재직하였으며, 미국공인미술치료사ATR, Art Therapist Registered 자격을 갖고 있다.

현재 강남대학교 초등특수교육과, 동 대학원 미술치료학과 교수로 재직 중이며, 한국지적장애학회 이사와 한국장애인평생교육복지학회 이사를 맡고 있다. 박사과정에서 개인중심계획을 활용한 중학생의 진로교육 연구를 수행한 이후 꾸준하게 특수교육 최선의 실제의 근간이라 할 수 있는 개인중심 접근에 관심을 두고 다양한 연구를 수행해 왔으며, 2021년『지적·발달장애인의 지역사회 생활과 참여』를 번역하면서 개인중심 관점을 반영한 장애인 교육·복지 분야의 전문서적 번역을 위해 노력하고 있다. 그 외 지적장애학생 전환과 지역사회 생활·참여, 개별화교육, 생태학적 교육과정, 발달장애인의 디지털 시민성, 발달장애 대학생교육, 장애인 평생교육, 예비교원 양성교육, 팀접근, 장애아동 미술치료 관련 연구와 정책 개발 등에 참여하고 있다.

〈주요 저·역서〉
발달장애인 평생교육 스마트콘텐츠(공저, 2022, 구리시)
지적·발달장애인의 지역사회 생활과 참여(역, 2021, 학지사)
중도중복장애인의 평생교육 프로그램: 직업능력향상교육(공저, 2021, 교육부)
특수교육요구학습자 어떻게 가르칠 것인가: 증거기반 교수전략의 적용(공역, 2018, 교육과학사)
복지와 테크놀로지(공저, 2017, 양서원)
발달장애인 교육프로그램: 인문교양교육영역(공저, 2016, 교육부)
장애학생의 일반교육과정 접근: 통합학급 수업 참여방안(공역, 2014, 학지사)

개별화 교육 프로그램 체크리스트

– 의미 있고 규정을 준수하는 IEP 만들기 –

The IEP Checklist (2nd ed.)
Your Guide to Creating Meaningful
and Compliant IEPs

2025년 2월 20일 1판 1쇄 인쇄
2025년 2월 25일 1판 1쇄 발행

지은이 • Clarissa E. Rosas · Kathleen G. Winterman
옮긴이 • 김은하
펴낸이 • 김진환
펴낸곳 • (주)학지사
　　　　　04031 서울특별시 마포구 양화로 15길 20 마인드월드빌딩
대 표 전 화 • 02)330-5114　　팩스 • 02)324-2345
등 록 번 호 • 제313-2006-000265호

홈 페 이 지 • http://www.hakjisa.co.kr
인스타그램 • https://www.instagram.com/hakjisabook

ISBN 978-89-997-3337-6　93370

정가 20,000원

출판미디어기업 학지사

간호보건의학출판 **학지사메디컬** www.hakjisamd.co.kr
심리검사연구소 **인싸이트** www.inpsyt.co.kr
학술논문서비스 **뉴논문** www.newnonmun.com
교육연수원 **카운피아** www.counpia.com
대학교재전자책플랫폼 **캠퍼스북** www.campusbook.co.kr